MW01686912

# Quatre contre l'Arctique

*© Éditions Guérin - Chamonix. 2 006*
*Traduction : Marie-Christine de Rosnay.*

David Roberts

# Quatre contre l'Arctique

Éditions Guérin

*À Vaughn et à Michel pour l'amitié*
*que seule forge une aventure partagée.*

*Qui sillonne les mers fait un pacte avec le bonheur,*
*le monde lui appartient, il récolte sans semer,*
*car la mer est le champ de l'espoir.*

Ex-voto inscrit sur une croix de promesse russe,
trouvée au Spitsberg, 1869.

# ARCHIPEL DE SVALBARD

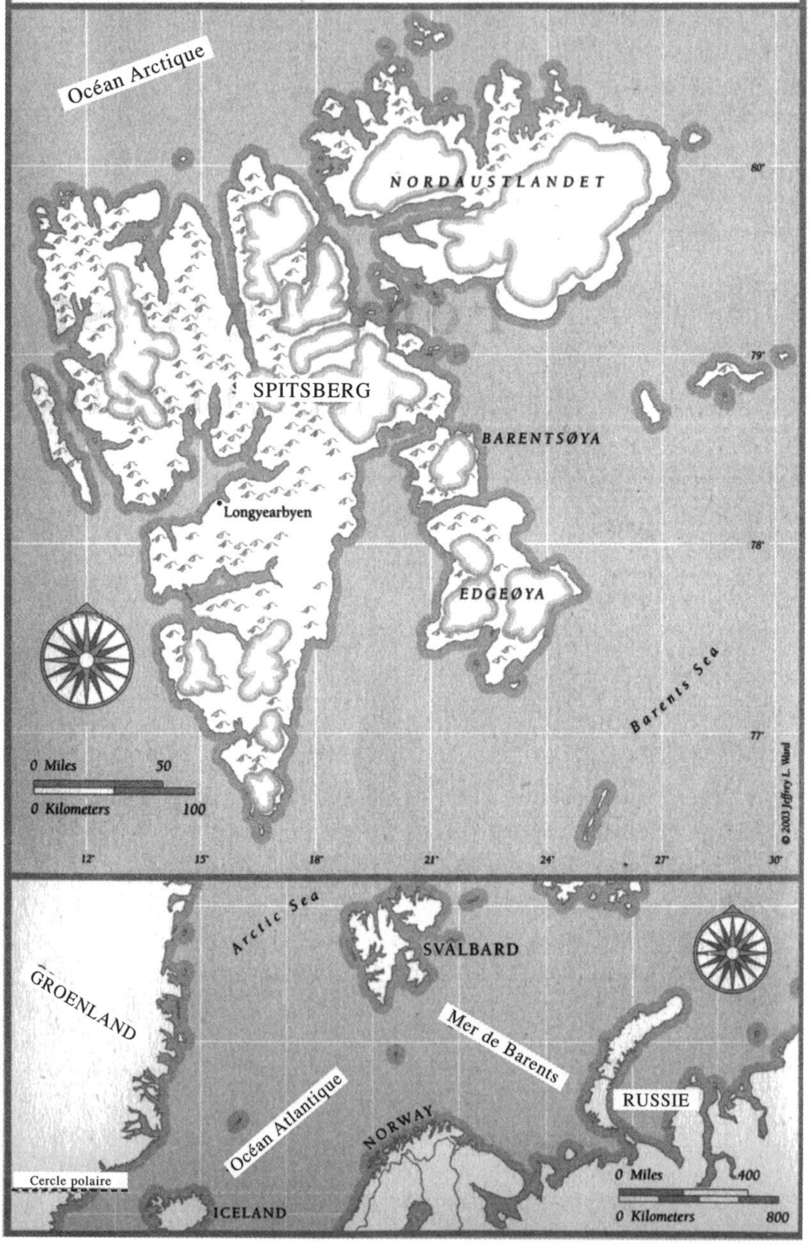

# Prologue

Ils avaient quitté la Russie depuis huit jours, et leur frêle bateau de bois filait sous un vent favorable qui les poussa au-delà du 76$^{e}$ parallèle ; là où même à minuit le soleil brille encore au-dessus de l'horizon.

Le 9$^{e}$ jour, le vent changea, et changea alors l'univers des membres de l'équipage. Un méchant coup de vent, surgi du sud-ouest, les assaillit. Les hommes, incapables de diriger leur navire, cherchaient désespérément à fuir la tempête. Une terre leur apparut : de hauts plateaux de schiste et de basalte nus, léchés par la langue de larges glaciers qu'on devinait à peine. Au moment où le bateau approchait ces rivages désolés, la banquise se referma sur lui. Pendant des heures, le vaisseau resta piégé au milieu des glaces flottantes.

C'était en mai 1743. À bord du bâtiment en péril, les quatorze hommes étaient des Pomores : littéralement des habitants de la côte, mais le mot s'est chargé d'une connotation ethnographique. Ces marins endurcis, pleins de ressources, grandis sur leur terre natale du nord de la Russie, étaient presque d'une autre race que leurs compatriotes, citadins de Saint-Pétersbourg, Moscou ou Kiev. Ces quatorze-là surtout, qui venaient de Mézen, une petite bourgade située à quatre-vingts kilomètres à peine du cercle polaire, sur la rive est du fleuve qui porte le même nom, en amont de son embouchure. Depuis des siècles, les marins de Mézen, au mépris de tous les dangers, se lançaient sur des bateaux de leur fabrication dans les eaux pleines d'inconnu de l'Océan glacial arctique. Les Pomores se sentaient, là, au milieu des glaces imprévisibles, des îles nues et désertes, des mers introuvables sur les cartes, aussi tranquilles que n'importe qui ailleurs.

Leur bateau était un *kotch*, un navire de conception locale que les charpentiers de la Russie du Nord avaient perfectionné depuis le onzième siècle. Aux embouchures des cours d'eau, comme la Dvina, la Mézen, et la Pechora, les courants des marées sont si violents que les Pomores avaient appris à assembler les planches des coques de leurs embarcations, sans clous ni chevilles en bois, mais en les attachant avec des câbles tressés de racines de genévrier. Aussi, ces « bateaux cousus » pliaient-ils sans rompre dans les courants qui les étreignaient.

Au large, un bon *kotch* pouvait soutenir, parfois pendant des jours, une allure de six ou sept nœuds. Sa grande faiblesse était son incapacité à manœuvrer par gros temps. Cette embarcation, équipée de voiles carrées et de six lourdes rames aux pelles étroites, avait du mal à échapper aux caprices des vents dominants. Il fallait en général deux hommes pour tenir la barre ; au pire de la tempête, les Pomores, plutôt que de subir les chocs brutaux du gouvernail, préféraient le maintenir à l'aide de cordes.

Ces quatorze-là étaient des chasseurs de morses. Ils avaient l'intention de passer l'été à longer la côte ouest du Spitsberg, l'île principale de l'archipel qui lui donne son nom (pour l'archipel, les géographes anglo-saxons disent Svalbard Ndt). Ces îles, très au nord de la Norvège, entre 76° et 81° N, offrent peut-être l'ambiance la plus nordique que l'on puisse observer. Armés de mousquets, de lances et de haches, ils partaient pour tuer ces grands mammifères amphibies, dont l'ivoire des défenses, exporté jusqu'aux Indes, était une des matières les plus recherchées de l'époque.

Pendant les décennies qui suivirent sa découverte en 1596

par le navigateur hollandais Willem Barents, (une redécouverte ? ), le Spitsberg devint le terrain disputé de la plus intense chasse à la baleine du globe. Les chasseurs, surtout des Anglais et des Hollandais, ne manquaient pas à l'occasion de s'attaquer et de se pirater mutuellement. Les meilleurs étaient les Basques qui embarquaient indifféremment dans les expéditions des uns ou des autres. Le coin favori des chasseurs était la côte ouest du Spitsberg dont les eaux, réchauffées par le Gulf Stream et d'habitude libres de glace, grouillaient pendant la saison d'une multitude de baleines.

Les archives pomores sont trop minces pour qu'on connaisse la date où ils ont commencé à venir au Spistberg. Dans les chroniques anglaises ou hollandaises, il n'est fait aucune mention de concurrents russes avant 1697. Certains spécialistes, des Russes comme par hasard, prétendent que *les Pomores ont abordé le Spitsberg au treizième siècle* et évoquent la possibilité que ces intrépides marins s'y soient rendus dès le onzième. Cependant, on ne retrouve aucune trace historique ou archéologique qui prouve cette affirmation.

En 1743, à l'époque où le *kotch* et ses quatorze marins dérivaient vers le nord-est, la coutume de se rendre au Spitsberg était bien établie chez les Russes. Ils ne s'intéressaient pas aux baleines, mais à la chasse, et pas seulement aux morses, mais au gibier de terre : l'ours blanc, le renard et le renne.

Le rivage vers lequel le bateau était poussé par les glaces qui l'emprisonnaient était celui de la côte sud d'Edgeøya. Cette île est, par sa taille, la troisième des quatre principales terres de l'archipel du Svalbard. Sur une carte, sa forme rappelle une molaire à la couronne carrée, avec deux racines crochues qui s'étirent vers le sud. Cent kilomètres du nord au sud et soixante d'est en ouest. Il s'agit en réalité d'une terre incomparablement moins hospitalière que la côte ouest du Spitsberg où nichent des fiords protecteurs. Un gros tiers de sa surface est recouvert par la calotte glaciaire de Edgeøyjøkulen. Contrairement aux eaux plus chaudes et riches en baleines, de l'ouest du Spitsberg, la mer entourant Edgeøya est encombrée par le pack de glace parfois plus de onze mois par an. Le malheureux *kotch* à la dérive avait pénétré dans la partie avancée de la banquise arctique ; cette plaque de glace qu'un courant pousse sans cesse sur le bord est d'Edgeøya depuis le nord de l'archipel du Svalbard.

Les hommes du bateau tremblaient que cette glace qui grinçait n'enserrât le vaisseau et le broyât avant de le couler. Le pilote Aleksei Inkof, un homme de quarante-cinq ans prit alors les devants. Inkof dit à l'équipage qu'il se souvenait d'une expédition menée par des habitants de Mézen, qui avaient hiverné volontairement sur Edgeøya quelques années auparavant. À ces latitudes où pas un arbre ne pousse (pas même un buisson), leurs compatriotes, pour survivre pendant l'hiver polaire, avaient chargé à bord une sorte de cabane préfabriquée en madriers. Après les avoir débarqués, ils les avaient assemblés pour dresser leur abri. Inkof pensait que l'endroit où ils avaient hiverné se trouvait dans les parages.

Il est assez improbable que les marins aient emporté une quelconque carte, même rudimentaire, du Spitsberg. À l'époque, au dix-huitième siècle, quand les Pomores revenaient de l'Arctique, ils passaient des heures et des heures à raconter aux autres marins de leur village comment ils s'y étaient pris. Ils traçaient des cartes, sur le sable ou sur des planches, que les autres mémorisaient.

Inkof se porta volontaire pour explorer les abords à la recherche de la hutte. Trois hommes d'équipage se proposèrent de l'accompagner : son filleul (peut-être un parent), Khrisanf Inkov, un jeune costaud de vingt-quatre ans, Stepan Sharapov, trente-six ans et Fédor Verigin, un gros gaillard d'âge inconnu.

Quoiqu'aléatoire, la découverte de la hutte offrirait un abri à l'équipage ; une alternative au bâtiment encerclé. Si le pire empirait et si le bateau restait bloqué par la glace durant l'été, les quatorze, après avoir transporté matériel et vivres sur le rivage, pourraient, en se blottissant dans la cabane, garder l'espoir de survivre un hiver. Khrisanf Inkov, malgré son jeune âge, avait déjà l'expérience d'au moins un hivernage, dans la zone où les Russes tenaient leurs quartiers, sur la côte ouest du Spitsberg.

Restait cependant une étape très dangereuse. Environ trois kilomètres de plaques de glace instables et de crêtes de compression les séparaient de la côte. En marchant sur cette mer à moitié gelée, ils prenaient le risque mortel de passer au travers de la mince couche de glace et de plonger dans l'eau à zéro degré. Pour réduire ce risque, les quatre partirent le plus léger possible. En dehors des vêtements qu'ils portaient, ils prirent un unique mousquet, douze balles et autant de charges de poudre noire, un seul couteau, une seule hache, une courte bougie, vingt livres de farine, une gamelle et une timbale, une blague à tabac et chacun sa pipe.

Ce passage franchi, pour ainsi dire sur la pointe des pieds, ils se trouvèrent soulagés d'aborder la terre ferme. Ils partirent vers l'intérieur et le bateau disparut à leur vue.

Après un ou deux kilomètres, ils eurent la surprise de tomber sur la cabane. Les saisons passées à l'abandon l'avaient endommagée, laissant des espaces entre les poutres, mais la constuction avait tenu le coup. Les hommes épuisés s'étendirent dans la hutte, s'efforçant de trouver le sommeil malgré un vent violent qui sifflait en s'engouffrant dans les interstices des murs. Le lendemain de bonne heure, les deux Inkov, Sharapov et Verigin se dépêchèrent de rejoindre le rivage pour partager la bonne nouvelle avec leurs camarades et commencer à décharger le bateau.

Le choc de la vue qui s'offrit à eux dépassait l'entendement. La mer était vide du dernier morceau de glace comme du bateau. La tempête de la nuit précédente avait apparemment chassé la glace vers l'océan ouvert. Les marins savaient, d'après d'autres expériences arctiques, qu'aucun *kotch* ne pouvait avoir résisté à pareil cataclysme : les morceaux de la banquise brisée avaient dû hacher sa coque en mille morceaux et plonger l'embarcation et ses dix autres Pomores dans un impénétrable cimetière marin. (Aucune trace des hommes, ni aucun morceau identifiable de l'épave ne furent jamais retrouvés.)

Les quatre survivants échangèrent des regards emplis d'horreur. Malgré le passage quelques années auparavant de leurs compatriotes de Mézen, aucun navire n'avait délibérément abordé sur Edgeøya, pour la simple raison que la mer gelée pratiquement toute l'année en défend l'accès. Tout ce que ces hommes avaient en leur possession se résumait à l'équipement dérisoire pris pour la journée de reconnaissance de la veille. Leurs seuls vivres — vingt livres de farine pour quatre — ne leur garantissaient aucun avenir. Ils n'avaient rien d'autre à faire qu'à retourner vers la cabane, avec sans doute dans l'esprit de chacun la même réflexion. S'ils réussissaient à tenir quelques jours, semaines, ou mois et même un hiver, ils ne pourraient pas quitter cette île désolée où les avait exilés un destin sans pitié.

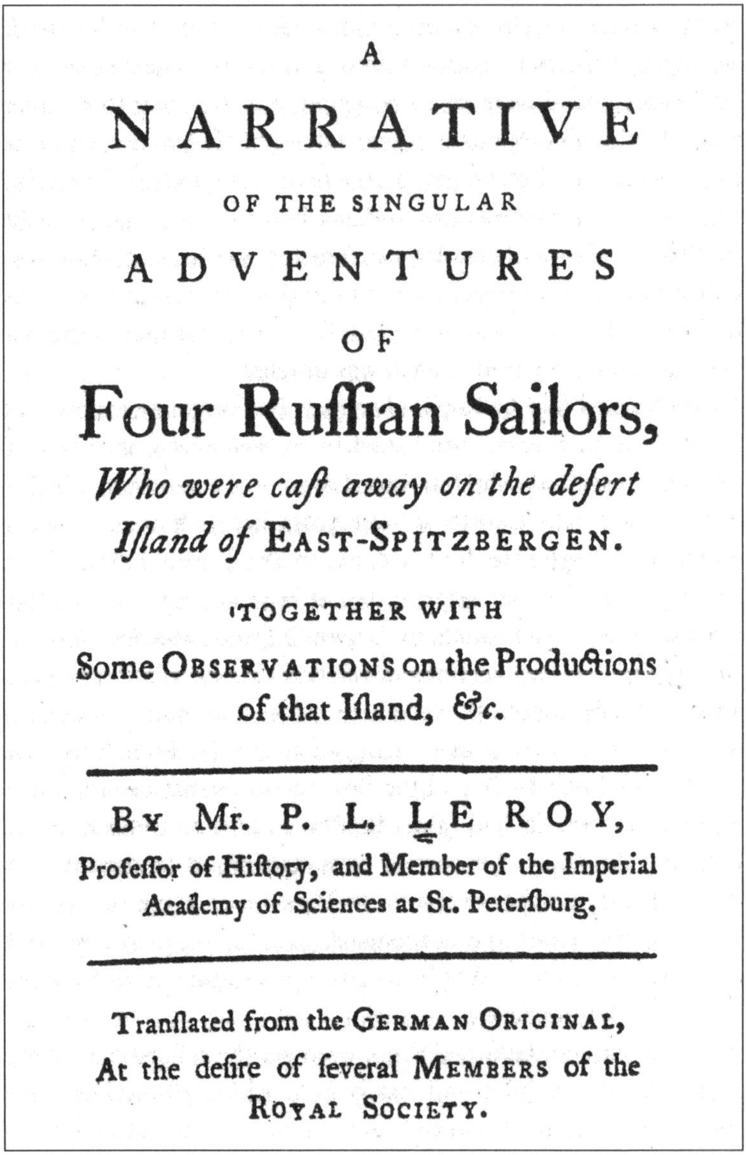

A

NARRATIVE

OF THE SINGULAR

ADVENTURES

OF

Four Ruſſian Sailors,

*Who were caſt away on the deſert Iſland of* East-Spitzbergen.

TOGETHER WITH

Some Observations on the Productions of that Iſland, *&c.*

By Mr. P. L. Le Roy,

Profeſſor of Hiſtory, and Member of the Imperial Academy of Sciences at St. Peterſburg.

Tranſlated from the German Original,
At the deſire of ſeveral Members of the
Royal Society.

*Page-titre de l'édition anglaise de la* Relation *de Le Roy.*
*(Bibliothèque Houghton, université de Harvard.)*

# Chapitre I

# Bois flotté

En 1997 par une fraîche journée de printemps, je me trouvais à Chamonix, invité heureux et légèrement éméché d'une petite fête organisée pour la sortie d'un de mes livres dans les bureaux des Éditions Guérin. Un an auparavant, j'avais rencontré pour la première fois Michel Guérin, à la tête de l'entreprise la plus excentrique que j'aie jamais vue dans l'univers de l'édition depuis que je fréquente ce milieu. Lui et moi avons été dans notre jeunesse des passionnés de montagne. Aujourd'hui, au milieu de notre vie, nous restions fervents de littérature alpine. La maison que Michel avait fondée quelques années auparavant s'était spécialisée dans de luxueuses rééditions très illustrées des classiques de l'alpinisme.

Pour l'heure, au beau milieu du brouhaha qui remplissait le bureau, on me demandait si j'avais entendu parler d'un Russe nommé Albanov. Il apparaissait que la prochaine sortie des Éditions Guérin les détournerait de leur univers alpin pour plonger dans l'exploration arctique. Un ami d'enfance de Michel, Christian de Marliave, devenu un expert reconnu en explorations polaires, lui avait signalé cet auteur. Aussi pointu sur la littérature arctique ou antarctique que Michel pouvait l'être dans le domaine alpin, Christian avait révélé à son ami, un classique oublié des histoires de survie. Rédigé par un Russe du nom d'Albanov, ce récit, que Michel publierait sous peu, porterait le titre d'*Au pays de la mort blanche*.

Des bribes de l'histoire me parvenaient par éclats à travers le tohu-bohu croissant de la fête. Il s'agissait du passage du Nord-Est, de vingt-quatre hommes sur un bateau au large des côtes de Sibérie, en 1912. Pris par les glaces, ils dérivèrent un an et demi. La moitié de l'équipage quitta le navire et, tirant péniblement des traîneaux de fortune, se dirigea vers les îles François-Joseph. Deux seulement survécurent. L'un avait écrit ce livre : Albanov.

Bien que, depuis l'âge de dix-huit ans, j'aie lu beaucoup de récits polaires – Scott, Shackleton, Cherry-Garrard, Mawson, Nansen, Stefanson, Rasmussen… et que j'aie cru assez bien connaître la période de L'âge d'or de la conquête des pôles, je dus reconnaître que je n'avais jamais entendu parler d'*Au pays de la mort blanche* et que j'étais tout aussi ignorant de l'expédition tragique que décrit Albanov.

De retour chez moi à Cambridge, Massachusetts, je m'encordai derrière Michel et suivis sa trace. Je trouvai un exemplaire du livre d'Albanov dans l'édition française de 1928 (une traduction de l'original russe de 1917) à la bibliothèque de Harvard. La vieille fiche de prêt glissée dans la reliure était vierge. Pendant soixante-six ans, le livre avait ramassé beaucoup de poussière, mais pas un lecteur.

Dès les premières pages, je fus frappé par une sorte d'éblouissement. Non seulement l'aventure d'Albanov était extraordinaire, mais d'après mes connaissances, son récit est unique dans la littérature polaire. La simplicité et la vivacité de la narration des péripéties se combinent avec des passages poétiques hallucinatoires, et sa lecture produit ce mélange de fièvre et de dégoût que l'on ne ressent qu'aux extrêmes limites de ses forces. Poussant plus loin les recherches sur l'histoire de ce livre, je m'étonnais qu'il ne fût jamais publié en anglais.

Je m'émerveillais de tout dans l'histoire d'Albanov, y compris de sa conclusion un peu plate quand lui et Konrad, les deux seuls survivants, furent secourus par miracle à bord d'un vapeur à bout de souffle qui les rapatria à Arkhangelsk. Un paragraphe cependant, aux trois quarts du récit environ, me plongea dans un vertige d'incrédulité. Je le lus et le relus, cherchant à comprendre ce qu'il avait d'invraisemblable.

En juillet 1914, tous leurs compagnons étaient morts ou disparus, mais eux, à l'aide des pitoyables derniers restes de matériel et de vivres, avaient réussi à rejoindre les îles François-Joseph. Albanov tente alors de faire entrevoir à son compagnon Konrad qu'ils peuvent survivre à l'hiver si aucun secours ne se présente. Voici ce qu'il écrit :

« Je connais le récit du sauvetage, dans une des nombreuses îles du Spitsberg, d'une troupe russe de chasseurs de phoques qui avait fait naufrage. Ils étaient sans armes. À l'exemple de Robinson, ils vécurent sept ans dans cette île, relativement heureux et contents. Ils se procurèrent vêtements et nourriture par la chasse, sans armes à feu. Ils construisirent toutes sortes de pièges qui leur firent bon usage. »

Incapable de détacher mes yeux de la page, j'ai pensé : sept ans ? Impossible ! Un mythe. Mais, si ce n'est pas le cas...

Ce n'était que le début d'une leçon d'humilité. Ces six phrases sèches d'Albanov remettaient en question tout ce que je savais au sujet de la survie. J'allais plonger dans cette histoire comme une taupe et n'en ressortirais à la lumière, ayant creusé comme un fou, que plus d'un an plus tard.

Ce qui me hantait dans le bref résumé d'Albanov était le brutal retour de ces hommes à l'âge de pierre, au temps de la chasse avec des arcs et des flèches. Je n'arrivais pas à me représenter comment ces marins du dix-huitième siècle avaient pu se fabriquer des armes alors que leur asile était dénué de tout ; sans arbre, sans buisson, sans rien d'autre que ce qui s'échouait sur la grève.

J'écrivis par e-mail à Christian de Marliave. Il connaissait les grandes lignes de l'histoire de 1743 et ne semblait pas la considérer comme un conte apocryphe. Il me renvoya à un vieux livre, titré *Histoire des Naufrages*. Je revins aux rayons de la bibliothèque Widener de Harvard et trouvai un exemplaire que le temps avait piqueté de taches jaunes. Une sorte d'encyclopédie du frisson rassemblée par un certain Desperthes (le prénom n'était pas précisé) et publiée à Paris en 1826.

Desperthes s'étendait en six pages in-quarto sur les marins de Mézen de 1743. Il paraphrasait ouvertement le compte rendu complet d'un dénommé Pierre Louis Le Roy, un académicien de Saint-Pétersbourg qui avait interrogé deux des survivants, quatre mois après leur retour en Russie. Je retournai à Harvard à la recherche de la source primaire, la dénichant enfin à la bibliothèque Houghton des livres rares. L'édition anglaise de Le Roy datait de 1774 et portait un titre dont la longueur avait un souffle merveilleux : *Récit des singulières aventures de quatre marins russes, abandonnés sur une île déserte de l'est du Spitsberg. Avec l'ajout de considérations sur les ressources de cette île, etc. Par M. P.L. Le Roy, professeur d'Histoire et membre de l'Académie Impériale des sciences de Saint-Pétersbourg. Traduit de l'original en allemand, à la demande de plusieurs membres de la Royal Society.*

J'en apprendrai plus tard davantage sur le parcours tortueux de l'édition de l'ouvrage de Le Roy. C'était un Huguenot dont la famille avait fui la France après la révocation de l'Édit de Nantes, en 1685 (qui priva les Protestants de la liberté de culte). Le Roy avait suivi des études en Allemagne, à l'université de Francfort, puis de Halle. En 1731, à l'âge de 32 ans, on lui proposa de se charger, à Saint-Pétersbourg, de l'instruction des enfants du Comte von Biron, grand conseiller et amant de l'Impératrice Anna qui régna sur la Russie entre 1730 et 1740. Dix-sept ans après, il devint le précepteur des enfants du Comte Petr Shuvalov, favori de la Tzarine Elisabeth qui lui avait octroyé la concession de la pêche à la baleine en Arctique. Toutes mes sources s'accordaient à ne rien trouver de remarquable à cet académicien, sauf à vanter son utile talent pour parler couramment le français et l'allemand.

Le 15 août 1749, à l'approche du Svalbard, un navire détourné de sa course par les vents arriva en vue de la côte d'Edgeøya. Les marins du bord virent un étrange signal. Une colonne de fumée se dressait dans le ciel pendant que des hommes agitaient avec frénésie un drapeau qui semblait de peau de renne. Six ans et trois mois auparavant (et pas tout à fait sept, comme l'indiquait Albanov), ces naufragés s'étaient retrouvés seuls survivants d'un équipage de quatorze, dont le *kotch* dérouté par les vents, en mai 1743, avait été coulé dans un chaos de glaces. Pendant tout ce temps, aucun bâtiment n'avait apparemment approché leur refuge.

Le temps pour le vaisseau égaré de récupérer les naufragés sur leur île et de les ramener à Arkhangelsk, il était le 28 septembre 1749. L'histoire des survivants était si extravagante que d'abord on ne les a pas crus. Ils furent interrogés comme des criminels et des auditeurs soupçonneux leur demandèrent de répéter sans cesse leur histoire afin d'en faire émerger les contradictions.

La polémique arriva aux oreilles du comte Shuvalov à Saint-Pétersbourg qui somma Aleksei et Khrisanf Inkof de se rendre dans la capitale. Il demanda à Pierre Le Roy, embauché l'année précédente comme précepteur de ses enfants, de mener l'interrogatoire.

Quand je lus le récit de Le Roy pour la première fois dans la bibliothèque de Houghton, l'étonnement le disputa à l'ennui. Les détails révélés me sidéraient, mais il fallait les extraire d'une prose pompeuse, rompue par des digressions prétentieuses (sur la nature du renne, la bonne prononciation du nom d'une île, ou les méthodes des Indiens d'Amérique pour allumer un feu, par exemple.) Intrigué autant qu'énervé, je me disais à l'issue de cette première lecture, qu'il fallait prendre tout ça avec des pincettes et que sur de nombreux points, l'académicien n'était pas fiable.

J'appris vite que Le Roy avait rédigé deux versions originales du récit, l'une en français, publiée à Saint-Pétersbourg en 1766 (utilisée pour la présente édition, N.d.t.), l'autre en allemand (Riga, 1768) qui fut à l'origine de la traduction anglaise éditée deux années plus tard. Il me faudra presque deux ans pour trouver à la British Library une des très rares copies de l'original allemand, mais pas longtemps pour dénicher à Harvard le microfilm de la version française : *Relation des avantures arrivées à quatre matelots russes, Jettés par la tempête près de l'Isle déserte d'Ost-Spitsbergen. Sur laquelle ils ont passé six ans & trois mois* (Ndt. les textes cités de Le Roy respectent son orthographe). Les deux versions concordaient, certains paragraphes étant identiques ou presque. Cependant, il y avait entre elles de curieuses différences et de piquants détails ont disparu de la traduction anglaise. La première question qui me vint fut de savoir pourquoi il avait fallu tellement de temps à Le Roy avant de publier cette histoire. Il interrogea les marins plusieurs jours à partir du 8 janvier 1750, mais il faudra seize années à l'académicien pour convertir ses notes en un texte rédigé. Était-il du genre à remettre sans cesse son travail au lendemain ou existait-il d'autres raisons à ce délai ?

Comme je le constaterai plus tard, Le Roy n'avait même pas nommé correctement les marins. Le pilote de Mézen et son filleul sont orthographiés « Alexey et Ivan Himkof ». Il faudra qu'un universitaire russe exhume au vingtième siècle la liste d'un ancien recensement pour qu'ils retrouvent leurs vrais patronymes : Aleksei et Khrisanf Inkov. Pour les deux autres, Le Roy se tint plus proche de la vérité : il écrit « Foedor Wéreguin » à la place de « Fédor Verigin » mais nomme correctement Stépan Scharapof.

En dépit de mon ennui et de ma défiance, j'étudiai les soixante-quinze pages de la *Relation* avec fébrilité, plein d'admiration pour ces quatre-là. Après s'être éclairci la voix pendant les six pages de son préliminaire, Le Roy plonge enfin dans l'histoire. En termes ampoulés, il raconte la traversée du navire avant l'ouragan venu du sud-ouest et son enfermement par les glaces, Aleksei Inkov se portant volontaire et partant avec trois hommes pour atteindre le refuge resté dans les mémoires, sa découverte et le bivouac dans l'abri, le retour au rivage pour annoncer la bonne nouvelle à leurs amis. « Il seroit plus facile de concevoir que d'exprimer la douleur que ressentirent ces pauvres exilés, lorsqu'étant arrivés à l'endroit où ils avoient abordé, ils ne trouvèrent plus qu'une mer ouverte et entièrement dégagée des glaces qui la couvroient la veille. » Et Le Roy ajoute : « Cet accident ayant fait comprendre à ces pauvres gens, qu'il ne leur restoit plus d'espoir de sortir de cette Isle, ils retournèrent accablés de tristesse, à la cabane qu'ils venoient de quitter »

Certains d'être perdus, les marins restaient néanmoins déterminés à survivre aussi longtemps qu'ils le pourraient. À cet endroit du récit, je me suis demandé la première chose que j'aurais faite en pareille situation. Je revins à la liste misérable des objets emportés pour les vingt-quatre heures de reconnaissance : « Nos émissaires se munirent d'un fusil, d'un cornet contenant douze charges de poudre, d'autant de balles, d'une hache, d'un petit chaudron, d'un sac de vingt livres de farine, d'un fusil à battre le feu, d'un morceau d'amadou, d'un couteau, d'une vessie pleine de tabac à fumer, et chacun de sa pipe en bois. » J'aurais sans doute pris une bonne portion de la farine que j'aurais transformée en biscuit pour retarder, faible consolation, les souffrances inéluctables de la faim. Mais comme c'étaient des fumeurs, nul doute qu'ils ont commencé par bourrer leurs pipes, les allumer et recracher des bouffées en ruminant sur leur sort.

Selon Le Roy : « Leur premier soin, comme on peut le croire sans difficulté, fut de penser d'abord à leur nourriture et à leur logement. Les douze charges de poudre à canon qu'ils avoient, leur fournirent en peu de temps douze Rennes, qui pour leur bonheur se trouvoient en assez grande quantité dans cette Isle ». Là, j'ai pu constater à quel point ces Pomores étaient doués pour survivre : douze balles chargées dans un antique mousquet du dix-huitième siècle, douze rennes tués. Même si j'ai pu observer par moi-même à quel point les rennes du Svalbard sont curieux et autorisent les hommes à les approcher d'assez près, le fait qu'il ne fallut jamais plus d'une balle pour arrêter leur course est impressionnant.

L'abondance des rennes réconforta les marins, mais la présence d'un autre mammifère leur fit l'effet inverse. Ces hommes avaient eu la malchance de se trouver naufragés sur une côte qui, aujourd'hui comme hier, rassemble la plus forte concentration d'ours polaires au monde. Ailleurs dans l'archipel, les ours sont rarement visibles, mais Edgeøya se trouve exactement sur la grande route de migration de l'*Ursus maritimus*. La menace des ours blancs allait bouleverser la vie quotidienne des Pomores. Il ne leur suffisait pas de devoir se chauffer et se nourrir, il leur faudrait rester sur le qui-vive en permanence, dès qu'ils feraient quelques pas. Ils ne pouvaient espérer se rendre sur la plage pour collecter quelques débris sans s'inquiéter à chaque minute de la moindre tache blanche apparue au loin. Sans autres rivaux que leurs semblables, ces carnivores se ruent naturellement sur tout ce qui bouge, spécialement sur cette anomalie à deux pattes incapable de voler.

Avec leurs douze rennes, les hommes avaient de bonnes réserves de viande. Ils entreprirent ensuite de réparer la cabane. Le Roy nous fait de cette construction une description admirable par ses détails, mais un peu étonnante. Elle faisait, disait-il, huit mètres de long sur six de large et six mètres de hauteur. Ces dimensions me frappèrent. L'expédition précédente, venue de Mézen devait être de taille ! La hauteur surtout était insensée. Dix-huit pieds (environ six mètres), cela représentait deux bons étages. À proximité des pôles, Nord ou Sud, les Européens n'ont pratiquement jamais établi de hautes constructions : un toit bas et une structure plate conservent la chaleur et résistent mieux aux tempêtes qui courent sur ces terres dénudées.

La hutte, disait Le Roy, avait deux pièces : un vestibule d'une longueur de douze pieds et une pièce de séjour plus grande. Le vestibule est logique, c'est une sorte de sas qui protège du froid de l'extérieur et sert à conserver le plus de chaleur possible à l'endroit où l'on dort. J'avais davantage de difficultés à me représenter « Un fourneau de terre grasse bâti à la russe, c'est-à-dire une espèce de four, sans cheminée, qui sert à faire la cuisine & à échauffer la chambre en même temps, & sur lequel on peut se coucher ce que font d'ordinaire les paysans quand ils ont froid. » Sur l'absence de cheminée, Le Roy fournit d'autres explications : pour évacuer la fumée qui se répand dans toute la pièce, on ouvre les trois ou quatre fenêtres larges d'un pied ou d'un pied et demi. Ces ouvertures, « pratiquées dans les poutres dont sont construites les maisons, environ à la hauteur d'un homme assis ; lesquelles fenêtres se ferment exactement quand on le veut, au moyen d'une planche faite exprès, qu'on fait couler entre deux poutres. » La plupart des lecteurs vont trouver ce type de logement assez rustique et ce confort un peu barbare, mais Le Roy affirme que c'est le cas de la majorité des maisons de la classe paysanne russe et « qu'on reste dans la chambre sans être absolument incommodé de la fumée, qui suivant le vent qu'il fait sort par la porte ou l'une des fenêtres. »

La hutte avait été construite en Russie, les poutres numérotées et démontées avant d'être remontées dans le grand Nord. Quand l'équipe d'Inkov y parvint, elle n'était pas en bon état, Le Roy ne précise nulle part la date à laquelle elle fut érigée. Il faut se contenter d'un vague « autrefois ». Entre les madriers se présentaient de larges fentes dans lesquelles le vent s'engouffrait, mais la construction était saine. À l'aide de leur hache, ils réajustèrent les assemblages, bourrant dans les interstices, de la mousse qui se trouve en abondance sur l'île. Ce qui permet à Le Roy d'applaudir avec solennité : « Ces gens ne furent donc absolument pas embarrassés sur l'article de la réparation de cette cabane, & cela d'autant moins que chacun sait que presque tous les paysans russes sont charpentiers, construisant eux-mêmes leur demeure et maniant la hache avec beaucoup de dextérité. »

Dès lors les marins bénéficiaient d'un abri étanche et de réserves de nourriture suffisantes pour tenir un moment. Cependant, n'y avait-il pas une brèche dans la digue censée tenir la mort à distance ? Les douze balles tirées avec les douze charges de poudre, le fusil ne servait plus à rien. Quel espoir leur restait-il de survivre à long terme ? Quel plan pouvaient-ils mettre au point pour affronter l'hiver qui les attendait, au tournant du calendrier qu'ils lisaient dans le soleil se couchant chaque jour plus tôt en s'éloignant vers le Sud ?

Quelqu'un qui ne connaît pas le Svalbard se demandera ce que l'on peut bien faire d'un fourneau dans un pays où nul arbre ne pousse. La réponse se trouve dans une donnée géographique dont dépendait entièrement la survie des marins : les côtes de l'archipel sont jonchées de bois flotté. Nous savons aujourd'hui que ces arbres déracinés, essentiellement des sapins, des pins et des mélèzes, viennent de l'intérieur de la Russie et sont entraînés par les eaux des grands fleuves, jetés dans l'océan Arctique où les courants dominants les emportent sur plus de mille cinq cents kilomètres vers les îles du Svalbard, au nord du 76e parallèle et demi.

Une hutte, du bois en abondance, au plus quatre mois de réserve : cette combinaison n'offrait aucune garantie de survie. Une fois le dernier renne mangé, les quatre allaient inévitablement mourir de faim.

En achevant ma première lecture de la *Relation* de Le Roy, j'avais conclu que la saga des marins était la plus étonnante histoire de survie dont j'aie entendu parler.

Mais était-elle vraie ?

Le dix-huitième siècle, en Russie comme en Angleterre et en France, fut une époque où se mélangeaient crédulité et scepticisme. Les deux genres les plus populaires étaient alors le récit de voyage et le voyage imaginaire. Entre les deux, la frontière est étroite ; ce qui a inspiré de grands écrivains. Les noms de Daniel Defoe et de Jonathan Swift n'apparaissent pas sur les couvertures des premières éditions de *Robinson Crusoe* (1719) et des *Voyages de Gulliver* (1726). Ces livres laissaient croire qu'il s'agissait des récits vécus, écrits par les naufragés eux-mêmes.

Il y avait deux possibilités pour que le récit de Le Roy relève de la fiction. L'académicien, avait pu publier un *Voyage imaginaire**, bâtissant son histoire de toutes pièces. J'écartai

* *En français dans le texte, comme toutes les expressions qui figurent en italique et sont suivies d'un astérisque.*

rapidement cette idée, la vie de ce personnage se situant à l'opposé d'hommes d'esprit tels que Swift et Voltaire. Comme je l'apprendrai dans les semaines suivantes, le Huguenot avait tout de l'académicien besogneux. Par ailleurs, des intelligences plus perspicaces que la sienne — par exemple son collègue de l'Académie Impériale, Mikhail Lomonosov, un esprit universellement reconnu — avaient montré un intérêt réel pour l'histoire de ces marins.

D'autre part, il existait une autre possibilité : que les marins eux-mêmes aient monté une supercherie. Ils auraient dû alors passer plus de six ans quelque part hors de Russie pour accréditer le scénario des six années de survie sur Edgeøya et en faire une histoire unique dans les annales arctiques.

Le Roy lui-même se montra sceptique quand il entendit les détails du récit. « Aussi faut-il avouër, prévient-il à la seconde page de son texte, que lors que M. Vernezobre Directeur du Comptoir du Trahn, ou de l'huile de Baleine, m'en écrivit d'Archangel pour la première fois, je ne sus d'abord quel jugement porter. » Il ne fut pas le seul à douter si on considère le nombre de fois où l'on contraignît les marins à répéter, encore et encore, leur histoire pour y déceler quelques coupables contradictions. L'interrogatoire d'Aleksei et de Khrisanf par Le Roy fut au début dépourvu d'aménité : « J'eus l'occasion de les examiner avec toute l'attention dont je suis capable ; & je fis à ces gens, à diverses reprises, toutes les demandes que je crus nécessaire pour m'assurer de la vérité. » Il ne fut convaincu que peu à peu de leur sincérité.

Sceptique moi-même, j'avais pris grand intérêt à enquêter pendant plusieurs années sur le thème des supercheries des explorateurs et en avais tiré un essai et un roman*. Je fus pourtant presque immédiatement certain que l'histoire des marins était vraie. Si incroyable que soit l'exploit d'avoir

* *Les grandes supercheries de l'exploration, La Face perdue (roman). Éditions Guérin.*

survécu, trop d'éléments convergeaient. Les nombreux endroits où le récit de Le Roy semblait dénué de sens ou se contredisait, renforçaient bizarrement, mon sentiment sur la sincérité des réponses des marins. Pour les avoir étudiés, je sais que les escrocs prennent un soin paranoïaque de la cohérence. Enfin, j'ai découvert le témoignage du capitaine du bateau qui les sauva et qui corroborait leur version (au moins sur le point du sauvetage). Cherchant plus loin, je ne trouvai personne, ni Christian de Marliave, ni les deux érudits russes qui avaient le plus soigneusement étudié cette histoire, pour douter foncièrement de son authenticité.

Ce qui m'embêtait était de voir à quel point Le Roy n'arrivait pas à éclairer cette histoire, comment il se perdait dans des digressions dont le seul but était d'étaler sa science. À cette *Relation* au jour le jour, de la monotonie et de la terreur, il ne donnait aucune chair. On ne trouvait rien qui puisse différencier la voix des personnages, à part deux phrases sorties de la bouche d'Aleksei Inkof. Il ne disait rien de leurs vies après leur retour, ne livrait aucun aperçu sur les trois mois de totale et glaciale obscurité qu'ils traversaient chaque hiver sans devenir fous.

Je pillai, des semaines durant, les bibliothèques de Harvard, dans l'espoir de trouver une autre ouverture. En vain. Toutes les pistes ramenaient au compte rendu de Le Roy dont trois éléments tout de même me laissaient l'espoir de glaner d'autres informations – chacune de ces trois portes pouvant très bien déboucher sur une impasse.

La première ouvrait la perspective de trouver une autre source originale, sans doute plus intéressante que celle de Le Roy. Dans ses premières pages, l'académicien, attestait son existence : « Aussi-tôt que ces infortunés Matelots furent arrivés à Archangel, M. de Klingstedt Auditeur supérieur de l'Amirauté de cette ville, les fit comparoitre devant lui, les interrogea sur tout ce qui étoit arrivé, & coucha leurs réponses par écrit, résolu d'en publier la relation. Mais étant venu quelque temps après à Pétersbourg, & ayant vû celle que j'avois composée, il me dit que trouvant la mienne beaucoup plus complette que celle qu'il avoit mise par écrit, il renonçoit au dessein de publier la sienne, qu'il eut la politesse de me donner pour que j'en tirasse, comme je l'ai fait, quelques particularités que j'avois oublié de leur demander, & qu'il avoit apprises d'eux »

Trois éléments de ce paragraphe me mettaient l'eau à la bouche. Klingstedt (ou Klingstadt, comme on le nomme aussi) avait interrogé les marins à cette époque et pas quatre mois après leur retour, ce qui me permettait de croire à un témoignage non perverti par de multiples répétitions. Cet homme avait posé des questions aux marins « sur tout ce qui leur était arrivé », ce qui promettait des notes riches de détails concrets. Il avait permis à Le Roy, de regarder le manuscrit où étaient consignées ses notes, « qu'il eut la politesse de me donner ». Il y avait une chance que Le Roy lui ait rendu, après en avoir pillé le contenu.

Se pouvait-il que les notes et/ou le manuscrit de Klingsedt existent encore dans quelques archives ou bibliothèques ? J'aurais donné un bras pour mettre la main dessus !

La seconde porte était la riche collection, de trophées de chasse et d'objets que les Pomores avaient apportée à Arkhangelsk : des armes et des outils qu'ils avaient fabriqués avec ingéniosité sur leur île. Ils en avaient offert une grande partie au comte de Shuvalov. On pouvait se demander si ces armes et outils étaient à Saint-Pétersbourg, et avaient suscité l'admiration d'un éminent savant. Peut-être, étaient-ils rangés dans les réserves ou les collections d'un musée ? Seul un conservateur sans cœur aurait pu s'en débarrasser. J'avais donc espoir de tenir un jour en main l'arc et les flèches fabriqués par ces marins à partir de matériaux très éloignés de cette finalité. Certes, 250 ans c'est long, très long et l'expérience d'autres recherches en archives m'avait montré à quel point ce qui est précieux a tendance à disparaître.

Enfin, il y avait une troisième porte : ce passage où Le Roy me mettait sur les charbons ardents quand il faisait part de ses questions aux marins, à propos de la nature de l'île sur laquelle ils passèrent six années. Le Roy disposait d'une excellente carte pour l'époque, qui avait été tracée par le grand géographe hollandais Gerard van Keulen, son contemporain. Il compara cette feuille, qui détaillait le contour entier d'Edgeøya, avec une autre carte : « La propre Carte qui leur fut montrée à leur retour dans leur patrie, sur laquelle ils reconnurent le lieu de leur exil, ayant indiqué l'endroit où leur Cabane étoit bâtie, ce qu'ils marquèrent d'un trait de plume sur la Carte qui me fut envoyée d'Archangel. »

C'était peut-être trop demander que de garder l'espoir qu'existe encore cette copie-là de la carte avec son éloquent trait à la plume, ou la carte de van Keulen sur laquelle avait travaillé Le Roy et où il avait dû noter l'endroit. Il devait donc être possible de trouver la côte où les marins avaient survécu à cette inconcevable épreuve. Même en ruine, restait-il quelque chose de leur cabane ? Pour la première fois, je songeai à partir pour Edgeøya qui demeure aujourd'hui un des endroits les plus désolés sur la surface de la terre.

La sagesse aurait dû me dicter, à ce moment-là, de laisser les marins et leur histoire à leur rivage, avec la gratitude de m'avoir fait tomber sur une merveilleuse fable à demi-légendaire sur laquelle il ne restait guère d'espoirs d'en apprendre davantage. Mais j'étais déjà ensorcelé par ce récit. Un soir où je tentais de m'endormir, l'esprit rongé par Le Roy, je me dis que c'était à moi de mordre dans l'écorce rabougrie de la *Relation* et de tirer de ce fruit un jus nouveau.

Au début du mois de septembre 2000, j'avais prévu un mois de travail en Europe pour deux reportages que m'avait confiés un magazine. Je décidai de prolonger par une semaine en Russie pour tenter une ultime reconnaissance de cette piste tortueuse qui paraissait serpenter dans mon avenir comme la course d'un fou incapable de faire la différence entre ce qui est perdu et ce qu'il a oublié.

Ce qui m'encourageait à poursuivre l'enquête sur cette histoire improbable était le sentiment que j'avais l'occasion unique de côtoyer de véritables génies de la survie. Quelque temps après la fin de leur premier été, en septembre ou en octobre, les hommes de Mézen accomplirent quelque chose dont dépendrait tout leur avenir. À mes yeux, ce fait est le plus étonnant épisode de l'étonnant récit que rapporte Le Roy.

Les marins en étaient arrivés au point où ils allaient manquer de viande de renne. Sans balles ni poudre, ils ne pouvaient plus abattre de gibier. Arpentant la plage, ils découvrirent parmi les bois flottés plusieurs planches percées de clous d'une quinzaine de centimètres, et « une longue cheville de fer » Ces planches, nota Le Roy, devaient être « les tristes restes de quelques vaisseaux qui avoient eu le malheur de se briser dans ces mers éloignées. » Pour les quatre survivants du *kotch* naufragé, les débris d'un autre naufrage leur apportaient une solution miraculeuse au moment où « ils s'attendaient à mourir de faim. »

( 3 )

# RELATION
## DES
## AVANTURES
### ARRIVÉES A
### QUATRE MATELOTS RUSSES,

Jettés par une tempête près de l'Iſle deſerte d'Oſt-Spitzbergen,

*Sur laquelle ils ont paſſé ſix ans & trois mois.*

LEs voyages de long cours, & ſur-tout ceux qui ſe font par mer, ont ſouvent été la ſource de nombre d'avantures quelque fois ſi hors de vrai-ſemblance, que quelque cas que nous faſſions d'ailleurs des auteurs qui les ont rapportées comme leur étant arrivées, nous craindrions de nous abandonner à

A 2 une

*Page-titre de* la Relation *de Le Roy publiée en Français.*

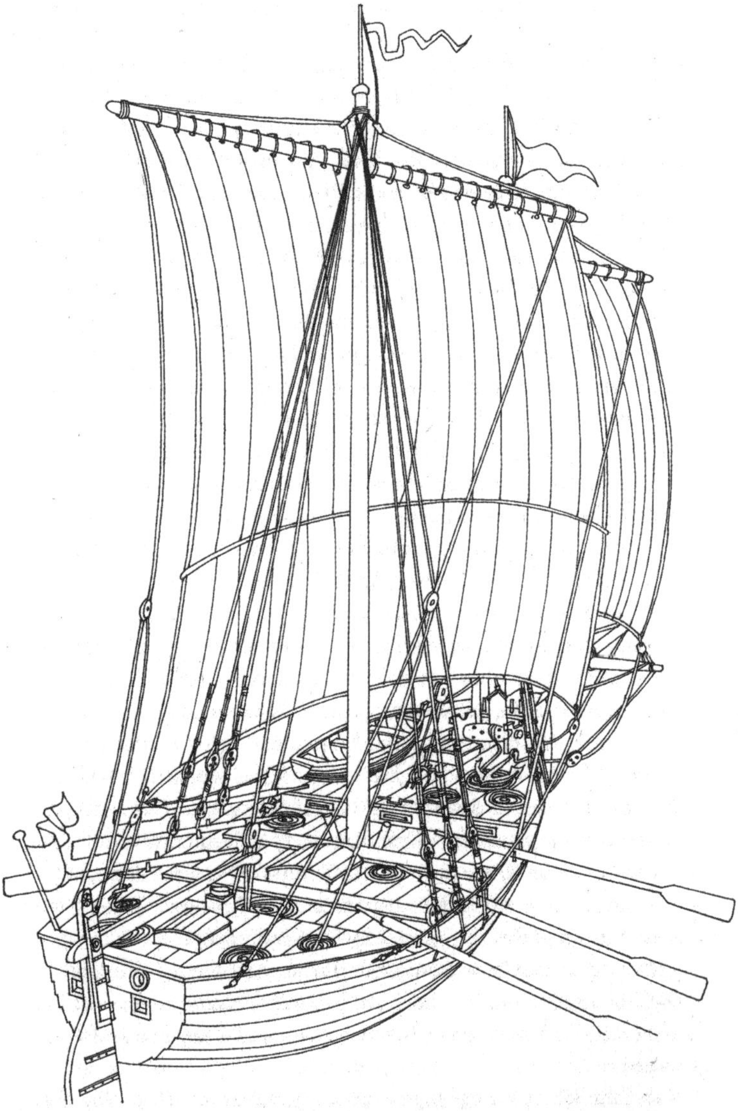

*Dessin d'un Kotch russe, bateau cousu que les Pomores utilisaient au dix-huitième siècle.*

# Deux lances et une lampe

Christian de Marliave me mit en contact avec Victor Boyarsky, le directeur du musée polaire de Saint-Pétersbourg. En Russie, Boyarsky jouissait d'une certaine notoriété, pour avoir fait partie de l'équipe internationale dirigée par Jean-Louis Étienne et Will Steger, qui avait réussi la première traversée du continent Antarctique en autonomie, un voyage de 5300 km qui avait duré 220 jours.

Depuis Cambridge, je me présentai au téléphone : « Parlez-vous anglais ? » demandai-je d'abord.

« Mais bien sûr », tonna la voix lointaine. Boyarsky entreprit de me prouver ses capacités en enchaînant dans notre langue une collection d'expressions idiomatiques sans rapport les unes avec les autres. Il me parla ensuite avec chaleur, mais semblait distrait : pendant que nous conversions, je me le représentais à son bureau, entouré d'une cohorte d'assistantes lui confiant des rapports urgents sur les pôles.

Je demandai à Boyarsky s'il connaissait l'histoire des naufragés de Mézen.

« Mais, bien sûr ! » s'exclama-t-il. « Ici, elle est célèbre. » Comme je m'en rendis compte très vite, Boyarsky ne connaissait que ses grandes lignes, comme chacun retient les bribes d'une histoire souvent entendue, dont on n'a cependant jamais rien lu. Il n'avait en effet jamais parcouru le compte rendu de Le Roy, publié pour la première fois en 1772 en russe et réédité trois fois au vingtième siècle. Boyarsky me promit de se mettre à mon entière disposition dès que je viendrais à Saint-Pétersbourg.

La question de la langue me tourmentait. Je n'avais guère plus de quelques mots à ma disposition, glanés lors d'une croisière en Antarctique sur un bâtiment scientifique reconverti dans le tourisme à la dure époque de l'effondrement de « l'Empire du mal »: *da, niet*, *spasiba* (merci), *dasvidania* (au revoir), *biva* (bière). J'interrogeai Boyarsky sur les conséquences de ce handicap.

« Il y a quatre millions d'habitants à Saint-Pétersbourg, affirma-t-il, dont trois parlent anglais ! »

Je ne m'étais jamais rendu en Russie. Sans le court paragraphe d'*Au pays de la mort blanche* d'Albanov sur les marins naufragés, l'idée de voyager dans ce vaste et incohérent pays ne me serait jamais venue. Cependant, début octobre, après quatre semaines de reportage en France et en Italie, je me retrouvai à Pulkovo, l'aéroport de Saint-Pétersbourg, attendu par un jeune employé de Boyarsky qui me fit éviter les taxis pour touristes et monter dans un autre, au tarif « russe » bien moins élevé. Depuis une heure, j'étais assis, attablé à l'intérieur d'une église baroque dont la nef avait été divisée en trois étages, en train de partager avec l'entourage de Boyarsky un déjeuner composé de salade, blinis, caviar et vodka.

Tous m'avaient chaleureusement accueilli, mais ils s'étonnaient de mon intérêt et de mon enquête. Ils trouvaient épatant que je sois tombé sous le charme de cette vieille histoire russe, mais de-là à venir d'Amérique... L'une de ces scientifiques, la biologiste Masha Gavrilo, spécialiste de l'ornithologie du Spitsberg, une grande fille aux cheveux bruns coiffés en arrière, deviendra ma plus proche amie à Saint-Pétersbourg. Elle aussi connaissait cette histoire, mais sans plus de détails que Boyarsky. Durant ce repas, je lui avouai :

— C'est la plus stupéfiante histoire de survie que j'aie jamais entendue.

— Nous sommes des Russes, rétorqua-t-elle, nous avons beaucoup d'histoires semblables.

Je lui adressai un regard sceptique.

— En Russie, poursuivit-elle, la vie elle-même est de la survie.

Je commencerai à comprendre quelques jours plus tard ce que voulait signifier Gavrilo, quand elle me tendit sans aucun embarras la note de notre agréable dîner: le total représentait quatre fois son salaire mensuel.

J'étais muni du texte de Le Roy en russe, dans une édition de 1933 trouvée à Harvard. Bien qu'incapable de lire le moindre mot, j'avais réussi à saisir la sonorité de celui qui avait établi le texte et rédigé les notes, V. U. Vize. Ce décodage avait fait éclore dans mon esprit une association d'idées. Ce même Vize, alors jeune géographe, avait été membre de l'expédition Sedov qui avait tenté d'atteindre le Pôle Nord en 1912 et dont le bateau, *Le Saint Foka*, sur la route du retour vers la Russie, avait récupéré Albanov et Konrad sur une île de la terre François-Joseph.

Gavrilo me dit que Vize, par la suite, était devenu en Russie le grand spécialiste de son époque des questions polaires. Dans les dernières pages de l'édition du texte de Le Roy par Vize, figuraient vingt-deux notes additives. Je me disais que celles-ci seraient capitales pour mes recherches. Mais quand Gavrilo les parcourut et en releva une qu'elle me traduisit spontanément, je grognai de dépit. Pendant des semaines, j'avais fondé mes plus solides espoirs sur le passage où Le Roy se fait confier pour lecture « La propre Carte qui leur fut montrée à leur retour dans leur patrie, sur laquelle ils reconnurent le lieu de leur exil, ayant indiqué l'endroit où leur Cabane étoit bâtie, ce qu'ils marquèrent d'un trait de plume ». Or, d'après Gavrilo, voici ce que disait le commentaire de Vize à la note quatorze : « L'auteur a en tête la carte du Spitsberg de Gerard van Keulen, publiée aux environs de 1710. La carte de Van Keulen corrigée par Johan Petersen Stuurman [ce que Le Roy précisait aussi] nous est complètement inconnue. »

Après le déjeuner, Boyarsky commença a appeler pour organiser la visite d'autres importantes institutions. Ce mince gaillard à la barbe rousse donnait son meilleur dès qu'il était au téléphone. Il échangeait des plaisanteries avec ses interlocuteurs, me jetant des regards du haut de sa table. Je me faisais l'effet d'un élève qui attend la sentence dans le bureau du principal. Boyarsky déployait toute son énergie, mais le résultat de ses efforts approchait le zéro. Untel était en voyage pour une semaine, tel autre aurait été heureux d'aider, mais l'Américain ferait mieux de parler avec X, dont on ne savait où il se trouvait en ce moment, j'avais besoin de l'autorisation de Y pour consulter tels ou tels fonds d'archives, mais je devais remplir des formulaires qu'il me fallait demander à une certaine administration malheureusement fermée pour la semaine… Dans le bureau de Boyarsky, je goûtai à ma première bouchée de l'infâme bureaucratie russe. Dans les mois qui suivront, mes connaissances progresseraient. Et mon dégoût aussi.

Boyarsky confia à une jeune assistante de recherche, la pâle et discrète Véronika, le soin de m'aider dans mon enquête. Par malheur, Veronika ne parlait pas anglais. Je recrutai alors une autre femme, Irina, comme interprète. Mon deuxième jour à Saint-Pétersbourg vit donc notre trio partir à l'assaut de la forteresse de la Bibliothèque Nationale.

L'aspect des lieux était choquant. La bibliothèque était évidemment riche d'une grande quantité de livres, mais pour se faire une idée de l'étendue du chaos, il faut imaginer à quoi devait ressembler une grande bibliothèque américaine dans les années trente, dont le bâtiment viendrait d'être victime d'une inondation. Aucun contrôle de l'air et l'ensemble des rayons exsudait une odeur de moisi.

Ma méthode de travail, je dois l'avouer, était un peu simpliste. Quand nous trouvâmes enfin la salle des catalogues, je chargeai Veronika et Irina de chercher des noms : Le Roy, Klingstedt, Vernezobre (à Arkhangelsk, c'était « le Directeur du comptoir de graisse de Baleine » — traduction littérale de sa charge – et le premier à avoir porté à l'attention de Le Roy cette remarquable histoire). À part des évidences et la copie d'une édition récente de Le Roy, que Veronika avait déjà dénichée la veille au musée polaire, nous n'avions rien.

Un seul nom revenait sans cesse : celui du comte Petr Shuvalov, le favori de l'Impératrice Elizabeth, l'homme tout puissant de Saint-Pétersbourg qui avait convoqué les Inkov pour qu'ils racontent leur histoire. Celui qui avait reçu en cadeau les outils et les armes rapportés avec eux. Mais le catalogue désignait une dizaine de fonds d'archives Shuvalov, à Moscou comme à Saint-Pétersbourg et je commençais à savoir qu'il faudrait plusieurs jours rien que pour s'en faire ouvrir la porte.

Tout au long de cette semaine d'exploration à Saint-Pétersbourg, un autre nom était très souvent cité, celui de M. I. Belov, le responsable de la dernière édition de Le Roy. Ce grand professeur, archéologue réputé, avait passé des décennies dans l'équipe dirigeante du musée polaire (les plus âgés des savants de l'équipe de Boyarsky se souvenaient bien de lui). À la fin de sa vie, il souffrit hélas de confusion intellectuelle et publia des théories que plus jeune il aurait rejetées. Je me devais de rencontrer sa veuve qui, quoiqu'octogénaire, avait collaboré étroitement avec son mari et pouvait garder des souvenirs qui jetteraient un peu de lumière au cœur de la saga des marins de

Mézen. Puis quelqu'un se souvint que Madame Belov voyageait — Dieu sait où — et ne serait pas de retour à Saint-Pétersbourg avant le Nouvel an.

Je ne passai pas tout mon temps à courir d'une botte de foin à l'autre pour chercher mon aiguille en compagnie d'Irma et de Veronika. Je restais à l'hôtel, un maussade blockhaus stalinien où, de ma fenêtre, je profitais cependant d'une vue stupéfiante sur la Neva.

Je prévoyais d'agrémenter mon séjour des classiques visites touristiques : la Forteresse Pierre et Paul, le Palais d'Hiver et surtout, l'un des plus riches musées d'art au monde, l'Hermitage. J'aurais dû le savoir : quand je suis obsédé par une chasse, en butte à des problèmes tellement embrouillés, je n'ai plus d'énergie à consacrer aux musées ou aux panoramas.

Néanmoins, j'arpentais les rues pendant des heures, orientant le plan de la ville grâce aux « Perspectives » qui quadrillent la cité que Pierre le Grand a créée ex nihilo en 1703. Je n'avais guère d'espoir d'apprendre le russe en une semaine, mais je pouvais me familiariser avec l'alphabet cyrillique que j'avais bachoté dans mon manuel Berlitz pendant le vol Paris Saint-Pétersbourg. En marchant dans les rues, je lisais à haute voix tout ce que je trouvais sur les enseignes. Cet exercice m'apporta de rapides bénéfices. Le fréquent « pectopah », n'était pas le mystérieux « pectopah » qu'il voulait faire entendre, mais un restaurant. ресторан promettait du chocolat. Mes connaissances en allemand et en français me disaient que аптека annonçait sans équivoque une pharmacie et que магазин était un magasin.

Ainsi je marchais dans les rues, prononçant ces mots étranges. Me familiariser avec le cyrillique m'était nécessaire pour me repérer plus précisément avec mon plan. Celui-ci était en alphabet latin et je devais faire la corrélation entre lui et les plaques de rue. Невскиы проспечт signifiait « Perspective Nevski » et Гостиниы Двор, Gostiniy Dvor. Je fis une réelle percée lorsque je déchiffrais sur une vitrine ce qui devait se prononcer comme « dzeen-y » (y est la marque du pluriel) et que j'en conclus que la boutique était pleine de Wranglers et de Lewis.

À peine rompue par les coupoles et les clochers baroques aux couleurs flamboyantes, l'austérité monumentale de Saint-Pétersbourg m'intimidait. Me baladant sur les rives de la Neva, je réalisai que les immeubles qui m'entouraient devaient se tenir là, depuis 1749.

J'essayais d'imaginer l'ahurissement des Inkof quand, convoqués dans ce qui était la capitale de la Russie, ils y arrivèrent en janvier 1750. Je me disais que ce devait être leur première et unique visite. Les Pomores n'avaient guère de contact avec l'intérieur des terres et le voyage, douze ou treize cents km à cheval ou en carriole, durait environ un mois.

Le Roy ne mentionne nulle part la réaction des « simples matelots » arrivant à la capitale. Ils considéraient certainement cet interrogatoire davantage comme une épreuve que comme la reconnaissance de leur exploit. Le Roy ne dit rien non plus sur la durée de leur séjour avant qu'ils ne retrouvent le Nord et l'anonymat de leur dure existence.

Au début de l'automne 1743 sur Edgeøya, les quatre marins étaient inquiets. Leurs provisions de rennes s'épuisaient. Le froid de la nuit perpétuelle les attendait. C'est alors qu'ils trouvèrent les planches avec leurs pointes longues de vingt centimètres et la cheville en fer que les flots avaient poussées vers eux.

Le plan que suivirent les Pomores était tracé depuis

longtemps : il n'y a aucun doute qu'ils espéraient depuis des semaines que se présente ce type d'éventualité. Dans l'impassible compte rendu de Le Roy cependant, il ne s'agit que d'une soudaine inspiration née du désespoir.

Les hommes chauffèrent « la cheville de fer », puis avec un clou, ils élargirent « une ouverture passablement longue, à environ deux ou trois pouces du bout opposé à celui de la tête, qui était ronde et grosse ». Ils furent alors capables d'y enfiler une tige de bois arrondie, qui servirait de manche. À coup de hache, ils aplatirent ce qui serait la tête, « ils se trouvèrent avoir un marteau. »

Maintenant, avec un galet comme enclume et des bois de rennes comme tenailles, ils avaient « une forge complette » et commencèrent à écraser les clous. Puis ils les aiguisèrent à l'aide de pierres jusqu'à ce qu'ils deviennent des lames affûtées. Ils prirent ensuite une paire d'épieux très rigides du diamètre d'un bras d'homme et fixèrent les lames au bout à l'aide de lanières en peau de renne. (Le cuir mouillé rétrécit en séchant, et procura à cette fixation la solidité que les marins souhaitaient.) Ils se dotèrent ainsi de deux lances.

Cette ingénieuse industrie avait un but précis. Les hommes n'auraient aucun mal à débusquer des ours polaires (jusqu'à présent, ils avaient tout fait pour éviter ces dangereux animaux). Armés de leurs deux lances, ils se lancèrent délibérément à l'attaque du grand prédateur. De toutes les platitudes que comporte le récit insensé de Le Roy, voici la meilleure : « Ce fut avec ces lances, qu'on nommera piques ou épieux, qu'ils prirent la décision d'attaquer un Ours blanc, qu'ils ne vinrent à bout de tuer qu'après avoir couru le plus grand danger », écrit l'académicien pour lequel cette inconcevable bataille ne mérite aucun détail.

Je tentai de lire entre les lignes de Le Roy et de me figurer la peur et la sauvagerie de ce combat. Atteint d'une balle tirée par un puissant fusil, un ours peut mettre longtemps à mourir. Pour se servir efficacement de leurs lances, les marins avaient dû danser à moins d'un mètre des gifles féroces de la bête, toutes griffes dehors. Si une lance s'était rompue sous la violence de l'assaut, un marin au moins l'aurait payé de sa vie. J'essayai d'entendre les rugissements furieux de l'ours, je vis les torrents de sang dégouliner sur la fourrure blanche, j'imaginai les Pomores feinter et se dégager, les deux sans arme tenter de détourner l'animal des deux autres qui s'acharnaient à le tuer. Même ainsi, je n'arrivai pas à me représenter le cauchemar de ce corps à corps.

Au début de l'automne, les ours du Spitsberg pèsent entre 300 et 600 kg. À l'issue de ce combat désespéré, les marins virent tout à coup leur réserve renflouée par une quantité de viande dont Le Roy dit « qu'ils lui trouvèrent le goût de chair de bœuf ».

Mais la masse de chair ne comptait guère. Dépeçant l'énorme carnivore, les marins en retirèrent les tendons. Auparavant, ils avaient récupéré parmi les bois flottés : « une racine de sapin qui avoit à peu près la figure d'un arc » et à l'aide de leur couteau en avait perfectionné la courbe. Maintenant ils possédaient, grâce aux tendons de l'ours, une corde pour leur arc.

J'avais relu trois fois ce passage et je me demandais encore, pourquoi les tendons de rennes ne faisaient pas l'affaire pour un arc. Et comment les marins le savaient-ils ? Le Roy prétend que l'attaque de l'ours polaire n'avait d'autres motifs que la confection de l'arme. Son explication du pari soulève plus de questions qu'il n'apporte de réponses, « À l'égard de ses nerfs, peut-être faut-il dire de ses tendons, ils remarquèrent avec un plaisir infini, qu'on les pouvoit séparer sans peine, en fils aussi gros & aussi déliés, qu'on le jugeois à propos. » Cette découverte « leur servit à faire la corde dont ils armèrent leur arc »

Ces habiles artisans avaient réfléchi à la création de l'arme la plus efficace qui soit. À l'aide de clous plus petits, récupérés sur le bois flotté, ils forgèrent les pointes de leurs flèches, fixées avec du tendon d'ours sur des baguettes en sapin « auxquelles ils lièrent proprement, avec des fils tirés des nerfs en question, des morceaux de barbe de plumes de mouette » pour empenner leurs flèches.

Durant des mois, je ne cessai d'interroger ce passage court mais crucial du texte de Le Roy. Je tentai de me représenter ce que signifiait chasser les renards et les rennes avec cette arme de fortune qui permit, « que pendant tout le temps qu'ils restèrent sur l'île, ils tuèrent de ces flèches, deux cent cinquante Rennes, outre un grand nombre de Renards bleus et blancs. » Que possédaient-ils de plus précieux que leurs flèches à pointe d'acier, comment les retrouvaient-ils quand ils manquaient leur cible, et que se passait-il quand une proie touchée s'enfuyait emportant, accroché à son flanc blessé l'irremplaçable trait. (Dans le Sud-Ouest des États-Unis, au pays des Anasazi, j'avais recueilli, disséminées dans la nature, des pointes de flèches, en agate, quartzite, ou en silex, parfois intactes, parfois brisées, témoins du hasard sans pitié qui gouverne la chasse.)

Pour les marins, l'arc et les flèches signifiaient que, pour la première fois, leur survie était envisageable autrement qu'au jour le jour. Restait une question essentielle pas encore résolue : celle du feu.

En octobre 2000, j'avais espéré pousser ma route jusqu'à Arkhangelsk et Mézen. Mais ce village se trouvait si loin que j'avais abandonné cette ambition. Personne au Musée Polaire n'était jamais allé jusqu'à Mézen bien que cette bourgade fût, depuis des siècles, la porte des mers septentrionales. Victor

Boyarsky, qui complétait son maigre salaire de directeur du Musée par une activité parallèle d'organisateur de voyage, pouvait me trouver un vol au prix abordable, mais je disposais de trop peu de temps, ce serait pour l'année prochaine. Pour le moment il m'avait vendu un billet pour Arkhangelsk où je passerai une journée. J'embarquai à bord d'un avion à hélice de l'Aéroflot, passablement déglingué, qui se dirigea lentement vers le nord au travers d'une lugubre purée de pois. Nous atterrîmes deux heures plus tard sur une piste défoncée, au milieu de nulle part. Aucun taxi. J'approchai la première Lada qui se présenta et demandai à son chauffeur de me conduire en ville. En vain. Déjà à Saint-Pétersbourg, Boyarsky m'avait paru très optimiste quand il affirmait que les trois quarts des habitants parlaient anglais, ici personne ne semblait connaître un mot de ma langue maternelle. Mobilisant tout mon russe, je me penchai vers son chauffeur : « Hôtel Dvina, *pojaïoulska* ? »

À trois heures de l'après-midi, le soleil déclinait pendant que nous traversions, sur 10 km, un mélange de taïga et de quartiers de banlieues, parsemés d'usines en ruine et de centrales thermiques crachant de la fumée noire. Quelques touffes de feuilles pendaient comme des voiles jaunis aux branches des bouleaux dénudés.

Arkhangelsk était une vraie ville, mais d'une laideur horrible. Ses abords incarnaient le cauchemar Orwellien de l'industrie soviétique. Je ne pouvais croire qu'elle fût, au dix-huitième siècle, un joli port de mer — la Bristol de la Russie du Nord.

En me rapprochant du cœur historique de la ville, elle me parut moins repoussante. Bien que plus confortable, ma chambre d'hôtel coûtait dix dollars alors que j'en donnais soixante-dix-sept par jour pour celle de Saint-Pétersbourg. À la réception, une jeune femme m'attendait. Tatiana, la traductrice contactée par Victor Boyarsky.

L'anglais de Tatiana ressemblait à mon italien, avec lequel je me débrouille à peine. Mais sans elle, j'aurais été condamné à fouiller dans mon dictionnaire Berlitz pour acheter du dentifrice et à me contenter d'arpenter muet les rues, en prenant quelques photos. Au crépuscule, Tatiana me mena au musée Maritime, fermé à cette heure-ci, où je devais, le lendemain, rencontrer l'assistante du directeur. Une minuscule église orthodoxe se tenait au coin de la même rue, ses murs blancs soulignés d'or et de bleu. Un graffiti avait été tracé sur l'immeuble mitoyen. Le dessin exécuté à la bombe représentait un basketteur réclamant une passe, hommage à Michael Jordan ? me demandai-je. Je déchiffrai avec fierté les caractères de sa demande impérieuse, Чикуита : Chiquita !

Nous longeâmes un restaurant où des portes en bois brut promettaient un intérieur accueillant. Je demandai à Tatiana si la cuisine était bonne. Elle parut scandalisée : « C'est réservé aux riches », déclara-t-elle. J'y dînerai plus tard pour 350 roubles (environ 12 €) de caviar rouge sur du pain bis, suivi d'un ragoût de bœuf sauce raifort et arrosé d'une demi-bouteille d'une vodka de très bonne qualité.

Le lendemain, au musée Maritime, je rencontrai Ludmilla Feneva, l'assistante du directeur. Traduite par Tatiana, je fis une courte mais excellente visite d'une exposition. Il y avait en modèle réduit un *kotch* et une *lodja* : ces bateaux cousus que les Pomores utilisaient au dix-huitième siècle pour se rendre au Spitsberg chasser le morse et la baleine. Feneva m'expliqua la nécessité d'allier la solidité et la souplesse pour affronter des vagues violentes. « La mer Blanche est un bassin fermé où les marées sont de grande amplitude, dit-elle. De certains villages, on aperçoit même la mer qui se gonfle à cent kilomètres de là. Des coques clouées n'auraient pas résisté. Ils cousaient les planches entre elles avec des racines de genévriers. » Pour me prouver leur art d'assembler le bois, elle désigna une boussole dont l'aiguille aimantée était l'unique pièce métallique.

L'exposition présentait, parmi différents matériels de pêche, des fusils et des harpons datant du dix-huitième siècle. J'évoquai l'exploit des marins qui abattirent douze rennes en douze tirs. Feneva me servit alors un extrait de la légende locale. « L'idée était de toujours tirer dans l'œil du gibier. »

Se trouvait là aussi une hache rustique, de métal noir, qui ressemblait à ce que je me représentais du bien le plus précieux que les marins avaient emporté à terre. Il y avait des oiseaux de paradis sculptés dans le bois, qui furent pendant des siècles l'objet souvenir favori des contrées du Nord. « Ils sont entièrement sculptés au couteau, m'expliqua Feneva par l'intermédiaire de la traductrice. Ils trempaient le bois dans l'eau bouillante pour le ramollir. » J'eus un murmure d'admiration. « Cette habileté n'est pas si surprenante, ajouta-t-elle doctement, en ce temps-là, le couteau était leur outil principal. »

Je ne pouvais pas détacher mes yeux d'une carte accrochée au mur. Elle montrait les quatre îles principales du Svalbard, reliées à la côte nord de la Russie par une série de traits. Je n'avais pas besoin de lire le russe pour deviner qu'elle affirmait la réalité de la présence des Pomores sur l'archipel dès le onzième siècle. Aucune trace de conjecture ne se lisait dans ces flèches : ces premiers voyages étaient donnés pour des faits. Je demandai à Feneva :

— Comment sait-on ça ?

— Belov démontre dans son livre que les Russes sont arrivés bien avant les Hollandais.

Par « son livre », j'appris que Feneva désignait les quatre volumes qui constituent la pièce maîtresse, mais inachevée, de l'œuvre de Belov et portent le titre ambitieux de *Histoire de la découverte et de l'exploration du Passage du Nord-Ouest.* Quand finalement je pris connaissance du passage en question, je fus déçu de découvrir que la « preuve » annoncée tenait plutôt de la propagande que de la recherche documentée.

« La littérature géographique conclut de manière presque unanime que le Spitsberg fut découvert par des navigateurs russes. Par exemple, l'explorateur norvégien Keilhau dit qu'on trouvait des Russes au Spitsberg dès le treizième siècle. Dans une monographie publiée en 1943 à Paris, V. Romanovsky dit que les Russes ont découvert le Spitsberg au dixième siècle. Cet auteur rejette la thèse fragile qui suppose qu'il fut découvert par des Scandinaves au douzième siècle. Tout le monde sait que les Russes furent les premiers au Spitsberg, les premiers à y pêcher, les premiers à y chasser. Ce fait n'est contesté que par un petit nombre de géographes américains ou norvégiens. »

Je fis allusion aux notes de Klingstedt, espérant que Feneva puisse m'indiquer quelque centre local où ces précieuses archives auraient ramassé la poussière. Mais elle me renvoya vers deux institutions moscovites, les Archives du Kremlin et le Musée National des Archives Historiques. Je pestai en silence.

Elle prit quand même son téléphone pour joindre le Dr. Philippov, responsable des Archives de la région d'Arkhangelsk. Personne ne répondit. Je passerai aux États-Unis des mois à tenter d'atteindre ce fantôme par fax ou téléphone, avant d'apprendre qu'il était parti à la retraite, quelques semaines avant que Feneva ne l'appelât devant moi.

J'allais rapporter d'Arkhangelsk une confirmation qui corroborait ce que je savais déjà. J'avais fait part à Feneva des corrections orthographiques que l'universitaire avait apportées aux patronymes des marins. Le parrain et le filleul n'étaient pas des Himkof, comme Le Roy les appelait. « Il a sans doute raison, dit-elle, on ne trouvera pas de Himkof par ici. Mais je sais que le nom d'Inkov était fréquent dans la région de Mézen. »

J'étais au regret de reprendre si vite l'avion pour Saint-Pétersbourg. J'attendais d'embarquer en avalant des biscuits secs et du coca dans cet aéroport miteux dépourvu de toilettes ; elles se trouvaient dans une cabane à l'extérieur. Les vols de Mourmansk ou de Kirov, arrivaient et repartaient. Aucune annonce ne concernait Saint-Pétersbourg. L'heure prévue pour le décollage était passée. J'essayais d'apercevoir mon avion à travers les vitres du terminal, mais le tarmac était invisible. Trois fois, je me suis pointé à la porte d'embarquement, exhibant à la face du cerbère mon indéchiffrable billet, simplement pour voir trois grosses dames différentes me chasser à chaque fois du doigt en indiquant la porte en bois qui donnait sur l'extérieur. À la fin, je butai la tête basse dans un Finlandais qui maîtrisait et le russe et l'anglais. Tout atterrissage à Saint-Pétersbourg, me dit-il, était impossible à cause du brouillard. Je bégayai : « Vous pensez qu'on va pouvoir décoller dans la journée, n'est-ce pas ? Je dois rentrer aux États-Unis demain. »

« Aujourd'hui peut-être, rigola-t-il, ou peut-être demain, ou dans une semaine. Vous êtes en Russie. »

De retour à Cambridge, je soufflai. C'était à peine une métaphore : je respirai, je soupirai et pris le temps d'examiner la situation. Une semaine en Russie ne m'avait rien appris ou presque, à propos de l'épreuve subie par les quatre hommes de Mézen dans l'Océan glacial arctique. Mais j'étais rentré de ce séjour, viscéralement attaché à ces quatre hommes et au monde dans lequel ils avaient vécu. Avant ils n'existaient que comme silhouettes, dans une problématique qui me passionnait. J'avais mis mes pas dans leur pas, dans le port où ils avaient débarqué, après six ans et trois mois d'exil, quand ils avaient réussi à retrouver le monde des humains, le 28 septembre 1749.

Je ne passais pas un instant sans revenir au texte de Le Roy, cause de toutes mes frustrations depuis que paradoxalement il m'avait mis sur la piste de mes premières recherches. Ses passages obscurs résistaient à toutes mes questions. Dans les cafés ou les aéroports, j'infligeais à des inconnus le récit des faits qui s'étaient déroulés à Edgeøya. Leurs réactions — une incrédulité générale quand j'expliquais comment on tue un ours avec deux lances, de l'intelligence et des mains nues — m'encourageaient à croire que cette histoire avait un écho universel.

Je n'étais pas prêt à classer puis à oublier cette saga du nord de la Russie. Mais si je voulais éclairer ses mystères, j'avais besoin d'aide. Il me fallait en fait embaucher un traducteur pour m'assister dans mes futures recherches.

Par l'intermédiaire du département de littérature slave, j'ai contacté une étudiante diplômée appelée Julia Bekman Chadaga qui préparait un doctorat, justement sur le dix-huitième siècle. Dès notre premier rendez-vous, nous nous sommes parfaitement entendus. C'était un déjeuner au Casablanca, le vénérable restaurant de Harvard square. De petite taille, elle avait des cheveux bruns et raides, partagés par une raie au milieu, qui retombaient de chaque côté d'un visage dont les traits fins étaient animés par des yeux noirs. Bien qu'elle parût vingt-deux ans, elle allait en avoir trente et, arrivée à cette frontière imaginaire, se tourmentait de n'être ni Keats ni Schubert.

Elle était née à Minsk, et sa langue maternelle était donc le russe. Quand ses parents s'étaient établis à New York, elle avait huit ans et avait appris l'anglais comme n'importe quelle petite écolière.

Parfaitement bilingue, Julia serait l'assistante idéale pour mes difficiles recherches. Pour l'instant, elle enseignait la littérature russe aux étudiants de première année, pendant qu'elle rédigeait sa thèse ; un monument dont le sujet était Mikhail Lomonosov, un collègue de Le Roy à l'Académie impériale des sciences et le Benjamin Franklin russe de l'époque.

Julia ne connaissait rien à l'Arctique, mais que Lomonosof fût né en 1711, à moins de cent kilomètres d'Arkhangelsk, et qu'il eût gardé un intérêt constant pour l'exploration des territoires du nord, me parut un bon signe. Mieux, j'apprendrai qu'il s'était penché avec beaucoup de curiosité sur l'incroyable épopée des matelots de Mézen. Le fait était enregistré. Il aurait presque pu parler avec les Inkov quand ils furent convoqués à Saint-Pétersbourg.

Julia se jeta dans l'histoire des Pomores. Elle dévorait des monceaux d'incunables, la production d'érudits, dont elle me faisait d'habiles résumés en anglais. Elle parcourait des tomes et des tomes en langue russe pour relever une page ou deux qui concernaient mon enquête. Elle téléchargeait sur le réseau inter-bibliothèques, des textes dont je n'aurais pas supposé l'existence.

Rien ne comptait plus pour moi, que l'histoire des marins. À la fin du mois de novembre, il en fut de même pour Julia, ce qui était fâcheux. À Harvard, on prend tellement sa thèse au sérieux qu'elle aurait été incapable d'avouer à son directeur qu'un épisode sauvage de la vie de marins perdus dans le Grand Nord commençait à rivaliser avec Lomonosov en détournant son attention.

Un début d'idée germait en moi, pourquoi ne pas retourner en Russie avec Julia comme second couteau ? Elle en Billy the Kid, et moi, en Butch Cassidy, qui débusqueraient les obscurités se cachant comme des lâches, sous des jupes, dans les replis des archives gouvernées par la bureaucratie russe. Entre deux traductions ou recherches, Julia trouvait le temps d'écrire des courriers qu'elle postait et faxait aux autorités russes. Vous ne pouvez pas, comme elle me l'a appris, vous adresser à un dignitaire de ce vieux pays, à l'aide d'un simple « Cher Monsieur Philippov ». La formule comporte obligatoirement « Estimé Boris Vasilievitch ». Il est donc obligatoire de connaître le nom et les prénoms de chaque personne avec qui vous osez correspondre.

En décembre, il devint hautement improbable que Julia puisse être mon Billy the Kid, et puisse m'aider à frapper aux guichets de la bureaucratie. Ses études l'accaparaient trop, mais je lui reste redevable. Avant de l'avoir embauchée, m'envahissait tous les jours la crainte que ma passion pour ce récit flou, sorti de la nuit des temps, ne soit due qu'à mon obsession personnelle pour son romantisme. Les mots de Masha Gavrilo, « Nous sommes russes et chez nous, il y a beaucoup d'histoires comme ça. », m'avaient refroidi davantage que je n'aurais voulu l'admettre.

C'est alors que la propre fascination de Julia pour la saga des marins m'avait réconforté. Si quelqu'un d'aussi sensé et sérieux qu'elle me certifiait que ça valait vraiment la peine de se préoccuper des Pomores sur Edgeøya, il ne fallait pas que je m'inquiète du temps passé. Julia m'a insufflé le courage de repartir pour une autre année de recherche.

Ayant abattu l'ours polaire, les marins avaient fait un sacré pas pour assurer leur survie sur Edgeøya. L'arc et les flèches qu'ils avaient réussi à fabriquer avec du bois flotté, des tendons d'ours, des clous écrasés et des plumes d'oiseaux, leur apporteraient des rennes et des renards en quantité suffisante pour ne pas manquer de viande dans l'avenir. Les jours d'automne raccourcissant, le feu devint le sujet d'inquiétude principal.

Dans son texte, Le Roy dit qu'ils avaient emporté « *un*

*morceau d'amadou et un fusil à battre du feu** », l'amadou est un champignon qui pousse sur les troncs de différents feuillus. Complètement sec, souvent enduit de carbone et de salpêtre, il s'allume facilement au simple contact d'une étincelle produite par une pierre à briquet logée dans ce que Le Roy appelle « un fusil à battre du feu ». Cependant, plus loin, il dit ceci au sujet du feu : « n'ayant aucun moyen pour en recouvrer s'ils avoient le malheur de laisser éteindre celui qu'ils avoient allumé ; car quoiqu'ils eussent un fusil, l'amadou ou l'amorce leur manquoit. » Aucun autre passage ne m'a autant remonté contre Le Roy. Plutôt que de nous expliquer pourquoi la question du feu était vitale et comment les Pomores l'avaient admirablement résolu, Le Roy se lance alors sur la longueur de plusieurs pages dans des digressions qui concernent la manière dont les Indiens d'Amérique allument leurs feux pour conclure : « Il n'en est pas moins vrai que bien que ces pauvres ignorants de Matelots n'eussent aucune connaissance de cette pratique Américaine, ils savoient néanmoins qu'en frottant violemment l'un contre l'autre deux morceaux de bois sec, dont l'un est dur et l'autre tendre, ce dernier s'enflamme. » L'un des aspects les plus énervants de Le Roy est cette condescendance à l'égard de ces Pomores, dont il est censé raconter l'histoire. Peu lui importe la manière éblouissante dont Inkov et ses camarades s'y prennent pour survivre, il les considère comme des inférieurs : « ces pauvres gens », « ces gens-là », « ces infortunés habitants de l'isle », « ces malheureux Matelots ». Dans son tout dernier paragraphe, on trouve même « nos pauvres, misérables et robustes Russes », et ce possessif poisseux qui revient au moins vingt fois dans les soixante-quinze pages de la *Relation* est la preuve de la pire condescendance.

Il faut se rappeler que depuis des mois qu'ils se trouvaient sur l'île, les marins s'étaient servis du feu pour forger un écrou et en faire un marteau, des clous étaient devenus deux fers de lance et quatre pointes de flèches. Avaient-ils entretenu un feu de bois flottés depuis le deuxième jour de leur captivité, ou en allumaient-ils un au gré de leurs besoins ? La phrase de Le Roy, « quoiqu'ils eussent un fusil, l'amadou ou l'amorce leur manquoit. » me troublait. L'hypothèse la plus certaine est qu'ils avaient épuisé leur réserve d'amadou et de poudre à fusil. « Un fusil à battre le feu » est incapable d'enflammer autre chose qu'une mèche d'amadou.

Dans le voisinage se trouvait du bois flotté en abondance, mais pas en quantité infinie. Le Roy dit qu'il n'y en avait pas assez pour qu'ils maintiennent deux feux, l'un pour se réchauffer avec le poêle, l'autre pour la cuisine. Quoi qu'il en soit, les jours devenaient courts et Khrisanf Inkov savait, pour avoir hiverné, ce que le froid et la nuit permanente de décembre et janvier leur réservaient. Si le feu s'éteignait les Pomores allaient mourir.

Après avoir retourné cette difficile question dans leurs esprits, les marins trouvèrent la solution. « Ils avoient remarqué en parcourant leur île, qu'il y avoit vers le milieu de la terre grasse ou de l'argile », indique Le Roy. Les marins en ramassèrent assez pour confectionner une lampe. Ils la remplirent de graisse de renne, firent cuire la terre au feu et tressèrent une sorte de mèche. À leur grand dépit, dès que la graisse fondit, la lampe se montra poreuse et laissa fuir la graisse.

Ils essayèrent à nouveau, façonnèrent une nouvelle lampe qu'ils firent sécher à l'air puis la chauffèrent au rouge sur le feu et emplirent leur chaudron d'eau dans lequel ils mirent de la farine. Ils obtinrent une sorte d'enduit à l'amidon. D'une certaine manière, cette pâte fit toute la différence : « Ayant fait sécher cette lampe, & l'ayant remplie de graisse fondue, ils virent à leur grande satisfaction, qu'elle la contenoit. » À la suite de cette première réussite, ils entreprirent de fabriquer de nombreuses autres lampes qu'ils gardèrent en réserve. Ils préférèrent consacrer à cet usage la farine qui leur restait, plutôt que de la manger. Un bout de corde en chanvre récolté sur des bois flottés servit de mèche et, pour les autres, ils découpèrent la toile de leurs vêtements qu'ils remplaçaient, y compris les chaussures, par des peaux de renne ou d'ours. Pendant plus de six ans, ils gardèrent une flamme permanente à l'intérieur de leur sombre cabane.

J'ai souvent grimpé en Alaska, mais jamais en plein hiver. Je n'ai jamais fait l'expérience d'une seule journée sans aucune lumière – au Spitsberg, il y a trois mois de nuit complète, de novembre à février. À Cambridge, tellement civilisé, de plus en plus obsédé par l'histoire des marins, pendant les nuits d'hiver, le sommeil me fuyait. Quand enfin j'éteignais l'électricité qui produit la lumière à volonté, je gardais dans les yeux une lueur orangée ; celle d'une petite lampe d'argile qui fumait sous le regard fixe de quatre hommes, silencieux de longues heures, alors que le froid restreignait l'univers des Pomores au fragile sanctuaire de leur hutte et qu'ils attendaient, sans autre espoir, que la froide monotonie d'un lendemain dépourvu de sens et de fin.

*Carte de Joris Carolus, prouvant la découverte d'Edgeøya, en 1614, par les Hollandais.*

# CHAPITRE III

# No man's land

L'érudit M. I. Belov, n'est guère suivi dans ses spéculations ; la majorité de ceux qui font autorité attribue la découverte du Spitsberg à une expédition hollandaise menée par Barents, en 1596.

Comme nombre d'explorateurs qui l'avaient précédé, Barents était à la recherche d'un raccourci qui permettrait d'atteindre la Chine en longeant la côte nord de la Sibérie. Les Hollandais ne firent porter leurs efforts pour trouver ce passage qu'une fois que les Anglais, après vingt-sept années d'échecs retentissants, eurent abandonné les leurs. Barents, en était alors à sa troisième expédition pour découvrir ce qu'on désigne par le passage du Nord-Est.

Ses deux premières tentatives, comme celles que les Anglais avaient poussées, avaient buté contre les traîtrises de la mer de Kara, le golfe enfermé entre les îles de la Nouvelle-Zemble et la péninsule de Yamal. Encombrée par les glaces, la mer de Kara avait à l'époque une réputation de cimetière marin déjà bien établie. Et c'est là, en mer de Kara encore, que se perdit en octobre 1912, le *Santa Anna*, emporté dans une dérive mortelle, pendant qu'en désespoir de cause, Albanov quittait ce navire et commençait la retraite qu'il décrit dans son poignant *Au pays de la mort blanche*.

Après son deuxième échec, Barents décida de prendre le pari de monter plus au Nord. Tous ceux qui l'avaient précédé avaient longé la côte nord de la Scandinavie, puis navigué en descendant vers les côtes de la Russie. Quand Barents atteignit le Cap Nord en Norvège, il poussa, à l'inverse des capitaines anglais, plus au nord. Le 9 juin, l'équipage découvrit une terre isolée, l'île de l'Ours, ainsi baptisée en l'honneur d'un grand ours blanc que plusieurs hommes armés de haches, d'épées et de mousquets, mirent plus de deux heures à tuer. Poursuivant vers le Nord, les deux navires de l'expédition franchirent le 80 e parallèle, que jamais aucun marin n'avait atteint. En fait, Barents faillit passer à l'ouest du Spitsberg, mais le 17 juin, alors que les vaisseaux repiquaient vers le Sud, « ils aperçurent une haute terre entièrement couverte de neige fraîche. » C'était l'angle nord-ouest de l'île principale.

L'expédition prit pied sur la terre ferme avec difficulté, à cause du pack de glace qui les séparait de la côte. Barents pensa qu'il avait redécouvert le Groenland et non un nouvel archipel. Il décréta cependant que ce nouveau territoire serait dorénavant une possession hollandaise. Sur ce rivage, les marins livrèrent une nouvelle et féroce bataille contre un ours polaire.

Barents essaya de remonter le long de la côte nord, immédiatement la banquise l'en empêcha. Faisant retour vers le Sud, aux environs de l'île de l'Ours les navires se séparèrent. Les hommes qui en avaient assez de l'Océan Arctique rentrèrent sur un bateau avec Cornelis Ryp, pendant que Barents faisait voile à la recherche du passage du Nord-Est. À la fin du mois d'août, l'équipage de Barents fut piégé par la banquise.

Crevant de peur, ils quittèrent les deux navires et érigèrent sur l'île de la Nouvelle-Zemble une grande hutte de bois flottés et se préparèrent à hiverner – je crois qu'ils furent les premiers Européens à le faire dans les territoires glacés de l'Arctique.

Un seul homme décéda durant l'hiver, mais Barents était sévèrement atteint par le scorbut. L'été approchant, les bateaux étaient si endommagés par les glaces qu'il fallut y renoncer. Ils construisirent alors deux chaloupes et, tantôt à la rame, tantôt à la voile, descendirent au Sud le long des côtes de la Nouvelle-Zemble. Barents mourut le 20 juin, et ses hommes l'enterrèrent là. (Ce pionnier de l'exploration arctique avait bien mérité que l'on donnât son nom à la vaste mer qui s'étend des côtes de la Russie à l'archipel du Spitsberg, qu'il avait baptisé ainsi à cause des pics pointus qui ornent cette terre.)

Après une odyssée de plus de 2000 km en barque, les survivants touchèrent la péninsule de Kola, pas très loin de la ville actuelle de Mourmansk, où ils montèrent à bord de vaisseaux hollandais, dont l'un était commandé par Cornelis Ryp. Les données historiques sont trop ténues pour savoir si pendant ce temps Ryp était retourné en Hollande ou s'il avait passé treize mois dans l'Océan Arctique. Toujours est-il que Ryp ramena les douze survivants.

Que les Pomores aient devancé Barents, comme Belov aimerait le faire croire, n'empêche pas à d'autres de revendiquer la primeur de la découverte du Spitsberg. Dans sa très complète histoire des premières explorations, *In the Northern Mists,* Fridtjof Nansen note que, dans les *Annales Islandaises*, six différents manuscrits évoquent la découverte de l'archipel et concordent sur la date, 1194, mais sans autres précisions. « Jamais une découverte géographique d'une telle importance n'a été si brièvement rapportée », écrit-il désabusé.

*Le livre des colonisations de l'Islande*, une antique chronique, tenue par les Islandais, où se mélangent généalogie et toponymie, prétend que l'archipel leur appartient. Seulement, ces textes le situent à 700 km de l'Islande, alors qu'en réalité, il est à plus de 1 600 km.

Est-ce que les *Annales* et Le *livre des colonisations de l'Islande* désignent le Spitsberg ? Nansen incline pour une colonisation de l'archipel par les Vikings, mais son vote peut être teinté de chauvinisme nordique (comme Belov est victime de sa partialité pan russe). Nansen pense que les bateaux pomores du seizième siècle étaient incapables de pénétrer loin dans l'Arctique. Nansen est sur ce point un peu léger et peut-être l'est-il aussi ailleurs ?

Tentant, dans les années mille neuf cent vingt, une synthèse de la question, l'historien anglais R. N. Rudmose Brown clôt ainsi le débat : « Si les Vikings ont découvert le Spitsberg, il semble manifeste qu'ils n'y attachèrent que peu d'importance. »

Deux archéologues scandinaves renversèrent ces perspectives. Hans Christiansson, un universitaire suédois, et Povl Simonsen, un chercheur du musée de Tromsø en Norvège, publièrent en 1970 un article dans lequel ils résumaient leur thèse « La découverte du Spitsberg date de l'âge de pierre ». Ils avaient découvert quantité d'outils en pierre, antérieurs à 2500 ans (av. J C) : grattoirs, lames, silex taillés, pointes de flèches brisées. Une collection de « 110 objets dont 45 au moins avaient été sans aucun doute possible fabriqués par la main de l'homme ». C'étaient les preuves d'une présence humaine sur le Spitsberg dès le néolithique.

Le problème, comme dans d'autres sites primitifs, est ici de faire la distinction entre des pierres réellement manufacturées et l'œuvre de la nature. Un nombre croissant d'experts mit en doute la thèse de Christiansson et Simonsen. Ceux-ci firent alors appel à un curieux raisonnement qui voulait prouver la présence et le développement d'une colonie sur l'archipel, un ou deux millénaires avant Barents.

Les rennes qui se trouvent au Spitsberg sont, avec leur petite taille et leur tête ronde, d'une race différente, présente uniquement sur ces îles et sur celles de l'archipel François-Joseph. Pour eux, ce fait signifiait qu'ils étaient arrivés très tôt et avaient eu le temps de muter. Ils disaient que ces animaux avaient migré sur la banquise vers le Spitsberg via la Nouvelle-Zemble et la terre de François-Joseph. C'est un fait que, de nos jours, on constate la présence au Spitsberg de rennes marqués, appartenant à des troupeaux lapons ou samoyèdes. Ils se sont laissés dériver depuis le continent, sur les glaces dont ils étaient prisonniers.

Les deux chercheurs avancèrent alors cet argument : « Si l'homme n'a pas suivi le renne vers l'archipel du Spitsberg, c'est le seul endroit du monde où cela ne se serait pas produit. » Christiansson et Simonsen décrivaient ensuite les chasseurs du néolithique suivant les rennes selon un long arc de cercle qui part de l'actuelle Russie, traverse la Nouvelle-Zemble dans le sens de sa longueur, court à travers la myriade d'îles qui composent la terre François-Joseph et aboutit au Spitsberg. Sur ce trajet, les îles sont toutes pratiquement en vue les unes des autres, jamais distantes de plus de cent km, à part les trois cents km au moins qui séparent le nord de la Nouvelle-Zemble de la plus méridionale des îles François-Joseph. Les deux chercheurs avancent qu'il est peut-être possible d'apercevoir cet archipel du haut des pics de la Nouvelle-Zemble (le point culminant du nord de l'île dépasse les douze cents mètres), et que les rennes, avec l'aide du vent, sont capables de flairer leur nourriture à des distances considérables. « Ces chasseurs de l'âge de pierre, écrivent-ils, qui voyaient partir et disparaître les hardes sur la glace, connaissaient si bien les rennes qu'ils comprenaient que ces animaux savaient qu'il y avait de la nourriture de l'autre côté de la mer. »

Le Spitsberg, terre sans arbres ni buissons, pourrait sembler, à première vue, un endroit trop inhospitalier pour y survivre à l'âge de pierre ; cependant sur une très courte période, les Inuits qui pourchassaient l'ours polaire, le caribou et le phoque colonisèrent une bien plus vaste zone au climat peut-être encore plus rude, qui s'étend du Détroit de Bering jusqu'au nord du Groenland. Quand, au début du onzième siècle, les Vikings établirent les premiers contacts avec les colonies Inuits, elles s'épanouissaient sur les côtes nord et est du Groenland. Christiansson et Simonsen indiquent les avantages du Spitsberg pour des chasseurs du néolithique : une abondance de gibier, de silex, de bois et d'ardoise, utile pour fabriquer des outils et une abondance de bois flottés, bien supérieure à celle dont les Inuits bénéficiaient au Groenland.

La question d'une présence de l'homme au Spitsberg du temps de la préhistoire ne sera pas tranchée tant qu'on ne retrouvera pas les traces d'un ancien camp et qu'on le datera à l'aide du carbone 14. De toute façon, Christiansson et Simonsen reconnaissent que l'homme avait disparu du Spitsberg au temps de sa découverte moderne, que ce soit par des Vikings en 1194, par des Russes à une date indéterminée ou par un Hollandais en 1596.

Barents, lui-même ne semble pas avoir pensé que sa découverte au nord du quatre-vingtième degré ait un intérêt concret. L'archipel attendit onze ans une seconde visite. Henry Hudson y atterrit plus ou moins par hasard, venant de l'Angleterre qui s'intéressait de nouveau au passage du Nord-Est, et avait demandé à ce marin chevronné de le trouver. La théorie de l'époque disait que les glaces les plus dangereuses se rencontraient au niveau du cercle polaire, soit à 67 ° N environ et qu'au-delà, il y avait davantage d'eau libre. Hudson faisait route plein nord au large du Groenland quand il aperçut des montagnes à peu près situées là où Barents avait fait son atterrissage mouvementé, sur la côte ouest du Spitsberg. Hudson nota, ce que Barents s'était abstenu de faire, que ces eaux grouillaient de morses, de phoques et surtout, de baleines.

Avant 1607, le principal territoire du monde pour la chasse à la baleine était le golfe de Gascogne. Puis les Basques partirent chasser jusqu'à Terre-Neuve et devinrent les spécialistes de ce qu'il faut appeler une industrie (harpon par exemple, est un nom basque). La baleine de Gascogne était le type même de ce qu'ils recherchaient : elle contenait beaucoup de graisse et ses fanons étaient précieux. Au début du dix-septième, ces baleines commencèrent à prendre une valeur considérable. L'huile extraite servait en Europe de carburant à la majeure partie des lampes. Elle entrait dans la composition du savon, l'ambre dans celle du parfum et des aphrodisiaques. Les fanons étaient indispensables à la confection des corsets, le sous-vêtement *de rigueur** des salons de la Renaissance.

Il s'avéra que les baleines remarquées par Hudson étaient d'une espèce voisine de celle du golfe de Gascogne, en bien plus énorme. Alors débuta une compétition sans précédent dans l'histoire maritime. La Hollande et l'Angleterre revendiquaient, à cause de Barents et d'Hudson, le monopole de cette chasse. La France et le Danemark se lancèrent dans la bagarre. « La nation qui contrôlerait les eaux du Spitsberg... deviendrait du coup le premier fournisseur de lumière, le principal distributeur de lubrifiant, le plus important fabriquant de savon et la source d'un important commerce de cosmétique », écrit l'historienne Jeannette Mirsky dans son ouvrage *To the Arctic*. Elle ne dit rien des corsets.

La pêche à la baleine ne devint lucrative qu'à partir du moment où Anglais et Hollandais embauchèrent des Basques pour leur enseigner la technique de cette industrie compliquée qui consiste à tuer un mammifère rendu agressif, pesant parfois 120 tonnes, puis à le tirer sur le rivage ou la glace pour le dépecer et en récupérer la graisse, la faire fondre et la verser dans des tonneaux. Les premiers temps, ils emportaient l'encombrant matériel que nécessitait cette production et le ramenait chez eux la saison terminée. La tentation de le laisser sur place fut immédiatement contrariée par une tentation plus forte encore, celle d'autres équipes qui songèrent à le voler.

Malgré tout, l'Angleterre et la Hollande n'entrèrent pas tout de suite en guerre à propos de ce territoire de chasse. Il arrivait souvent que la récolte d'une nation fût ramenée par l'autre et que ces cargaisons naviguent vers leur propriétaire entre Londres et Amsterdam. Des capitaines rivaux parvenaient sans trop de mal à se répartir les territoires et à s'accorder le temps d'un été. Mais un conflit surgit en 1618, qui dégénéra en une bataille navale. Non seulement les Anglais déplorèrent des morts, mais furent dépouillés de la totalité de leurs prises, dont le montant fut évalué à 22 536 £ dans un document officiel adressé au roi Jacques 1er.

Au plus fort du « boom » de la baleine, autour de 1630, les Hollandais envoyaient chaque année trois cents bateaux et des milliers d'hommes au Spitsberg. Sur l'île d'Amsterdam, au large de l'extrême pointe nord-ouest de l'île principale, ils érigèrent Smeerenburg, littéralement Graisseville. La ville de la graisse se composait de bâtiments en bois, dont vingt huileries construites sur deux étages qui faisaient presque cent mètres de long, dans lesquelles les cétacés étaient réduits à l'état d'huile, d'ambre et de baleines de corsets. Il y avait aussi de vastes hangars pour le matériel et la réparation des navires. L'anse naturelle du port était encombrée de bateaux. Les huttes dans lesquelles vivaient les hommes faisaient quatre-vingts mètres de long sur cinquante de large. Ils en parlaient affectueusement comme de leurs tentes.

On trouvait à Smeerenburg des établissements qui ressemblaient aux saloons qui apparurent dans l'Ouest de l'Amérique, 250 ans plus tard. On trouvait des cuisines, et une corne sonnait quand les repas étaient prêts. On trouvait une église et une place fortifiée dont les canons étaient armés contre les ennemis danois. On trouvait même des prostituées. On prétendit que la population avait atteint dix mille habitants, mais les experts du vingtième siècle réduisent ce nombre à mille deux cents. La formule de Jeannette Mirsky décrit bien cette ville : « dressée sur les os et la graisse des baleines, envahie par la puanteur de leur mort. »

Smeerenburg ne vivait que six semaines par an, la ville était déserte les dix mois et demi qui restaient, car personne n'aurait eu l'audace de songer à hiverner à 80° N.

Durant les trente premières années, la pêche se cantonnait sur la côte ouest du Spitsberg où le Gulf Stream nourrissait une réserve de bonnes baleines qui semblait infinie. Les Anglais et Hollandais explorèrent ensuite sans relâche le reste de l'archipel. Nous ne possédons que quelques aperçus à ce sujet. La compétition économique était âpre en effet, et demandait le secret. Comme le signale Mirsky, « une découverte était un secret de fabrication qu'on protégeait jalousement des appétits des concurrents ; une découverte était la promesse de nouveaux terrains ouverts pour la chasse, une découverte ne se proclamait pas, la rareté des informations est la preuve de la dureté de la compétition. »

Voilà pourquoi il est difficile de connaître le navigateur qui découvrit Edgeøya, la troisième plus importante île de l'archipel où les marins de Mézen endurèrent, à partir de 1743, leurs six années d'exil. Cette île couverte de glace, qui se situe à l'angle sud-est de l'archipel, se nomme ainsi à cause de Thomas Edge ; un excellent marin et marchand originaire du Lancashire, mort en 1624.

On pense qu'on lui doit cette découverte car l'île porte son nom dès 1616. Sir Martin Conway, dont le livre *No Man's Land* (publié en anglais en 1906) reste le meilleur ouvrage historique sur l'archipel, estime, avec des arguments convaincants, qu'il faut en laisser le mérite à un autre, Joris Carolus, un pilote Hollandais dont on ne sait pas grand-chose non plus, mais qui serait venu là deux ans auparavant. Conway en veut pour preuve la forme qu'il a tracée sur sa propre carte, un document extrêmement rare que l'érudit anglais dénicha dans les archives de La Haye.

De toute façon Edgeøya ne joua pratiquement aucun rôle dans cette période frénétique de chasse à la baleine qui occupa tout le dix-septième siècle et se déroula principalement au large de la côte ouest du Spitsberg. Certes les eaux d'Edgeøya n'étaient pas dépourvues d'animaux, mais on était très loin de l'abondance qui régnait autour de Smeerenburg. De plus les glaces interdisaient l'accès à Edgeøya onze mois au moins par an, ce qui ne fut jamais le cas à l'ouest du Spitsberg. Il faudra attendre l'arrivée des Russes dans la partie, pour qu'au dix-huitième siècle, elle devienne le terrain d'une tout autre chasse.

Ne pouvant s'appuyer sur un établissement en dur comme la ville de Smeerenburg pour marquer leur territoire, les Anglais cherchèrent une approche différente. Ils cherchèrent à recruter des hommes qui hiverneraient sur l'archipel afin de le revendiquer comme une colonie anglaise permanente. L'obstacle fut qu'aucun marin ne se montra d'accord pour passer l'hiver ici, bien qu'on leur ait promis des salaires mirobolants. La Muskovy Compagny, un consortium de marchands londoniens qui faisaient affaire depuis le seizième siècle avec la Russie, joua avec l'idée d'embaucher des Lapons (en ce temps-là, on considérait ces gardiens de rennes comme une espèce à part dont la constitution leur permettait de mieux résister au froid). Le Tsar donna son accord à ce projet qui cependant ne vit pas le jour.

La Muskovy Compagny finit par recruter une bande de criminels condamnés à mort. On leur offrit non seulement du matériel de construction, des vêtements chauds et une abondance de provisions pour hiverner, mais aussi une amnistie totale à leur retour. Ces hommes partirent au Spitsberg et s'y établirent à un endroit indéterminé (aucun écrit n'est parvenu jusqu'à nous pour le situer). Quand arriva l'automne, ils ne purent contrôler leurs nerfs et dirent à leurs gardiens qu'ils préféraient être pendus à Londres plutôt que de rester dans ce lieu désolé et maudit. Ils furent rembarqués. Grâce à la Muskovy Compagny, dont les marchands les avaient pris en pitié, ils furent quand même graciés.

Le premier hivernage connu sur l'archipel fut celui de huit Anglais qui demeurèrent sur le rivage par erreur, à l'automne 1630. À l'issue d'une profitable saison de chasse à la baleine, trois navires de la Muskovy Compagny s'étaient donné rendez-vous à Bell Sound, un très grand fjord de la côte ouest du Spitsberg. Le capitaine d'un de ces vaisseaux envoya huit hommes à terre pour qu'ils chassent le renne afin de compléter leurs provisions pour le retour. Ils n'eurent aucun mal à en abattre quatorze. Revenant vers la mer, ils constatèrent que leur bateau, menacé d'être enfermé par les glaces, avait dérivé loin de la côte. Quand ils reprirent leur chaloupe, il s'ensuivit une succession de petits ratés : voulant rallier Bell Sound ils s'égarèrent dans le brouillard, se disputèrent sur la configuration de la côte et rejoignirent le point de rendez-vous avec un jour de retard sur ce qui avait été fixé. Il peut sembler incroyable que le commandant d'une expédition se refuse d'attendre des marins absents du bord, mais à la Renaissance, comparées à la cargaison de trois bateaux, huit vies humaines pesaient peu.

Alors commença le temps des épreuves. Elles furent

consignées par un marin, nommé Edward Pellham, qui fit un compte rendu très vivant de ce premier hivernage au Spitsberg. L'opuscule de trente pages que rédigea Pellham porte le titre merveilleusement baroque de : *La Puissance et la Miséricorde de Dieu démontrées par le miraculeux salut et la délivrance de huit Anglais que la malchance laissa au Groenland, neuf mois et douze jours en l'année 1630.* (Groenland était le terme en usage pour désigner le Spitsberg à cette époque où il n'était pas certain que ces terres fussent séparées.)

Comme le suggère le titre de Pellham, loin d'être un cri de révolte contre le capitaine et l'équipage qui les avaient abandonnés, son livre est plein de gratitude non seulement à l'égard de Dieu, mais de la Muskovy Compagny à laquelle il est dédié. Sur cette page de dédicace, il salue « Les courageux aventuriers ». Dans la terminologie classique de la Renaissance, ces mots désignent non pas les hommes avec qui il endura les affres de la nuit et du froid à 78° de latitude nord, mais les marchands londoniens qui parièrent sur cette expédition.

D'abord Pellham et ses compagnons se crurent condamnés à mort. « Nous pensions qu'il n'y aurait pas d'issue autre qu'une mort inéluctable, car il nous paraissait impossible d'habiter ici et d'endurer un hiver si long, si sombre, si cruel… Nous savions bien que ni Sauvages ni Chrétiens n'avaient auparavant habité sous un climat aussi désolé et extrême. »

Se voir contraints de passer l'hiver ici avait de quoi désespérer Pellham et ses compatriotes, mais les perspectives étaient plus engageantes que celles qui s'ouvriraient devant les marins de Mézen un peu plus d'un siècle plus tard. Depuis plus de cinquante ans, les Hollandais et les Anglais avaient accumulé une énorme quantité de débris dans les excellents havres de Bell Sound. Passé le premier choc, les marins abandonnés se reprirent. « Nous chassâmes nos craintes dignes de femmes ou d'enfants pour retrouver les cœurs d'hommes que Dieu nous avait donnés et nous nous armâmes de la résolution de faire de notre mieux pour résister au monstre du désespoir. », écrit Pellham.

En quatre jours à peine, les hommes étaient assurés d'un abri et de gibier en quantité suffisante pour l'hiver. Ils avaient dressé une tente grâce aux voiles et aux rames de la chaloupe et tué dix-neuf rennes supplémentaires plus quatre ours les deux premiers jours. Par chance, malgré leurs tribulations, ils avaient gardé deux chiens avec eux qui leur facilitaient la chasse. Au voisinage de Green Harbor, les marins récupérèrent une seconde chaloupe appartenant à la Muskovy Compagny. Ils chargèrent leur viande dans l'une d'elles et une importante quantité d'os de baleine dans l'autre – les restes des prises de l'été (« que nous trouvâmes en tas à même le sol »), dont ils récupérèrent de gros morceaux de viande et de graisse restés attachés.

De retour à Bell Sound début septembre, les marins se soucièrent de se protéger de l'hiver. Par chance, les Hollandais avaient laissé une énorme hutte de trente mètres de long sur treize de large pour que leurs tonneliers puissent y vivre et travailler. Très intelligemment, les Anglais s'approprièrent les briques et le bois d'une autre construction hollandaise pour construire une nouvelle cabane à l'intérieur de la grande. Ils furent même capables de faire du ciment avec du sable et du limon pour monter leurs briques. En peu de temps, ils érigèrent un bâtiment de cinq mètres sur six. Cette hutte dépourvue de fenêtres, munie simplement d'une cheminée qui évacuait la fumée dans la grande, serait un cauchemar pour claustrophobe. Mais il faisait chaud, et comme Pellham s'en félicite : « Pas le moindre souffle d'air ne venait nous déranger. »

Ensuite les marins se mirent en quête de bois de chauffage.

Il devait y avoir quantité de bois flotté sur le rivage, mais Pellham raconte qu'ils s'intéressèrent aux chaloupes laissées en grand nombre dans les années précédentes : « On en a trouvé sept très abîmées, inutilisables pour l'année suivante. » Ils en démontèrent les planches et les rangèrent dans leur refuge. Ils convertirent aussi des tonneaux en bois de chauffage. Le 12 septembre, ils tuèrent deux « chevaux de mer » (des phoques ou des morses) endormis sur un glaçon flottant. Les jours devenant de plus en plus courts et froids, ils n'espérèrent pas davantage de gibier. La mer gela d'un coup le 10 octobre. Au cours des trois mois suivants, ils se rationnèrent, ne mangeant qu'un repas par jour et jeûnant le mercredi et le vendredi, trompant leur faim avec de la « friture » d'os de baleine, « une viande répugnante ».

Le compte rendu de son hivernage par Pellham éclaire la psychologie de ces hommes d'une lumière que Le Roy est incapable d'allumer pour les marins de Mézen, confrontés un siècle plus tard au même type d'épreuves. Fin octobre, les hommes enfermés dans l'obscurité enfumée de leur hutte n'avaient pas grand-chose d'autre à faire qu'à attendre. Voici comment Pellham décrit l'invasion de l'ennui. Avec « rien qui maintenant puisse nous occuper l'esprit, nos têtes furent dérangées par des milliers d'images. »

« Nous avions alors le loisir (dont nous nous serions passés) de nous plaindre de notre misérable situation actuelle. Nous avions le temps de nous languir de nos femmes et enfants, et d'imaginer dans quel dénuement nous les laissions. Nous pensions aussi à nos parents dont le cœur déchiré ne pouvait qu'entrevoir la mort de leurs enfants. »

Alors qu'ils s'enfonçaient dans l'hiver, Pellham ajouta :

« L'horrible monstre du désespoir se présenta à nous sous la forme la plus affreuse, maintenant il nous traquait, maintenant il s'acharnait à ne plus nous relâcher. » Les hommes ne cessaient de prier.

À un moment donné, les réfugiés constatèrent que leurs « fritures » étaient moisies, gâtées par l'humidité, et que leur réserve de viande de renne et d'ours ne suffirait pas pour maintenir un régime de cinq repas hebdomadaires. Ils se rationnèrent plus sévèrement encore. « Nous nous nourrissions pendant quatre jours de nos dégoûtantes fritures de viande moisie », écrivit Pellham, « et les trois autres jours nous festoyions avec de l'ours et du gibier. »

Depuis le 14 octobre, le soleil ne se levait pas et ils ne le reverraient plus jusqu'au 3 février. On devine que Pellham et ses compagnons étaient des puritains. Dans un passage, il raconte que pendant les mois d'obscurité totale, les hommes « parfois se révoltaient contre le sort qui leur était fait. » Mais, ils se raisonnaient, se disant « qu'ils le méritaient à cause du mal qu'ils avaient fait. » Ce qu'ils enduraient, avaient-ils décidé, était « le châtiment d'existences foncièrement dévoyées. » S'ils devaient en réchapper, ce serait évidemment « par la grâce de Dieu et de son infinie bonté ». Leurs révoltes contre le destin, qui les prenaient deux à trois fois par jour, se terminaient toujours par une prière à genoux.

Les hommes saluèrent le retour du soleil, le 3 février, par une explosion de joie. Ce fut pourtant le pire mois, à cause du froid. Un jour, ils sortirent pour ramener de l'eau et durent plonger leurs mains sous la glace, « le froid les saisit si cruellement que nous les crûmes écrasées par un marteau. »

Au moment où ils calculaient qu'il ne leur restait que trois semaines avant de commencer à mourir de faim, Dieu leur envoya une ribambelle d'ours qui défila devant leur hutte. Ils en aperçurent quarante et en tuèrent sept. Leur viande fut un luxe délicieux, mais, en mangeant le foie des ours, les marins comme tant d'autres avant eux, furent empoisonnés par une surdose de vitamine A. « Notre peau pelait entièrement », nota Pellham.

En mars, avec le retour des oiseaux, les renards sortirent. Les marins fabriquèrent des pièges en prenant pour appâts de la chair d'oiseaux morts échoués sur la glace et attrapèrent ainsi une cinquantaine de renards. Ils récoltèrent aussi des œufs de « Willocks… gros comme ceux des canards ».

On s'est demandé, au regard d'autres hivernages en Arctique, comment cet équipage avait échappé au scorbut. Peut-être en mangeant chaque renne, ours, renard jusqu'à la dernière bouchée, avalaient-ils assez de vitamine C. Au cours des siècles, les Inuits avaient appris qu'on pouvait se protéger du scorbut par un régime qui consistait à tout ingérer, y compris les reins, les intestins, le cerveau qui rebutaient les palais européens.

La nourriture se faisant plus abondante, les hommes recouvrirent leurs forces pendant les mois d'avril et mai. En mai, ils prirent l'habitude de grimper tous les jours sur une colline proche dans l'espoir de contempler « un ciel d'eau » (au-dessus de l'eau libre le soleil se reflète différemment qu'au-dessus de la banquise). Le 24 mai, ils observèrent leur premier ciel d'eau. Le jour suivant, une tempête dispersa complètement la glace.

Curieusement, le 25 mai, le premier jour où il fut possible de pénétrer dans le fjord de Sound Bell, deux vaisseaux approchèrent. Préoccupé par les habituelles opérations de la chasse à la baleine, l'équipage ne se souciait pas des exilés, si tant est qu'il fût au courant de leur mésaventure, avec l'espoir qu'ils fussent encore vivants. À cette heure, Pellham priait avec ses compagnons à l'intérieur de la hutte.

Les marins s'approchèrent des deux chaloupes qui semblaient avoir servi récemment, puis marchèrent vers la grande hutte en criant comme le font d'habitude les gens de mer pour repérer leurs semblables. « Oh-hé, ho-hé ». En cet instant, l'un des réfugiés, ayant interrompu sa prière, sortit de la petite pour arpenter la grande hutte et instinctivement poussa un « ho ! auquel on répondit immédiatement », nous dit Pellham « ce qui l'effraya à moitié. » En une seconde le reste des hivernants jaillit de la cabane, « noirs de fumée, et en loques ». Les arrivants « nous embrassèrent de tout cœur et nous de même, nota Pellhman, et nous leur offrîmes de visiter notre hutte et de les restaurer de gibier rôti depuis quelques mois et d'une tasse d'eau froide, qu'ils acceptèrent par politesse. »

Les hivernants durent attendre la fin de la saison de chasse, ils ne repartirent qu'aux derniers jours d'août en remerciant pieusement le Tout-Puissant.

Les leçons de cet hivernage ne furent pas faciles à tirer pour les compagnies qui investissaient dans le commerce de la baleine. Les huit avaient survécu, mais quel était l'intérêt de ce genre d'expérience ? Deux ans plus tard, une bande de Basques, peu de temps après que les Hollandais furent partis, pillèrent leur station baleinière de Jan Mayen, une île située à mi-distance entre l'Islande et le Spitsberg par 72 ° N. La Noordsche Compagny, équivalent hollandais de la Muscovy Compagny, réagit en engageant des pêcheurs de baleine pour hiverner (des volontaires contrairement aux criminels anglais), sept à Jan Mayen et sept à Smeerenburg. Les hommes passèrent l'hiver dans la ville de la graisse, sans encombre. Non seulement ils firent une ample provision de gibier, mais ils récoltèrent le plus possible d'herbe à scorbut. Cette petite plante connue des botanistes sous le nom de *Colchearia officinalis*, était pleine de vitamine C dont l'efficacité antiscorbutique fut reconnue dès le dix-septième siècle. Les gardiens de Smeerenburg montèrent la garde vingt-quatre heures sur vingt-quatre, imaginant des plans sophistiqués pour défendre leur précieuse ville contre les attaques, mais aucun pirate ne s'est montré. Pour les sept Hollandais, ce dut être un sombre hiver.

Les sept de Jan Mayen moururent tous, apparemment du scorbut. Bien qu'aucun pirate ne se soit montré, les Hollandais organisèrent un nouvel hivernage sur Smeersburg, l'année suivante (1 634-35) en y laissant sept hommes. Contrairement à leurs prédécesseurs, ils devinrent indolents. Ne chassant que de manière occasionnelle, ils se contentèrent d'une provision de viande salée, laissée par les chasseurs de l'été, et négligèrent de récolter l'herbe à scorbut. Ils moururent tous les sept. Les pitoyables entrées retrouvées au printemps suivant dans le journal de l'un d'eux donnent une idée de leur agonie. Le scorbut les attaqua fin novembre. Pensant que c'était contagieux, ils mangeaient isolés. Le premier décéda le 14 janvier. Fin février, le malheureux qui tenait son journal nota « Les quatre d'entre nous qui sont encore en vie sont couchés à même le sol de la hutte, » et « Le mal nous rend incapable de bouger. » L'ultime entrée date du 26 février, ses derniers mots sont ceux-ci : « Nous passons notre temps à prier constamment pour implorer la pitié de Dieu, afin qu'il nous délivre de nos maux. »

En mai 1635, le premier Hollandais qui pénétra l'obscurité de la hutte trébucha sur un corps. Il trouva trois cercueils que leurs amis avaient réussi à assembler. Deux corps gisaient dans une cabane à l'écart et les deux qui étaient là, se trouvaient recroquevillés sur le sol, les genoux repliés sous le menton.

À la suite de ces catastrophes, les compagnies anglaise et hollandaise abandonnèrent l'idée de maintenir une surveillance permanente de leurs stations baleinières. Des naufragés ont pu échapper au décompte, mais il semble que pendant soixante ans plus personne n'ait passé d'hiver au Spitsberg. Ce n'est qu'au début du dix-huitième siècle que les Pomores, indifférents aux épreuves, avides de tout miser pour un maigre bénéfice complémentaire, commencèrent à devenir les spécialistes des hivernages au nord du 77$^{e}$ parallèle.

Entre-temps, les prises étaient devenues rares, cette dépopulation ne résultait pas seulement d'une chasse trop intense : les baleines sont des mammifères intelligents qui avaient appris à éviter ces eaux où autrefois elles folâtraient sans risque et qui, maintenant, étaient pleines de prédateurs. Les chasseurs le remarquèrent. Dès 1640, l'un d'eux nota que ces géants des mers « fuyaient les zones où se raffinaient l'huile et les anses encombrées de chaloupes. » Le dernier navire anglais à chasser la baleine dans ces eaux, passa au Spitsberg en 1669. À cette période, Smeerburg était déjà une ville fantôme et ses fiers bâtiments commençaient à tomber en ruines.

On a peu de renseignements sur l'histoire des établissements russes au Spitsberg. Cette lacune est liée à l'ignorance et au dédain que montrent les Américains et les Européens pour les sujets qui touchent la Russie – ce même biais a fait qu'*Au pays de la Mort blanche* est resté inconnu en dehors de la Russie pendant tout le vingtième siècle ou presque, alors qu'il était là-bas un grand classique de la littérature de survie. Jeannette Mirsky – historienne de l'Arctique par ailleurs scrupuleuse – dresse un tableau approximatif des voyages pomores vers le Spitsberg au début du dix-huitième. Elle décrit une flotte « de gros bateaux artisanaux menés par des paysans russes ignorant la boussole, le loch, les sondes, incapables de la moindre observation nautique. » Mirsky n'est pas que méprisante, elle se trompe sur ce point. Les chasseurs de renard russes étaient selon elle « d'énormes barbus » qu'elle croque d'un trait aussi naïf que vivant : « Quand ils partaient de leurs huttes, ils buvaient de nombreux verres de vodka pure pour se donner du courage et au retour faisaient pareil pour oublier. »

Un autre historien, R. N. Rudemose Brown, lui aussi scrupuleux par ailleurs, résume ainsi un siècle et demi d'explorations pomores : « Les trappeurs russes n'ajoutèrent rien à la carte de l'archipel. Ils étaient pratiquement analphabètes, incapables de noter ce qu'ils trouvaient et voyaient. Dans l'histoire du Spitsberg leur période est obscure. »

Les baleiniers anglais et hollandais étaient sans doute aussi illettrés que leurs homologues russes et soit par indifférence, soit par nécessité économique, leurs capitaines restèrent muets sur leurs découvertes. Encore aujourd'hui, des explorateurs du calibre de John Cabot ou de Henry Hudson restent de vagues silhouettes. Tout ce que nous savons d'eux et de leurs voyages, nous le tenons de chroniqueurs comme Samuel Purchas ou Richard Hakluyt, qui laissèrent des récits à la première personne de ces voyages de la Renaissance. Avec leurs commanditaires, ces « courageux aventuriers » de Londres qui les avaient embauchés, ils furent les seuls à s'y intéresser. Les Hollandais eurent leurs propres Hakluyt, des historiens comme Hessel Gerrits, dont *l'Histoire du pays nommé Spitsberghe,* (1613) est l'œuvre majeure de ces premières années.

Hélas, les Russes n'ont pas l'équivalent d'Hakluyt ou de Gerrits pour le dix-huitième siècle. Il faudra attendre le vingtième siècle et des chercheurs comme Belov pour creuser dans les couches gelées du passé Arctique. Étant donné l'état des archives russes (la pauvreté endémique de ce pays n'est pas seule en cause, la révolution communiste de 1917 est aussi responsable), la tâche est presque insurmontable ; il se pourrait cependant que des documents existent, comme par exemple au monastère Solovetski, un ermitage établi dans un coin incroyablement reculé de la Russie, au bord de la Mer Blanche. Ces moines avaient donc un intérêt particulier pour les voyages vers le Grand Nord et relatent des faits bien antérieurs au tournant du dix-huitième siècle.

En 1964, Sergei Obruchev publia un mince mais passionnant opuscule, *Les Pomores russes au Spitsberg au quinzième siècle*. Sa thèse déroule un fil très mince ; Obruchev est tombé sur une lettre écrite en 1493 par un docteur de Nüremberg, en Allemagne, à Jean II roi du Portugal. Le médecin, un certain Hieronymus Münzer cherchait à le persuader d'envoyer des expéditions vers le Nord lointain. (À la fin du quinzième siècle avec des navigateurs comme Barthélémy Diaz et Vasco de Gama, le Portugal était à l'avant-garde de l'exploration du monde.) Münzer se fit flatteur pour attirer l'oreille royale. « Vous êtes déjà vénéré comme un grand souverain par les Allemands, les Italiens, les peuples du Nord, les Scythes et ceux qui vivent sous les cieux sévères qu'éclaire l'étoile polaire. De la même manière, on vénère le Duc de Moscou qui, il y a quelques années, découvrit sous la même étoile, la grande île de Grulandia dont le rivage s'étend sur 300 lieues et sur laquelle vit une nombreuse colonie qui aujourd'hui est sous la souveraineté du Duc. »

Pour faire de cette vague allusion une « preuve » de la découverte du Spitsberg par les Russes, Obruchev avance un argument vérifié. « Greenland », « Grulandia » et « Grumant » furent les appellations courantes de l'archipel du Spitsberg, mais aussi du Groenland proprement dit, direction qu'Obrachev écarte, les Russes n'ayant jamais été concernés par le Groenland. Cependant, il est très improbable que les Russes aient établi une « nombreuse colonie », sur les côtes du

Spitsberg, à une date aussi précoce. Il n'existe pourtant aucune corroboration archéologique, même si l'archéologie n'en est qu'à ses balbutiements sur ces îles.

Peut-être existe-t-il, une confirmation de cette hypothèse dans un passage du journal de Theanisz Claesz, matelot sur le navire de Jan Cornelis Ryp, commandant en second de Barents. Claesz note en juin 1596, alors que les deux bateaux approchent la côte du Spitsberg, « Nous naviguons toujours plus au nord, au-delà du 81° parallèle, vers Greenland [c.a.d. le Spitsberg], un pays jamais visité, et qui je le crains ne recevra aucune visite après la nôtre. »

Puis, sans reprendre son souffle, il ajoute : « Nous vîmes flotter quelques morses décapités et un petit nombre de baleines mortes. Nous fûmes étonnés de voir ces morses sans tête, c'est une habitude des Russes qui drainent et récupèrent ainsi la graisse. »

Ni Barents, dans son journal qui fut rapporté en Hollande après sa mort, ni Jan Cornélis Ryp, ni Hessel Gerrits dans sa complète *Histoire d'un pays nommé Spitsberghe*, ne mentionnent cette extraordinaire observation. Comment se fait-il alors, qu'elle soit notée uniquement par un simple membre de l'équipage ? Des morses décapités d'une façon qui ne saurait être celle d'un prédateur, un ours par exemple, témoigneraient d'une colonie humaine recherchant l'ivoire des défenses de ces mammifères. Et cela pourrait expliquer le silence de Barents et de Ryp, qui auraient dû avouer à leurs commanditaires hollandais qu'ils n'avaient découvert aucune terre inconnue.

Le plus frappant dans cette histoire, est qu'un siècle avant qu'un document anglais ou hollandais évoque la présence d'un bateau russe dans les eaux du Spitsberg, un matelot fait la corrélation entre des morses décapités et les chasseurs russes. En définitive — et c'est le plus étonnant — l'observation de

Claesz semble impliquer que non seulement les Russes s'étaient rendus sur l'île avant les Hollandais, mais qu'ils y poursuivaient un but commercial. Qu'ils aient fondé une véritable colonie (comme le croit Obruchev) ou qu'il s'agisse d'un simple camp d'été, il semblerait que ces chasseurs fussent suffisamment familiers des lieux pour y développer leur industrie.

De toute façon, le déclin de la pêche à la baleine, dès la fin du dix-septième, atténua la vigueur des revendications sur ce territoire. Aussi bizarre que cela paraisse, à une époque où la plus petite île du Pacifique était déclarée espagnole, anglaise, hollandaise par le premier navigateur qui posait le pied dessus, le problème de l'appartenance du Spitsberg ne fut résolu ni au dix-septième, ni au dix-huitième, ni au dix-neuvième siècle. Cette particularité explique le titre que Martin Conway choisit, en 1906, pour son œuvre exhaustive sur l'histoire de l'archipel : *No Man's Land* (La terre qui n'appartient à personne, ndt).

Il fallut attendre le traité de Paris, en 1925, pour qu'un accord international concède l'archipel à la Norvège. Après tout, à part le Groenland qui est une colonie danoise, la Norvège est le plus proche pays indépendant. Même si cette indépendance était une conquête récente, ce pays ayant été dominé depuis le Moyen Âge par les Danois (jusqu'au traité de Kiev en 1814) puis par les Suédois jusqu'en 1905.

À cette date, l'intérêt pour le Spitsberg s'était réveillé. On y avait découvert du charbon et un Américain du nom de John Munroe Longyear, avait déclenché « une ruée vers le charbon» en y ouvrant des mines en 1906. La capitale du Spitsberg d'aujourd'hui, où l'on trouve de nombreuses mines désaffectées, porte encore son nom, Longyearbyen. En 1925, certains voyageurs envisagèrent d'y encourager le tourisme de masse. Chaussant des lunettes qui lui faisaient voir l'avenir en rose, Rudmose Brown, avait décrit « le paysage incomparable », « le climat revigorant » du Spitsberg : « Si nos préjugés contre les idées nouvelles et les concepts modernes disparaissent, viendra le jour où l'archipel sera un centre de loisirs et une station climatique, à bien des égards, plus accessible et supérieur aux Alpes suisses et au Tyrol italien. »

Au dix-septième siècle cet endroit était tout le contraire d'un lieu de villégiature. L'archipel restait désert. Alors que les Anglais avaient quitté les parages, les Hollandais poursuivaient leurs efforts, même si les profits avaient beaucoup baissé. Ils ne se contentaient plus de la côte nord-ouest du Spitsberg dont les baleines avaient quitté les fjords, mais partirent explorer d'autres îles. En 1700, une source hollandaise fait état, pour la première fois, d'une baleine capturée en vue de la côte sud d'Edgeøya, aux environs de ce qui sera le lieu d'exil des marins de Mézen, une quarantaine d'années plus tard.

Le premier document attestant de manière incontestable la présence de Russes date de 1697 et se trouve dans les notes d'un capitaine hollandais, un certain Cornelius Gisbert Zorgdrager, qui, dressant la liste des prises de l'été sur les navires de différentes nations, ajoute sans plus de commentaires :

« Des bateaux russes se joignirent à nous pour profiter des avantages de notre convoi. » Comme le remarque Martin Conway, ce fait se trouve consigné comme si c'était « une habitude et pas une nouveauté », ce qui signifie que des Russes naviguaient par ici depuis quelque temps déjà. Conway observe aussi que la liste par nation des baleines tuées ne donne aucun chiffre pour les Russes. Il tire de cette anomalie la conclusion que ceux-ci n'étaient pas là pour les baleines, mais pour les morses.

Les archives russes sont si pauvres et désorganisées qu'un

chercheur aussi chauvin que Belov s'appuie sur des documents de l'Europe de l'ouest pour étayer son discours sur les incursions russes dans le Grand Nord. Cependant, françaises, hollandaises ou anglaises, ces sources de seconde main bruissent de rumeurs concordantes basées sur des témoignages oraux qui font comprendre la riche histoire des efforts russes au Spitsberg.

La fascination des Anglais et des Hollandais pour la graisse, l'ambre et les corsets de baleines, les empêchait de voir la possibilité de chasser d'autres animaux. Et pourtant, le corps d'un morse contient une quantité considérable de graisse ; l'ivoire de ses défenses est le meilleur sur terre, supérieur à celui des défenses d'éléphants ; et bien que dans l'eau le morse soit un terrible adversaire, il est plus aisé à tuer qu'une baleine.

Au Svalbard, il n'y a que trois mammifères terriens — l'ours polaire, le renard et le renne. Hollandais et Anglais chassaient le renne pour compléter leur nourriture et combattaient les ours pour s'en défendre. Mais ce sont les Russes qui comprirent l'intérêt de chasser les espèces pour le prix de leur fourrure dont la valeur commerciale égalait largement celle de la graisse. Pour exploiter au maximum les possibilités de chasse, les Pomores furent tentés d'hiverner pour deux raisons simples : les ours sont plus faciles à tuer sur terre que dans l'eau (où ils aiment folâtrer durant l'été), et la toison blanche dont se parent les renards en hiver multiplie le prix de leur fourrure.

Après les désastres de 1633 et 1634, les Anglais et Hollandais avaient abandonné toute perspective d'hivernage : pour eux c'était synonyme de condamnation à mort.

Dès le début du dix-huitième siècle, les Russes se mirent à oser ce que les autres n'osaient pas. Parmi ces nombreux voyages que les Russes n'enregistrèrent pas, mais dont des chroniques européennes gardèrent la trace, ressortent les mythes et les superstitions auxquels les Pomores adhéraient pour combattre leur peur. Dès qu'ils abordaient une côte qui leur était bien connue (peut-être Edgeøya), dont la falaise ressemblait à un homme de profil, les marins russes tuaient un renne mâle et le lançaient dans le précipice. Les raisons d'un tel acte sont à trouver du côté d'une légende, une sorte de conte de Grimm, connu sous le nom de « Chien du Spitsberg ».

Un prince aurait amené cent rennes et une très belle jeune fille de quinze ans dont il était amoureux et qu'il voulait épouser. Attiré par la jeune fille, le chien du Spitsberg, se transforma en ours et l'enleva alors qu'elle était descendue sur la plage ramasser de la mousse.

Le prince inconsolable consulta un grimoire et devina qu'elle était enfermée à l'intérieur d'une montagne de la côte sud, où une falaise au profil d'homme plongeait dans l'eau. Il se mit à sa recherche et aperçut tout à coup sa bien aimée à travers une faille. Cependant, alors qu'il s'approchait, elle s'enfuit, sautant, pleine d'agilité, d'une corniche à l'autre. Enfin, elle s'arrêta sur un promontoire. Le prince se précipita pour la prendre dans ses bras. Il réalisa qu'il ne s'agissait pas de la jeune fille mais d'un renne. Le prince leva alors son regard vers le haut de la falaise et reconnu le profil d'un homme. L'instant d'après, une pierre se détacha et le tua en le frappant à la tête.

Le sacrifice rituel des Pomores conjurait les maléfices du chien du Spitsberg et exprimait leur gratitude au prince pour y avoir apporté autant de rennes.

Une autre légende parle d'un prince du Nord qui aurait envoyé des colons et des rennes sur les îles de l'archipel dans l'espoir d'étendre son royaume dans l'Arctique. Mais pendant l'hiver, les hommes s'endormaient constamment et succombèrent au scorbut. Huit seulement prirent le chemin du retour, mais les rennes restèrent et se multiplièrent.

Les Russes étaient persuadés que la léthargie qui les affectait durant la nuit sans fin de l'hiver, résultait du scorbut. Pour échapper à cette maladie mortelle, ils tâchaient de rester éveillés dix-neuf heures sur vingt-quatre. Ils passaient à l'intérieur de leur hutte d'interminables heures à faire des nœuds sur une corde, à les défaire et à les nouer à nouveau. « Une occupation », comme Rudmose Brown le note sèchement, « suffisamment monotone pour endormir n'importe qui. »

Conway a trouvé des détails très vivants sur la vie des hivernants du siècle précédent dans un document obscur du dix-neuvième siècle, rédigé par un certain Charitonow, un Russe sans doute, qui vivait en Allemagne et écrivait dans la langue de ce pays, Ces hommes étaient de gros buveurs et en même temps de fervents catholiques. Au départ d'une expédition, ils recevaient 60 roubles d'avance, le tiers de leurs salaires qu'ils buvaient entièrement, « jusqu'à ce qu'il ne leur reste pas plus de deux Kopecks. Une fois dessaoulés, ils se rendaient à l'église, se confessaient, communiaient et finissaient par partir après avoir adressé une courte prière pour le voyage. »

L'usage courant voulait que les hivernants transportent la totalité du matériel nécessaire à l'édification d'une hutte sur la côte de l'archipel. La cabane type était en madriers croisés aux quatre coins, munie de petites fenêtres et d'un toit plat sur lequel on posait de lourdes pierres pour le protéger des vents de tempête. On perçait la porte et les murs de meurtrières pour espionner les ours. Un bâton entaillé servait de calendrier.

Les *lodjas* et les *kotchs* qui faisaient voile vers le Spitsberg étaient, selon Charitonow, « de misérables bateaux ». « Quand on observe ces inconfortables chaloupes, écrit-il en 1851 (à cette époque la conception de ces navires n'avait que peu changé depuis le seizième siècle), on tremble pour les chasseurs. » Il arrivait parfois que des trappeurs retrouvent un équipage entier, mort de froid à bord d'un navire à la dérive. Charitonow a interrogé un vétéran sur ce qu'ils faisaient dans ces cas-là : « On mettait les corps à l'eau et on réparait le bateau », a répondu son interlocuteur. Des découvertes macabres comme celles-là, n'arrivaient pas à freiner les marins : « Il faut bien d'autres vagues, pour que la mer fasse peur à ceux du Spitsberg », asséna l'homme à Charitonow.

À terre, les Pomores se servaient de chiens pour la chasse au renne et pour signaler la présence des ours. Les Russes pensaient que les ours se refusaient à croiser la trace d'un homme chaussé de raquettes.

Les Pomores chassaient les ours avec leurs chiens et des fusils, y compris dans l'eau libre à partir de leurs bateaux. Cette pratique était dangereuse à l'extrême. « Si l'ours n'était que blessé, il se dirigeait droit sur la chaloupe, écrit Charitonow, et gare aux chasseurs qui ne s'éloignaient pas très vite. Posant ses pattes sur le rebord du bateau, il le retournait, et le seigneur des mers polaires savait parfaitement se comporter avec les trappeurs. »

Les Pomores étaient d'excellents tireurs, quoique quelqu'un faisant autorité, affirme qu'ils faisaient feu à la hanche plutôt qu'en épaulant. De retour en Russie, ils reversaient une bonne part de leur salaire à la paroisse. Ils buvaient ce qui leur restait : « L'alcool, se lamentait Charitonow, l'alcool seul causa leur perte. »

Après avoir enduré tant d'épreuves dans l'archipel, les marins pouvaient devenir lyriques à propos de leurs chasses qui les avaient entraînés là-haut, dans l'Arctique. Voici un vieux chant pomore :

Le temps vient
Où des sons nous arrivent

Des morses qui crient et font grand bruit
Ils nous disent de nous tenir prêts...
Nous n'avons pas peur des morses
Ni de honte à les tirer:
Nous les tirons au fusil,
Les perçons de nos lances,
Nous les accrochons au bout des baïonnettes
Et nous les attachons pour les monter à bord.

La même ballade décrit les sentiments ambigus qui les animent quand ils rentrent.

Nous te disons au revoir Grumant :
Au revoir, père Grumant!
Tu es effrayant, père Grumant,
Tu es hérissé de hautes montagnes,
Tu es couvert de glace.
Il est dangereux de vivre sur tes flancs.

Que ce soit au dix-huitième, ou au dix-neuvième siècle, hiverner n'était pas une partie de plaisir. Comme le décrit Charitonow: « La graisse de renne et des autres animaux qui fondait, répandait une odeur pénétrante et intolérable qui se mêlait à celle des cuirs tannés et le sol était entièrement couvert de peaux de renne. Ajoutons à cela la lampe à huile où brûlait jour et nuit, pendant les mois d'obscurité, de la graisse de poisson. »

Le nombre de victimes de ces hivernages ne peut se calculer, mais il doit être élevé. L'existence d'une légende noire qui s'est répandue à propos du scorbut, suffirait à le prouver. Et les tombes en pierres sans croix ni stèles qui prolifèrent sur les côtes de l'archipel, disent la même chose.

Les Pomores relevaient le défi avec un incroyable détachement. Conway a fait ce décompte : « Une année dix-huit hommes sont partis. Six revinrent et les douze autres moururent. Malgré cette terrible expérience, les six étaient prêts à repartir dès la première occasion. »

Les Hollandais et les Anglais s'étaient focalisés sur la côte ouest du Spitsberg où les eaux sont libres de glace une bonne partie de l'année et où les baleines proliféraient. Les Pomores explorèrent les rivages bien plus traîtres d'Edgeøya pour une unique raison. Autrefois et aujourd'hui encore, sur cette île située à l'angle sud-est de l'archipel vit la grande majorité de tous les ours polaires qui habitent dans ces contrées. Leur peau avait un prix bien supérieur à tout ce qu'on pouvait espérer des renards ou des rennes. On trouve en fait sur Edgeøya, l'une des deux ou trois plus fortes densités d'ours blancs au monde.

Comme nous le dit le récit de Le Roy, Khrisanf Inkov, avait déjà hiverné avant l'année 1743, au moins une fois sur la côte ouest du Spitsberg, mais dans des conditions bien différentes, semblables à celle des marins de Mézen, qui avaient apporté leur cabane pour la remonter sur le rivage d'Edgeøya afin d'y passer un seul hiver. C'est une tout autre histoire que de se trouver là, naufragé avec au mieux deux jours de vivres et sur le dos uniquement ses effets personnels, comme Aleksei et Khrisanf Inkov, Stepan Sharapof et Fedor Verigin s'y trouvèrent en mai 1743. Ce qu'ils allaient devoir affronter, alors qu'ils avaient pris possession de la cabane qu'ils avaient retapée et qu'ils se serraient autour de la lampe à huile, est en toute vraisemblance le plus difficile défi jamais rencontré par des êtres humains ayant abordé ces rivages.

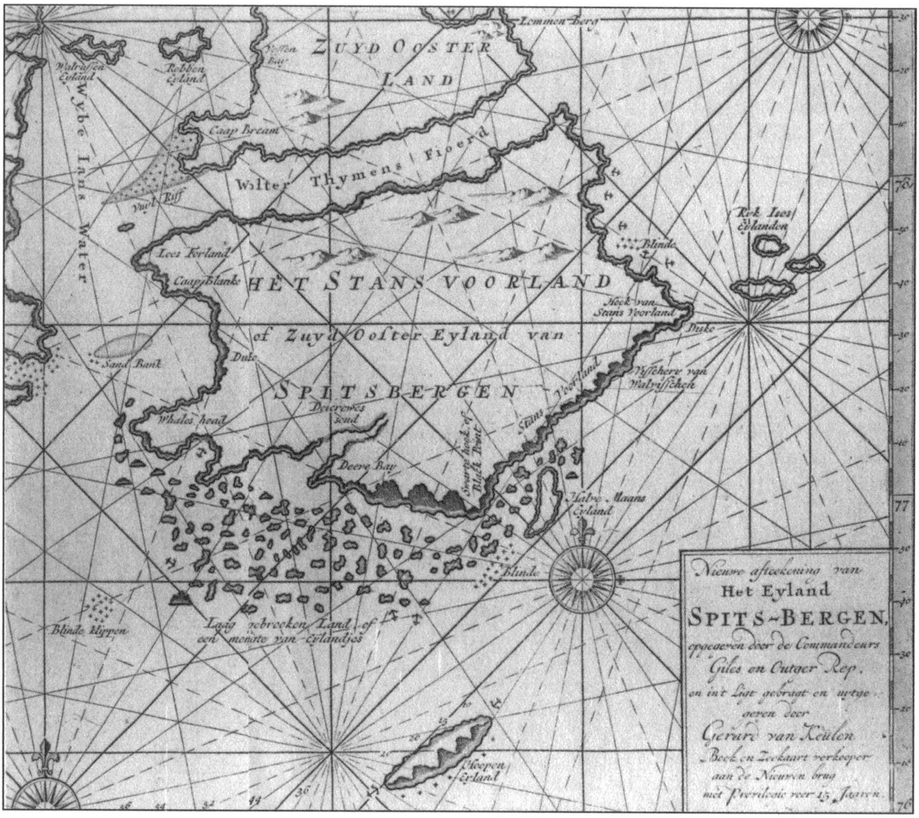


*Détail de la carte de Gérard Von Keulen..*

# Chapitre IV

# Un trait de plume

Leur habileté leur avait procuré un arc et des flèches, de bonnes réserves de viande de renne, des lampes d'argile qui pouvaient garder une flamme permanente, une hutte restaurée et consolidée : les quatre marins s'étaient préparés à l'hiver 1743-1744. Le 26 octobre, pour la première fois, le soleil ne parvint pas à se hausser au niveau de l'horizon. (La date donnée par Le Roy est celle du calendrier Julien, alors en usage en Russie, et correspond au 6 novembre de notre moderne calendrier Grégorien.)

À l'intérieur de la hutte, les Pomores se chauffaient grâce au poêle en terre construit par les précédents occupants, ils l'alimentaient de bois flotté ; mais ce genre de fourneau ne pouvait guère servir à faire cuire la viande (« Le peu de commodités qu'ils avoient, ne leur permettant pas de faire cuire leur viande d'une manière convenable, n'ayant dans leur cabane qu'un fourneau à la russe, & par conséquent peu propre à faire bouillir un chaudron », selon Le Roy) et ils s'étaient donc habitués à manger leur viande crue. L'absence de sel, avance le chroniqueur, aggravait le problème.

Ils auraient pu entretenir un deuxième foyer pour rôtir le gibier, mais « Le bois leur étoit trop précieux pour entretenir deux feux. » Avoir chaud au corps était plus important que de faire cuire la viande. Aussi, accrochaient-ils celle-ci, là où s'échappait la fumée au-dessus du poêle. « Quand elle étoit ainsi bien fumée, & boucanée en quelque sorte, ils la pendoient à des morceaux de bois affermis extérieurement au haut du toit de leur cabane, hors de la portée des Ours blancs. » (Cela pourrait expliquer l'étonnante mesure de la hutte qui aurait été haute de six mètres.)

Pour la boisson, il fallait aller la chercher. Aux mois les plus chauds, ils récoltaient, à l'aide de leur casserole, l'eau qui « ruisselait sur la roche. » En hiver, ils remplissaient leur récipient de neige qui fondait à la chaleur du réchaud en terre.

L'odeur de la nourriture attirait les ours. À tel point (cela s'est peut-être produit dès le premier automne) qu'un ours, ayant senti la viande de renne, s'introduisit la hutte. Ils s'emparèrent de leurs lances et engagèrent un autre violent combat qui finit par la mort de la bête. Sur la durée de leur séjour sur l'île, ils en tuèrent dix en tout, tous pour se défendre (sauf le premier bien sûr). De nombreux ours réussirent à entrer dans la hutte. Certains pouvaient être mis dehors par des cris et de grands bruits, d'autres devaient être attaqués à la lance jusqu'à ce qu'ils meurent. « Plusieurs de ces animaux étant entrés jusque dans le vestibule de leur cabane pour les dévorer ».

Il paraît remarquable qu'en neuf de ces batailles, aucun homme ne fût sérieusement blessé, si le cas s'était produit, Le Roy l'aurait certainement signalé.

La crainte des ours faisait vivre ces hommes dans un état d'angoisse.et de perpétuelle vigilance.

Le Roy dit que : « ces animaux qui ont une force prodigieuse, se défendent avec une vigueur extraordinaire ».

Le Roy ne nous dit pas pour quelles raisons les marins furent incapables de tuer des morses et des phoques. C'est curieux, car les eaux d'Edgeøya en regorgent. Certes, dès qu'ils nagent en mer, ces animaux sont impossibles à attraper sans bateau. Cependant, quand ils se reposent sur la banquise, les phoques sont des cibles faciles. Mais ils sont aussi la proie préférée des ours. Le Roy note que les Inkov lui ont dit : « Ils n'osoient sortir seuls, pour quelque motif que ce fût, sans s'être munis de leurs épieux, pour se garantir de la fureur de ces bêtes féroces dont ils avaient continuellement la crainte d'être dévorés. »

Pour Le Roy la morale de cette histoire, qu'il assène à quatre ou cinq endroits différents, est que la nécessité est la mère de l'invention. Par un tour étrange, ce principe qu'il établit renforce sa condescendance : ce n'est pas leur extraordinaire talent pour inventer qui assure leur survie, mais une sorte d'effet mécanique qui les réduit presque à l'état de machines.

Le fait est que les marins montrent beaucoup d'ingéniosité pour s'habiller avec les peaux d'ours, de renards et de rennes. Ils ne pouvaient les tanner avec les moyens habituels, alors ils les laissaient tremper dans l'eau douce des jours entiers, jusqu'à ce qu'ils puissent les étirer, et pendant qu'elles séchaient, ils les enduisaient de graisse de renne pour qu'elles deviennent suffisamment souples et douces. Pour coudre leurs vêtements, ils se servaient de clous récupérés sur le bois flotté dans lesquels ils perçaient un trou comme un chas d'aiguille avec la pointe de leurs couteaux. Puis, les ayant chauffés ils les étiraient, jusqu'à ce qu'elles aient atteint la finesse requise. « J'ai pu voir clairement la vérité de ce qu'ils m'ont dit sur ce sujet, en considérant, au moyen d'une loupe, les pertuis d'une aiguille qu'ils ont rapportée de leur voyage. Les tendons des ours et des rennes leur servaient de fil, quoique « le seul défaut qu'avoient ces aiguilles, c'est qu'elles coupoient quelques fois le fil passé dans leur pertuis. » « Industrieux comme ils l'étoient... », écrit Le Roy dans un de ses rares moments d'admiration, « ce moyen les mit en état de se procurer toutes les choses nécessaires. »

Pendant plus de six ans, le régime des marins ne sera constitué que de viande et d'eau. S'ils n'avaient peut-être pas connaissance du désastre des hivernages hollandais des années 1633 et 1634, ils avaient en tête, rapportés par le bouche-à-oreille ou par des témoignages plus personnels, les dangers du scorbut qui les menaçait durant les longs mois d'obscurité hivernale. Le rôle du manque de vitamine C comme élément déterminant de cette maladie mortelle ne fut prouvé qu'en 1928. En l'absence de ce que nous appellerions aujourd'hui des connaissances médicales, les Pomores avaient une approche pragmatique de la prophylaxie. Parmi les quatre marins, ce fut Khrisanf Inkov, qui avait déjà hiverné au Spitsberg, qui conseilla ses camarades sur le sujet.

Khrisanf, écrit Le Roy, « leur dit donc, qu'il falloit faire usage de chair cruë & gelée, mise en petits morceaux ; boire du sang de Renne tout chaud, & comme il vient de l'animal au moment où on l'a tué ; se donner le plus de mouvement qu'il est possible & enfin, manger autant que faire se pourroit, du Cochlearia, qui est la seule herbe qui croisse dans cette Isle. » L'herbe à scorbut, insistera Khrisanf, doit être mangée crue.

Une des lacunes les plus insupportables du récit de Le Roy est l'absence de tout portrait individuel des marins. Rien ne les différencie sur le plan du caractère ou du tempérament. De sa description de la menace du scorbut toutefois, un individu émerge. Il s'agit de Fedor Verigin, « fort pesant et fort paresseux, se dispensoit de sortir le plus qu'il le pouvoit », selon ses compagnons, qui de plus, « avoit toujours témoigné une répugnance invincible pour le sang de Renne. » Aussi, ses camarades ne furent-ils pas surpris qu'« il fut d'abord attaqué de ce mal après son arrivée sur cette Isle ». Il succomba à la maladie. Il ne fallut pas attendre beaucoup avant que Verigin ne pût plus se lever de son lit. Et même dans cet état, Verigin ne se résolvait pas à suivre les conseils de santé de Khrisanf. « La maladie augmenta si fort ensuite, qu'il ne fit que languir et souffrir. »

Ainsi, alors que « le paresseux » du groupe s'est laissé glisser dans la maladie, les trois autres jouiront jusqu'au bout d'une parfaite santé. Le Roy nous en donne un exemple amusant quoiqu'assez improbable. « En effet, comme ils alloient fréquemment à la chasse des Rennes & des Renards, ils s'exercèrent si bien à la course, qu'Ivan Himkov le plus jeune d'entre eux, y avoit acquis une si grande légèreté, qu'il devançoit en courant le cheval le plus vite, chose dont j'ai été le témoin oculaire. »

Les hommes endurèrent donc leur premier hiver sur Edgeøya. En février, pour la première fois depuis plus de trois mois, le soleil dépassa furtivement l'horizon. Le 2 mai, nous dit Le Roy (le 13 pour notre calendrier), il éclairait d'un jour perpétuel et à minuit, il plongeait vers l'horizon au nord, mais restait visible. La banquise se disloqua, un événement semblable avait causé leur perte, le même mois de l'année précédente, quand le vent avait poussé les plaques de glace qui avaient enserré et brisé leur bateau. Prélude à sa disparition, ils la voyaient maintenant grincer et craquer avec un nouvel espoir. Le Roy n'en fait jamais état, mais il est vraisemblable qu'ils avaient (à l'instar des huit coéquipiers de Pellham en 1631) un poste d'observation où ils se rendaient tous les jours. De-là, ils devaient scruter la mer, vers l'Est, le Sud, l'Ouest, priant Dieu, en qui ils croyaient avec ferveur, de faire apparaître l'éclat d'un petit carré glissant sur la lumineuse surface de l'eau, la voile d'un *kotch* ou d'une *lodja* qui signifierait leur délivrance.

En décembre 2000, j'étais persuadé que je n'avais pas d'autre choix que de poursuivre la trace effacée de ces quatre marins tant que je n'étais pas allé au bout de toutes mes pistes de réflexion. J'envisageai trois directions. D'abord, j'ai placé mes espoirs dans ces lignes qui m'avaient échappé lors d'une première lecture de Le Roy. Il s'agissait de notes prises par un dénommé Klingstedt, auditeur de l'Amirauté d'Arkhangelsk, qui avait interrogé les marins immédiatement à leur retour en Russie. Ces notes, le Roy les avait empruntées pour documenter son propre récit et j'espérais qu'il les eût rendues à Klingstedt, ou à un autre, et qu'elles soient conservées. Le Roy faisait par ailleurs allusion à un manuscrit de la main de Klingstedt. Dans mes rêves insensés, j'imaginai mettre la main sur les minutes de l'interrogatoire et sur le manuscrit dont il avait renoncé à la publication après avoir lu le récit de Le Roy.

La deuxième piste se dirigeait vers les objets, les outils et les armes, qu'ils avaient fabriqués sur leur île durant leur interminable exil et qu'ils avaient rapportés et donnés en présent au comte Shuvalov. Il s'agissait de l'arc et de sa prodigieuse corde en tendon d'ours, de quelques flèches du type de celles qui avaient abattu deux cent cinquante rennes et de la paire de lances faites de bois flotté, de clous écrasés et de ligatures en cuir de renne. Les lampes d'argile aussi étaient peut-être conservées, comme les vêtements de fourrure et les bottes qu'ils s'étaient confectionnés. Puisque ces prodiges d'ingéniosités artisanales avaient émerveillé le protecteur du sociétaire de l'Académie impériale des Sciences, il se pourrait qu'ils aient été préservés pour la postérité par un conservateur avisé.

Et il y avait ce point que les marins avaient tracé « d'un trait de plume » sur la carte qu'on leur avait montrée à Arkhangelsk et que Le Roy avait peut-être reporté sur la carte de van Keulen qu'il possédait. Si ces exemplaires étaient irrémédiablement perdus, avec une copie de van Keulen, je pourrais quand même tirer quelques hypothèses sur l'implantation de leur hutte.

Songeant à cela, je réalisais que je devais envisager un second voyage en Russie (cette fois-ci avec un interprète) et qu'il faudrait me rendre sur la côte sud d'Edgeøya en quête de vestiges laissés par le séjour des Pomores. Cette perspective était hasardeuse et en même temps amusante. J'échangeais des e-mails avec Christian de Marliave, l'expert polaire français, qui, par le truchement de Guérin, était à l'origine de toute l'histoire en m'intéressant au livre d'Albanov. Christian avait brièvement visité la côte ouest d'Edgeøya. Il lui paraissait clair que si je voulais atteindre cette île en bateau, il me faudrait profiter de la courte fenêtre, entre fin août et début septembre, quand naviguer ne comporte pas de risques.

Cette donnée détermina mon emploi du temps. J'irai en Russie en juillet 2001 et, armé de nouvelles informations récoltées là-bas, je partirai directement vers le Spitsberg. Cela me laissait six mois pour avancer mon travail à partir de Cambridge, grâce aux heures passées dans les bibliothèques de Harvard, aux renseignements que Julia Bekam Chagada glanerait en faxant mes questions dans son pays natal, aux précisions que j'obtiendrais, par téléphone ou par Internet, des spécialistes, aux sujets, par exemple, des ours, du scorbut, de la navigation au dix-huitième siècle. Bref, j'avais devant moi un peu plus de la moitié d'une année pour assimiler tout ce que je pourrais.

Oui, mais par où commencer ? Aux heures sombres, je devais avouer que l'ensemble de mes trois pistes – l'obscur Klingstedt, les objets disparus et une vague croix sur une carte – ne faisait pas la taille d'une petite aiguille dans une grosse botte de foin.

Les deux savants russes les plus au fait de l'odyssée des marins russes étaient V. U. Vize (le géographe embarqué sur le navire qui avait secouru Albanov) et M. I. Belov. Tous deux avaient publié une édition annotée de la version russe du texte de Le Roy, Vize en 1933 et Belov en 1975.

Il était intéressant de constater que Vize et Belov ne s'accordaient pas sur l'endroit où pouvait se trouver la hutte des quatre de Mézen. Voulant me rendre sur le lieu de leur drame, tous les indices que je tirerais de leurs commentaires savants me seraient de précieuses avancées.

Comment d'abord être certain que c'était bien sur Edgeøya que les marins avaient subi leurs six années de torture et pas à un autre endroit de l'archipel ? La réponse était plus complexe que je ne l'avais cru au premier abord. Dans son introduction à sa *Relation*, Le Roy affirme que la destination qui était celle du *kotch*, et de ses quatorze Pomores était, « l'Ouest de Spitzbergen, où se rendent les Vaisseaux Hollandais et ceux des autres nations qui y vont chaque année pour la pêche de la Baleine. » La tempête qui se leva, détourna le *kotch* de sa route et « ils furent poussés à l'Est de ces Isles », où ils se trouvèrent encerclés par les glaces « à la distance de 3 Werts, ou d'un demi–mile d'Allemagne. » (Ndt : un peu plus de trois km) d'un nouveau rivage.

L'île près de laquelle le bateau avait disparu, nous dit Le Roy, était connue des Russes, sous le nom de Maloy Broun (maloy signifiant petite), par distinction avec « Le Spitz-bergen proprement dit, » indique Le Roy, « s'appellant, par cette nation Bolschoy Broun, ou le Grand Broun. » Plus loin dans son récit, lorsque Le Roy pose des questions aux marins sur la nature de Maloy Broun, ils répondent : « On y trouve nombre de montagnes & de rochers escarpés, d'une hauteur étonnante, & couverts en tout temps de glaces & de neiges. » C'est une excellente description d'Edgeøya quand on la regarde du sud, avec ses falaises qui s'élèvent trois cents mètres au-dessus de la mer et des sommets plus hauts, que l'on distingue à une altitude deux fois supérieure, avec les longues langues des glaciers qui descendent de la calotte en creusant de larges vallées et qui s'arrêtent à quelques centaines de mètres de la mer. Cela ne correspond en rien à la physionomie de l'île principale du Spitsberg.

Un coup d'œil sur la carte (voir page 8) montre que la

description de la fuite du bateau poussé par les vents par Le Roy ne peut coller qu'avec Edgeøya. Néanmoins, comme M. I. Belov fut le premier à le remarquer, le nom de Maloy Broun, « n'apparaît dans aucun document russe du seizième au dix-huitième siècle inclus. » Étudiant les registres douaniers du port d'Arkhangelsk, Belov a découvert que la désignation la plus commune pour l'archipel à cette époque était Grunt – une abréviation populaire de Grunlandia ou Grumant. Belov put en conclure que Le Roy avait confondu Grunt et Broun. Les Inkov avaient dû parler de l'île de leur exil comme de Maloy Grunt.

De cette confusion des terminologies surgit une question capitale que je me posai pour la première fois : comment Le Roy parlait et comprenait-il le russe ?

Pierre Le Roy avait été appelé pour la première fois en Russie en 1731 au service du Comte Biron. À l'époque où il interrogeait les Inkov, en janvier 1750, cela faisait presque vingt ans qu'il séjournait en Russie. J'avais donc pensé qu'il possédait bien la langue du pays. Maintenant, j'avais des doutes qu'un peu de réflexion attisa.

Il était certes normal que Le Roy ait écrit ses deux versions de l'histoire des naufragés en français et en allemand, langues apprises au berceau. Sa maîtrise dans ces langues était probablement la raison de sa venue en Russie. Depuis qu'en 1697 Pierre le Grand avait décidé de sortir son pays de son isolement séculaire, en le tournant vers l'Europe de l'ouest. Le hollandais, l'anglais, l'allemand et le français devinrent alors à la mode, surtout à la cour et dans les cercles cultivés. La Grande Catherine, qui monta sur le trône en 1762, fit même du français la langue d'usage de la cour impériale. Le russe était alors considéré par la noblesse comme un langage de paysans.

Pour moi, cela signifiait qu'il était parfaitement possible que Le Roy, malgré ses dix-huit années vécues en Russie, n'ait eu que peu de notions de la langue. Et, même s'il était probable qu'il sache se débrouiller dans une conversation de salon, l'accent du nord des Pomores devait sonner à ses oreilles d'une manière déroutante.

Je réalisai ainsi pour la première fois que Le Roy aurait dû employer un interprète. Je me figurais l'académicien, la main en pavillon autour de l'oreille, entendre « Maloy Grunt » et inscrire « Maloy Broun ». C'est comme ça qu'il avait confondu Himkof avec Inkov et avait même transformé Kishanf en Ivan.

La barrière linguistique entre Le Roy et les deux marins, intimidés par cette visite dans la grande capitale, rendait les confusions et les erreurs de Le Roy intelligibles. Depuis six mois, je m'étais exaspéré en tentant de comprendre ce que je lisais de lui, attribuant ses ambiguïtés à son arrogance. Je commençai maintenant à considérer l'académicien avec davantage de bienveillance.

Pour revenir à la question du lieu de réclusion des marins, il n'y a aucun doute sur le fait que Aleksei et Khrisanf savaient exactement où ils se trouvaient. Certainement ils n'avaient jamais vu de document comme la carte de van Keulen ; les cartes étaient bien trop précieuses pour circuler dans les ports de la Russie du Nord. Mais ils avaient la leur en tête et purent facilement recouper ces informations avec le document que Klingstedt étala sous leurs yeux. Sans hésiter, l'un d'entre eux (probablement Aleksei, le pilote) prit une plume et indiqua l'emplacement de leur hutte d'un trait sur la carte.

Le premier à attirer l'attention de Le Roy par courrier sur l'histoire étonnante de ces quatre marins, avait été Venezobre, le responsable du commerce des graisses d'Arkhangelsk. Par un autre courrier daté du 15 novembre 1750, soit onze mois après l'interrogatoire des Inkov par Le Roy, Venezobre ajoute un élément qui m'a fasciné. Le Roy cite un long passage de cette lettre.

« Le Capitaine de la Galiote [c'est-à-dire le *kotch* ou la *lodja*] nommée *Nicolas & André*, appartenant à Monsieur le Comte Peter Ivanovitsch de Schouwalov [Shuvalov], hiverna l'an 1749 à Maloy Broun, où étant arrivé peu de temps après le départ de nos Matelots en question, il trouva la Cabane qui leur avoit servi de retraite, & qu'il l'avoit reconnuë à une croix de bois qu'avoit plantée devant sa porte le Pilote Alexey Himkof, lors qu'il prit possession de ce pays, l'appellant de son nom Alexeyïwskoy Ostow, c'est-à-dire, l'Isle d'Alexis. »

Cette phrase souleva des questions qui me laissèrent perplexe. Le *Nicolas & André* n'était pas le navire qui avait ramené les rescapés, car ils revinrent à Arkhangelsk en septembre 1749, alors que selon Vernezobre, l'autre passa l'hiver 1749-50 sur Edgeøya. Pourtant, il est évident que le *Nicolas & André* arriva à la hutte en toute connaissance du drame qui s'y était joué, car la croix érigée par Akeksei Inkov leur servit à identifier l'endroit.

Les hommes de Mézen avaient attendu six ans pour qu'un bateau passe dans leurs parages. Et en l'espace de deux mois à peine (entre le 15 août et le retour des glaces de la fin septembre), deux navires s'y étaient croisés !

La lettre de Vernezobre est l'unique source qui fasse mention de la croix et du fait qu'Aleksei ait donné son nom à cette île. Dans ce même courrier, le régisseur d'Arkhangelsk soulève un autre point : « C'est que divers Samoièdes ayant appris les avantures de ces Matelots, & les ayant interrogés sur ce qui concernoit ce pays, ils avoient fait dire à M. Vernezobre, qu'ils souhaiteroient d'aller s'y établir, à condition qu'on les transportât gratis, avec leurs femmes, leurs enfants & leurs Rennes. »

Les Samoyèdes, qui ont habité les zones arctiques bien avant les Pomores, forment un groupe ethnique distinct des Russes. Ils vivent de l'élevage des rennes, parlent une autre langue (ouralo-altaïque) et ne se convertirent à l'écriture que vers 1930. D'après Vernezobre, ces indigènes étaient tellement fascinés par l'histoire des marins de Mézen qu'ils surmontèrent les obstacles linguistiques et culturels pour « lui adresser des questions très précises » au sujet d'Edgeøya. Les Samoyèdes de la région d'Arkhangelsk et de Mézen connaissaient sans aucun doute les expéditions des Pomores au Spitsberg et savaient qu'ils leur arrivaient d'y hiverner, mais d'apprendre que certains avaient réussi à y passer six ans, a dû attiser au plus haut point l'intérêt de ces éleveurs, foncièrement nomades. Si des Pomores, se sont-ils dit, ont réussi à survivre des années à cet endroit, alors une colonie de Samoyèdes peut s'y épanouir avec femmes, enfants et rennes : il suffit de nous y conduire en bateau. Voilà, à peu près, la demande qui semble être parvenue à Vernezobre.

Apparemment, il n'y répondit pas, mais elle éclaire d'un jour nouveau la théorie des archéologues Christiansson et Simonsen, affirmant qu'il est improbable que les archipels François-Joseph et du Spitsberg soient les seuls endroits au monde où l'homme n'ait pas suivi le renne. Si effectivement les pasteurs de rennes des temps préhistoriques ont habité le Spitsberg, c'était à une époque si lointaine que la tradition orale s'en était perdue, même chez les Samoyèdes qui n'en avaient jamais eu d'autres. Et les animaux ont peut-être eu le temps de muter en une race plus petite. D'autre part la fièvre des Samoyèdes, même au milieu du dix-huitième, à vouloir se rendre sur Edgeøya dès qu'ils ont appris que les rennes y paissaient en liberté, renforce leur hypothèse.

De la même manière, on connaissait précisément la localisation de la hutte vers 1750, mais dès le début du siècle suivant, ce n'était plus le cas. En 1933, Vize, en étudiant le texte de Le Roy, s'etait efforcé de situer l'endroit. J'avais trouvé un commentaire de Vize au texte de Le Roy qui faisait référence à un très important voyage, celui de Keilhau dont je lisais le nom pour la première fois.

Voici le contenu de la note rédigée par Vize :

« Tel que le décrit Kheilau (1828-29), le camp qu'il visita sur la côte se trouve à 77 1/2° nord et c'est approximativement là que les déclarations de Himkov situent le lieu où les quatre marins vécurent. » Vize semblait dire que le site visité par Keilhau était l'endroit exact où les Pomores passèrent leurs six années. En fait non, d'après Vize, Kheilau lui-même réfutait ses propres arguments et suggérait en définitive un autre endroit. Pour lui, le lieu de réclusion des habitants de Mézen était Halfmoon Island (l'île en demi-lune).

Je dépliai une carte moderne de l'archipel du Svalbard. Halfmoon Island est une île en forme de croissant, située à dix kilomètres à peine au sud de la côte sud d'Edgeøya, juste à l'est de Negerpynten (le cap Noir), l'un des deux caps du sud de l'île. Tout ça était clair, mais qui était Keilhau ?

Je repris le chemin de la bibliothèque Widener où je réussis à mettre la main sur un mince volume, signé Keilhau, publié à Christiana en Norvège, dont voici le titre : *Reise i Öst-og Vest-Finmarken samt til Beeren-Eiland og Spitsbergen i Aarene 1827 og 1828.* Bien que je ne connaisse pas le norvégien, sa proximité avec l'allemand me permit de décrypter qu'il s'agissait du récit d'un voyage au nord de la Scandinavie (Finmarken, est et ouest), vers l'île de l'Ours et le Spitsberg, dans les années mille huit cent vingt-sept-vingt-huit. J'y découvris, le cœur battant, une gravure sur bois qui représentait une demi-douzaine de huttes serrées les unes contre les autres, surmontées de poteaux formant des cadres triangulaires. Un ours blanc déambulait au bord de la mer, à quelques mètres, alors qu'à l'arrière-plan brillait une grande montagne de type sédimentaire. Je lus la légende : « Russisk Etablissement paa Öst-Spitsbergen ». Je n'eus pas besoin de dictionnaire pour deviner qu'il s'agissait d'un camp russe situé sur Edgeøya (Öst-Spitsbergen). Sur la carte, Keilhau avait reporté, à côté d'un point très proche de l'autre cap sud d'Edgeøya, Hvalpynten, « Russisk Etablissement. ».

Ce fut tout ce que je pus tirer du livre sans l'aide d'un traducteur. En effet, cet ouvrage n'a jamais été traduit, ni en anglais, ni en aucune autre langue. À Harvard, le secrétaire du département des langues germaniques (dont le norvégien fait partie) m'indiqua Tove Hellerud, un natif de Norvège qui était presque mon voisin à Cambridge et faisait de temps en temps des traductions.

Au téléphone, il accueillit ma proposition très chaleureusement et je lui fis passer la photocopie des pages de Keilhau qui concernaient le Spitsberg. En attendant avec beaucoup d'impatience son travail, je lus dans *Spitsbergen*, de Rudmose Brown que Keilhau était professeur de géologie et « le premier Scandinave à explorer le Spitsberg à des fins scientifiques. »

Mi-janvier, je trouvai dans ma boîte à lettre la traduction soigneusement calligraphiée et je partis à la chasse au trésor en dévorant ses pages. Le 9 septembre, le bateau de Keilhau s'approcha d'Edgeøya, qu'il désigne de son nom norvégien : Stans Forland.

« Alors que le jour baissait, nous nous trouvâmes à un mile de la partie sud-ouest de la côte de Stans Forland, où on supposait que devait se trouver un établissement russe. Sur une île plate des environs, nous pûmes distinguer deux croix...

« Le lendemain nous trouvâmes le camp russe, qui se situait à l'entrée de Wibeland Water [aujourd'hui, Storfjorden, gigantesque baie qui sépare Edgeøya du Spitsberg proprement dit]. Nous jetâmes l'ancre à proximité des bâtiments, dans une crique profonde, qui constituait un havre superbe pour de petits bateaux. L'établissement, l'un des plus considérable de l'archipel visiblement construit pour loger 40 ou 50 personnes, était désert. »

Il s'agissait de l'établissement représenté par la gravure sur bois. Le géologue s'était promené parmi les ruines. Les maisons étaient faites de « bons bois », remarqua-t-il. Les plus grandes étaient longues de dix mètres sur sept de large. (Ces dimensions ne correspondaient pas du tout à celles que Le Roy avait données pour la hutte des habitants de Mézen). À l'intérieur, Keilhau découvrit des bat-flancs, des fenêtres qui autrefois devaient être vitrées, « un grand et beau fourneau en brique » et un placard où une date (en russe) avait été marquée à la craie : « 23 juillet 1825. » De misérables débris étaient éparpillés : des cuillères et assiettes en bois, des lampes de pierre, un jeu de cartes, un damier, et même une chaussure d'enfant. Complètent l'inventaire des « trucs assez bizarres », avec un peigne emmanché sur une tige de bois, qui semblaient avoir « l'usage de gratte-dos » — les hivernants devaient terriblement souffrir des poux.

Évidemment, l'établissement était bien postérieur au séjour des gens de Mézen et ne semblait abandonné que depuis deux ans au moment où Keilhau le visita. Il reste cependant plausible qu'il s'agisse du lieu même sur lequel avait été édifiée la cabane qu'ils occupèrent et qui stimula les expéditions ultérieures sur Edgeøya.

Keilhau connaissait le texte de Le Roy dont il donne un résumé. En fait, il semble être le premier depuis l'équipage du *Nicolas & André*, en 1749, à marcher délibérément sur leurs traces. Malgré tout, Keilhau concluait que ce « Russisk Etablissement », n'était pas l'endroit où les Inkov, Sharapov et Verigin avaient atterri.

Keilhau annonçait son verdict en une seule phrase pleine de regrets, qui allait me torturer une année entière :

« L'établissement que nous avons visité près de la crique de Wibelands Water se trouve, d'après la carte, exactement à

77°1/2 de latitude, mais Himkow et son groupe semblent avoir résidé sur la côte est de Stans Forland, et aucun des nombreux détails du récit ne m'incline à penser que cette grande île est celle d'Aleksei, j'ai des raisons de penser que la bonne île est la même que celle que les Anglais désignent sur leur carte par Halfmoon Island. »

Nulle part Kheilau n'explicite le raisonnement qui le mène à cette conclusion — et mieux encore, il n'a pas poussé vers Halfmoon Island pour vérifier. Plus d'un siècle plus tard, Vize reprend dans sa note de bas de page la conclusion de Keilhau, uniquement pour la réfuter. Il n'avance comme objection qu'un seul argument : la « hutte décrite par Keilhau, dit Vize, se dressait près du rivage ». Ce commentaire lui-même laissait perplexe, car Keilhau n'a jamais déclaré avoir trouvé la cabane des gens de Mézen. Comme il est résumé plus haut, il décrit avec beaucoup de soin une autre colonie russe sur Hvalpynten. Du coup, je commençai à me demander si Vize avait pu se procurer un exemplaire du texte de Keilhau dans le chaos de la Russie des années trente, ou s'il avait dû se fier à une transcription de deuxième main des écrits du Norvégien. S'il avait eu sous les yeux cet ouvrage que je m'étais fait traduire, il devait vraiment mal lire le norvégien.

Quoi qu'il en soit, Vize a cru que Kheilau avait placé la hutte des gens de Mézen au bord de l'eau, or dans Le Roy, il avait lu que les marins avaient parcouru un quart de lieu sur la terre ferme avant de la trouver.

Le texte de Le Roy est en fait assez imprécis : « Ils découvrirent bientôt la cabane qu'ils cherchoient. Elle était placée à un quart de lieü du rivage de la mer. » Le lieu est une mesure française qui varie selon l'époque. Au dix-huitième, il représentait plus de quatre km, donc un quart de lieu représente un peu plus d'un km. Dans la traduction de son texte en allemand, Le Roy parlera ensuite de Viertelmeile d'un quart de mile allemand, soit d'une distance de deux km.

Peu importe que l'on se fie à la version française ou allemande, puisque les deux renforcent la conviction de Vize, pour qui la hutte se trouve à l'intérieur des terres. Peu importe qu'il l'ait acquise en réaction à une assertion que Kheilau n'a jamais faite ; peu importent les raisons, sur lesquelles il ne nous dit rien et qui le conduisent à cette conclusion, Vize a décidé que la hutte se trouvait sur le sol d'Edgeøya ou « sur une petite île à proximité. »

Quarante-deux ans après Vize, M. I. Belov s'attela à la question embrouillée de la localisation de la cabane. Il s'intéressa au problème de la carte et conclut sombrement : « Elle n'a probablement pas survécu comme tous les papiers de Le Roy, dont on ne sait même pas où ils furent archivés. »

Belov rejette Edgeøya comme le site des six années d'exil, bien que rien de rationnel ne vienne au secours de son jugement, aussi inexplicable que celui de Kheilau : « Naturellement, conclut Belov une île d'une telle taille (72 702 km$^2$) ne peut pas être celle sur laquelle les Robinson du Pôle hivernèrent ». Il semble s'occuper avant tout à détecter les carences dans les travaux de Vize, son illustre prédécesseur. Belov finit par dire :

« Des douzaines de chercheurs ont voulu localiser la petite île dont parle la *Relation*. Il me semble que ce soit Keilhau, un géologue norvégien, qui y parvînt le mieux en découvrant en 1827 une hutte appartenant à des Pomores sur Halfmoon Island, située au sud de Edgeøya. Au-dessus de l'entrée, on pouvait lire : « Ceci est la hutte de Vieux-Croyants » et sur une croix très proche cette autre inscription : « 22 avril 1731 »

Ce passage me surprit doublement. D'abord par la tranquillité avec laquelle Belov affirme que l'épreuve des quatre de Mézen devait s'être déroulée sur « une petite île » et pas Edgeøya elle-même, alors que le texte de Le Roy établit exactement le contraire. Il situe l'histoire sur « Maloy Broun », que l'académicien reconnaît sur la carte de van Keulen comme identique à « l'isle nommée Ost-Spitz-bergen, (qui) forme une espèce de pentagone. Sa longueur de l'Orient à l'Occident est de 23 miles d'Allemagne, & sa largeur du Nord au midi, de 22 miles. » C'est indéniablement une description d'Edgeøya qui, en gros, dessine bien une forme pentagonale, certes davantage sur la carte de van Keulen qu'en réalité, et dont les diagonales mesurent une centaine de km. Par ailleurs, quand Le Roy demanda des précisions aux Inkov, ils décrivirent de nombreuses montagnes, des barres de rocher de hauteur impressionnante, de la neige éternelle et des glaciers. Ce tableau ne peut en aucun cas être celui de Halfmoon Island, qui s'élève à peine à trente mètres d'altitude au-dessus de la mer, ni à aucune des Tusenoyane, littéralement traduit : les « Mille Îles » (même si le chiffre est exagéré) qui bordent la frange sud d'Edgeøya.

Ensuite, je trouvai encore plus déconcertante la mention des inscriptions portées sur le dessus de la porte et sur la croix. Pourtant, j'avais très envie d'y croire. La date de 1731 pouvait s'expliquer. La hutte construite par ses prédécesseurs de Mézen, que Aleksei se sentait capable de retrouver à l'issue d'une courte marche, avait très bien pu être construite douze ans avant que le *kotch* ne se fît prendre par les glaces. Par ailleurs, les Vieux-Croyants étaient une secte de Chrétiens ultra-conservateurs qui n'avaient jamais accepté les réformes de l'Église Orthodoxe russe de 1652. Au dix-huitième siècle, les Vieux-Croyants vivaient en marge de la société et parfois même en ermites, et c'est un fait qu'il s'en trouvait un assez grand nombre dans les environs de Mézen.

Mais bon Dieu, où donc Belov avait-il trouvé ses informations ? Je retournai à Keilhau. Non décidément, le Norvégien n'avait jamais approché Halfmoon Island, encore moins observé une hutte là-bas. Il se contentait de mentionner qu'il avait observé « deux croix sur une île plate des environs. » Son texte ne mentionnait nulle part une croix ou une inscription qui fasse allusion aux Vieux-Croyants.

Il me fallut des semaines pour éclairer ce mystère et la solution arriva pour ainsi dire par accident. La bibliographie de l'inestimable ouvrage de Martin Conway, *No Man's Land*, révélait l'existence un autre récit du voyage de Kheilau, rédigé par un certain Barto von Löwenigh. Ce personnage, un notable allemand, qui était le bourgmestre de sa ville, était amateur d'explorations polaires, qu'il décrivait dans le style fleuri du dix-neuvième. Voyageant dans le nord de la Norvège, il avait rencontré par hasard Keilhau et était monté à bord du bateau norvégien.

Je dénichai le texte de Löwenigh, *Reise nach Spitsberg*, non pas à la bibliothèque Widener, mais au Musée de Zoologie comparée de Harvard. Il était enfermé dans une de ces volumineuses anthologies teutonnes appelée *Petermanns Mitheilungen*. Je ne lis pas l'allemand, mais je trouvai sans mal le passage où Monsieur le maire avait noté la fameuse inscription. Löwenigh avait eu la bonne idée de la transcrire en russe germanisé : « *Sija isba starawerska* ». Le seul problème était qu'il n'était pas question de Halfmoon, mais des ruines de l'important « Russisk Etablissement », gravé sur bois pour illustrer le livre de Keilhau.

Donc Belov, et Vize avant lui, avaient salement embrouillé le récit de Keilhau. Je mis ça une fois de plus sur le compte de la pauvreté de la Russie en sources primaires, sans accuser ces savants de négligence. Cependant, je ne comprenais toujours pas pourquoi Belov, sans nous faire part des étapes de sa réflexion, avait conclu qu'il s'agissait d'une petite île.

Je tentai l'autre approche possible pour localiser la construction qui sauva les marins. Les Inkov avaient indiqué à Le Roy les dates où, chaque année le soleil disparaissait en automne et ne se couchait plus au printemps. Ces dates me donneraient une indication précise de la latitude. Les cartes récentes donnaient 77° 32' N pour le « Russisk Etablissement » de Keilhau et 77° 17'N pour Halfmoon Island.

Mon père était astronome, et je comprenais le principe des calculs, mais ne savais pas comment m'y prendre. Je contactai un ami de la famille qui travaillait dans le laboratoire crée par mon père. Ravi de me donner un coup de main, il me dirigea vers le site web de l'Observatoire Naval qui mettait en ligne les tables de calcul.

Fervents pratiquants, les Pomores établissaient leur calendrier selon les saints et non selon les jours du mois. Ils avaient dit à Le Roy que le soleil se couchait définitivement à la Saint-Démétrius soit, selon l'académicien, le 26 octobre ; et qu'il ne se couchait plus à partir de la Saint-Anasthase, soit le 2 mai.

Je consultai un autre site pour actualiser le calendrier Julien et je trouvai que « les vraies dates » correspondaient respectivement au 6 novembre et au 13 mai.

Plein d'espoir, je sautai sur l'almanach de l'Observatoire Naval. La réponse était absurde. Elle donnait 80° nord pour l'un des chiffres et 71° pour l'autre. Je demandai à mon ami de reprendre mes calculs, il arriva au même résultat qui situait le lieu, sans plus de précision, entre le nord de la Norvège et le nord du Spitsberg, qui sont séparés par plus de mille kilomètres. Peut-être, les marins s'étaient-ils trompés en enregistrant les dates, mais il y avait une très bonne raison d'être certain du contraire. Le Roy lui aussi trouvait admirable qu'ils ne se fussent pas trompés de plus de deux jours avec leur calendrier. J'accusai une fois de plus Le Roy et son oreille tendue vers ce qu'il estimait un pitoyable patois, sans vraiment s'intéresser à ces marins, à leur survie, à la vie tout court. Qu'entendaient-ils par l'arrivée du soleil, l'apparition d'une frange lumineuse, du disque plein ?

Et moi, qu'avais-je compris depuis un an et demi : que la vérité file comme le sable entre les doigts ?

Comme un loup devant un feu, j'étais fou, frustré, attiré, exaspéré. La recherche d'indices sur le lieu d'exil de mes héros avait envahi mon existence pour rien. Mais que pouvais-je attendre ? Il y a quelques années, j'avais écrit un livre sur Kit Carson. Cet éclaireur qui combattait les Indiens reste un héros dans l'Amérique actuelle. Il a vécu un siècle après les marins russes. Il a dicté une autobiographie. L'histoire de l'Ouest a été explorée avec assiduité par les universitaires et je lis bien plus facilement l'anglais que le russe ou le norvégien. Malgré cela, il me fut pratiquement impossible (comme ses biographes précédents) de situer l'endroit où ce montagnard courageux avait passé les deux années essentielles, 1839-41, de sa vie. Il ne fallait pas s'étonner que la hutte fût difficile à trouver !

Voyant arriver le moment de partir pour mon voyage vers l'archipel, je me résignais à devoir parcourir à pied la côte sud d'Edgeøya, pour examiner ses plages et ses falaises. Je mesurai la distance qui séparait le « Russisk Etablissement », sur Hvalpynten, des dernières bandes côtières dépourvues de glaciers, avant que l'énorme calotte d'Edgeøya ne plonge dans la mer au-delà des Stones Forland. Plus de 200 km, en deux semaines ? Je me doutais que c'était naïf, mais ce ne serait qu'en abordant cette île désolée que je me rendis compte que c'était illusoire.

J'étais dans l'impasse quand s'ouvrit soudain la porte d'une nouvelle piste. Christian de Marliave m'envoya par mail un article, paru en avril de l'année précédente en Russie, dans le magazine *Mir Severa (Le Monde du Nord)*. Le nom de son signataire, Viktor Derzhavin, ne me disait rien. Christian avait eu la délicate intention de faire traduire son papier en français.

L'article de Derzhavin se présentait comme une mouture vulgarisée des recherches antérieures. Il reprenait à son compte la légende selon laquelle Keilhau avait trouvé sur Halfmoon Island une hutte que « d'après des indices concordants on peut identifier comme l'abri qui a servi de refuge aux courageux marins. »

Le dernier paragraphe, m'a fait l'effet d'un électrochoc.

« Il y a plusieurs années, une expédition archéologique est partie de Moscou, pour entreprendre des recherches dans cette région de l'archipel. Elle dut faire demi-tour à quelque km de son but à cause d'un délai trop court pour explorer cet endroit. L'étude scientifique de la légendaire habitation des Pomores reste encore à faire. »

Christian avait même joint le numéro de fax de Derzhavin (donné par le magazine). Je priai Julia de transmettre à l'auteur un de ses fax plein d'exquise politesse, mais elle refusa. S'adresser à un dignitaire russe sans savoir comment il (ou elle) se prénommait était simplement trop grossier. Elle trouva l'original de l'article à la Widener, mais il n'indiquait aucun prénom. Julia résolut le problème (j'ai oublié comment), et envoya un fax qui commençait par : « Estimé Viktor Leonidovitch ». Nous n'avons jamais reçu de réponse.

J'appelai alors Viktor Boyarsky du musée polaire de Saint-Pétersbourg. Il connaissait vaguement le nom de Derzhavin. Quand je lui ai demandé qui, à Moscou, pouvait avoir conduit cette expédition, il nomma avec assurance Petr Boyarsky (aucun rapport), le directeur délégué de L'Institut de l'Héritage à

Moscou. « Estimé Petr Vladimirovitch », salua l'infatigable Julia et cette fois-ci nous parvint une réponse, en anglais de surcroît. « Malheureusement, écrivait Boyarsky, votre fax ne tombe pas au bon endroit, car je suis incapable de répondre à vos questions sur l'article de Viktor Derzhavin. » Boyarsky continuait en disant qu'il mènerait, pendant l'été 2001, une expédition en Nouvelle-Zemble pour y chercher l'épave du navire de Barents – un objectif intéressant mais qui pour le moment ne me concernait guère.

La nature de la mission archéologique qui s'était arrêtée à proximité de Halfmoon conservera son mystère pendant des mois. Pendant ce temps, je tentai d'imaginer la nature de mon voyage sur Edgeøya. Les premiers renseignements n'étaient guère encourageants. Dans le guide Lonely Planet, je lus que tout était réglementé sur l'archipel : « Les voyages individuels ne sont pas seulement déconseillés, mais les règles de protection du site interdisent pratiquement le tourisme individuel. » Oubliez ça, semblait préconiser le rédacteur, et prenez un bateau de croisière qui vous débarquera dans cette nature intacte, deux heures par jour à des endroits choisis : vous serez encadrés, ce qui vous donnera la rassurante certitude de ne rien altérer de cet environnement si fragile.

Je savais qu'Edgeøya était en totalité une réserve naturelle, le territoire protégé des ours polaires. Je faxai malgré tout une demande d'autorisation pour explorer la côte sud d'Edgeøya. Ni le conservatoire de Longyearbyen, ni l'Institut Polaire de Tromsø, les deux plus importantes institutions qui délivrent les permis de voyager sur l'archipel, ne me répondirent. La bureaucratie norvégienne ressemblait-elle à la russe ?

À Cambridge, la conviction de Keilhau, qu'Halfmoon était la bonne île, me travaillait sans répit.

Qui sait si, en explorant la troisième piste, celle des objets que les marins avaient rapportés, je n'obtiendrais pas quelques lumières à ce sujet. Je demandai à Julia de joindre le Dr. Filippov, directeur des Archives Régionales d'Arkhangelsk. Comme me l'avait dit en octobre précédent, Ludmilla Feneva, la responsable du Musée Maritime : « si ces reliques sont conservées, elles sont aux Archives selon toute probabilité. »

En janvier, Julia réussit enfin à joindre les Archives au téléphone. Le Dr Filippov n'y travaillait plus, apprit-elle. Elle expliqua que nous cherchions à retrouver des outils et des armes qui auraient appartenu à des marins du dix-huitième siècle de la région de Mézen. « OK, dirent-ils, nous allons chercher, mais il faut une avance de 70 $ ». « OK », répondit Julia qui s'occupa du virement dès le lendemain. Après trois mois, nous étions toujours sans nouvelles.

Restait Klingstedt. Quelle que soit l'orthographe de son nom, l'ordinateur de la bibliothèque de Harvard ne trouva qu'un conseiller de l'Amirauté d'Arkhangelsk. Je n'obtins rien de plus ; son prénom même me resta inconnu.

Un jour, Julia me dit qu'elle avait levé un lièvre en téléchargeant l'index inter-bibliothèques. Elle partit à la recherche d'un volume intitulé *Historische Nachricht von den Samojeden und den Lapplandern*, publié à Riga en 1769. Bien que son nom n'y apparaisse nulle part, des chercheurs avaient pensé qu'on devait ce livre à Timotheus Merzahn von Klingsedt, le même homme assurément qui avait le premier interrogé les marins dès leur retour à Arkhangelsk. L'ouvrage était imprimé en caractères gothiques. Une typographie dont les lettres semblent sculptées avec des baguettes détrempées de pain français. Heureusement, durant mes années de lycée, mon camarade Mike et moi avions pris des cours avec la mère d'un autre ami, qui nous infligeait l'étude de textes en gothique :

« Un jour ou l'autre, vous serez forcés de lire un livre en gothique, et vous me remercierez », disait-elle.

Je parcourus le traité de Klingstedt avec avidité, en essayant de repérer les noms de lieux qui semblaient prometteurs : apparaissaient Nouvelle-Zemble, Mésen, Arkhangelsk et même Spitsberg, suivi d'une phrase qui devait signifier : « ceux qui ont hiverné dessus ». Mais aucune référence aux marins, ce que me confirma un ami qui pratiquait couramment l'allemand. Ce livre ne traitait que des Lapons et des Samoyèdes. En attendant, j'avais appris le prénom de Klingstedt.

Depuis le début, j'avais essayé d'en savoir le plus possible sur Le Roy, mais le butin était maigre. S'il n'avait pas interrogé les marins, il aurait complètement disparu dans les oubliettes de l'Histoire, même si lui et son protecteur, le comte Chuvalov, semblaient tenir ses qualités en haute estime.

Belov, m'avait fourni quelques détails comme la date de son arrivée en Russie (1731), ses emplois de tuteurs des fils et des neveux du comte de Biron et plus tard, des enfants de Shuvalov, sa démission de l'Académie des sciences. J'avais glané dans Belov qu'il naquit en 1699, dans une ville du duché de Clèves qui s'appelait Vezel (Wesel de nos jours), une petite ville située à une cinquantaine de km au nord de Düsseldorf, à quelques km de la frontière hollandaise.

Par l'intermédiaire de lointaines relations, j'entrai en contact avec un habitant de Wesel qui, dans un excellent anglais, me répondit après quelques recherches qu'il n'avait même pas trouvé le nom de Pierre Louis Le Roy dans le registre des naissances de la ville d'immigration des huguenots. « Leur enregistrement, m'écrivit mon interlocuteur, ne commença qu'à partir de 1708 ». Et il me rapporta ce que le directeur des archives locales lui avait dit d'intéressant sur le contexte de l'époque :

« La Prusse, alors un état mineur en Europe, fut très heureuse d'accueillir, les Protestants fuyant l'intolérance, conséquence de la révocation de l'Édit de Nantes en 1685. Mais ne les voulant pas tous, elle les sélectionnait en ouvrant des sortes de bureaux de recrutement, notamment à Clèves, la ville la plus occidentale de Prusse et la plus proche du royaume de France. Une fois que ces réfugiés avaient obtenu la permission d'entrer en Prusse, ils étaient dirigés vers d'autres régions de ce pays… Il était donc très probable que Le Roy (et sa mère, bien entendu) ne soit pas resté à Clèves en dehors de la période où il est né. »

Mon correspondant me rassura : « Le fait de ne rien retrouver sur Le Roy, ne signifie pas qu'il n'est pas né ici, mais simplement qu'il n'en existe pas de trace écrite. »

Julia pendant ce temps avait trouvé une autre piste. Dans une histoire de l'Académie des sciences, écrite par un certain Pekarskii, il était recommandé au chercheur scrupuleux qui voulait se renseigner sur la biographie de Le Roy, de se reporter au numéro du 25 juillet 1774 de *La gazette littéraire de Berlin*. Cette date se situait dix-neuf jours après le décès de Le Roy. Cet article devait certainement être une nécrologie. Je savais que Le Roy avait quitté la Russie à la fin de sa vie. Pour aller où ? Je l'ignorais.

Julia chercha la *Gazette* sur le réseau des données inter-bibliothèque. De nombreuses bibliothèques possédaient des collections dépareillées de cet obscur journal : Yale était forte pour les numéros du dix-huitième siècle, mais mal-heureusement l'année 1774 manquait. Il me faudra un an pour obtenir l'exemplaire daté du 25 juillet et avoir en définitive un tableau fantomatique de la vie de Le Roy, de ses ambitions et de ses actions.

En mars, je me retrouvai à Paris pour quelques jours. Une bonne occasion d'explorer les diverses racines françaises de mon histoire. Je me rendis à la Bibliothèque Nationale, l'exemple de ce que devrait être aujourd'hui une bibliothèque de haute technologie. Quoique publiée en 1766 à Copenhague, je trouvai pratiquement du premier coup la version originale en français du travail de Klingstedt sur les Lapons et les Samoyèdes. Même en français, Klingstedt ne disait rien sur mes marins.

La présentation de l'auteur par l'éditeur me faisait pleurer sur un trésor perdu. Klingstedt, qui avait passé une longue partie de sa vie à Arkhangelsk, employé en Russie à titre militaire puis civil, « possédait toutes les qualités qui font un bon observateur : une curiosité intense pour tout ce qui touchait aux productions de la nature, une intelligence en éveil et une profonde sagesse. » Ah, tout ce que Klingstedt aurait pu me dire sur les Pomores qu'il avait interviewés en 1749 !

Un seul paragraphe de ce mémoire sur les coutumes Samoyèdes concernait ma recherche par la tangente. « Pour ce qui est de la viande de renne, écrivait Klingstedt, ils la mangent toujours crue : pour eux, boire le sang encore chaud de l'animal est ce qu'il y a de meilleur, et ils pensent que c'est le bon moyen de prévenir le scorbut. »

En octobre de l'année précédente, de retour de Russie, passant par Paris, je m'étais introduit dans un charmant endroit de la rue Turbigo où se terrait la bibliothèque de Généalogie. J'avais renoncé à trouver une table parmi les dames imposantes et les barbes grises qui remontaient fiévreusement la piste de leurs ancêtres depuis le quatorzième siècle. Comme il me restait quelques heures avant de décoller pour Boston, je suivis le conseil du bibliothécaire qui m'incita à aller voir la Société d'histoire du protestantisme français. Arrivé rue des Saints-Pères, onze stations et trois changements de métro plus tard, j'avais trouvé porte close. En fait, ce lieu n'était ouvert que quelques heures par jour, les après midis du lundi, mercredi et vendredi.

Maintenant, en mars, j'avais le temps d'attendre que la

Société d'histoire ouvre. Ma récompense fut mince. J'appris que Klingstedt descendait d'un ancêtre, Jonas, ayant vécu à Klingstadt, en Suède. Aucun de ses huit enfants ne se prénommait Timotheus, mais d'après les dates, le conseiller d'Arkhangelsk devait être le fils d'un des cinq garçons du grand-père Jonas.

À mon dépit, je ne trouvais rien sur Le Roy dans les registres protestants, bien que je me sois esquinté les yeux à déchiffrer des fiches dactylographiées dont l'encre avait pâli (aucun document n'est ici informatisé). Je ressortis de là avec le mélange de joie et de désespoir qui doit être le lot de tout généalogiste fou. J'en savais un peu plus, mais « mon » Klingstedt et « mon » Le Roy, restaient privés de visages. Un sombre pressentiment m'envahit. Quel espoir pouvais-je garder de voir un jour prendre une troisième dimension aux silhouettes de Aleksei, Khrisanf, Stépan et Fèdor ?

Le soir, je devais dîner avec Christian de Marliave. Il était impatient de connaître tout ce que j'avais appris depuis que nous nous étions vus, en octobre dernier. J'étais ravi de le retrouver dans le bistrot au coin de sa rue, où l'on nous servit du gigot d'agneau accompagné d'un moelleux Julienas. Je soupirais de frustration et dans le souffle suivant, d'espoir. « Peux-tu imaginer que quelqu'un ait pu se débarrasser d'objets aussi prodigieux que leurs lances en bois flotté, leur arc, leurs flèches, leurs bottes en peau de renne ? Tout ça doit forcément se trouver conservé quelque part ! »

Christian tira sur sa cigarette et secoua la tête. Il avait passé l'été précédent à déterrer la carcasse d'un mammouth conservée sous la toundra. « Je vais te raconter une histoire qui est drôle, mais qui ne te fera pas rire », commença-t-il. « En 1908, un homme dont j'ai oublié le nom donne un mammouth sibérien, retrouvé momifié, au musée d'Histoire Naturelle de

Paris. C'est le seul mammouth qui soit dans un musée hors de Russie. L'homme espérait pour ça la Légion d'honneur. »

Un large sourire éclaira son expression alors qu'il reprenait une autre bouffée. Cinquante ans plus tard, ils veulent exposer le mammouth à nouveau. Mais entre-temps, ils ont perdu trois des quatre pattes. » Il fit une grimace. S'ils sont capables, en cinquante ans à peine, de perdre trois pieds de mammouth — et mon Dieu, c'est gros — il leva sa main droite à hauteur de sa tête — alors en deux cent cinquante ans ! »

« Je sais, je sais, le coupai-je, en me prenant la tête entre les mains. Ne me dis rien. »

« Si. L'homme n'a jamais obtenu sa Légion d'honneur. »

*Masha Gavrilo et Victor Boyarsky au Musée polaire de Saint Pétersbourg.*

# CHAPITRE V

# Recherche sèche

La *Relation* de Le Roy, le premier hiver décrit, ne détaille plus la vie des marins au cours des cinq années qui suivirent et c'est bien dommage. Sur les soixante-dix pages que l'académicien consacre à leur histoire, il en met quarante-deux à écrire comment ils luttent : l'abri, l'ours, les armes, le feu, etc. Par la suite, il s'attarde sur le climat, la géographie, la zoologie de l'île, sans nous permettre de comprendre la souffrance psychologique qui devait les étreindre chaque année davantage.

On en est réduit à imaginer leur désespoir de voir arriver un nouvel automne sur leur île maudite sans avoir aperçu la moindre voile. Le Roy a-t-il pris des notes, mais s'est-il trouvé impuissant à décrire les ressors de ces survivants de génie ? Ou bien manquait-il tout simplement de curiosité ? Questions impossibles à trancher. Il faut se rappeler qu'il a mis seize ans avant de publier son texte. Finalement, pour lui, quelle importance avait donc cette histoire ?

La condescendance imperturbable, avec laquelle il traite « ces pauvres ignorants de matelots », laisse à penser qu'il ne leur trouve guère d'intérêt.

Les rares aperçus qu'il donne sur la psychologie des exilés nous laissent sur notre faim. Voici ce qu'il raconte dans un des passages les plus intéressants de ce point de vue.

« N'étoit donc le désagrément qui accompagne d'ordinaire la vie solitaire quand elle est forcée, & les réflexions que chacun d'eux ne pouvoit s'empêcher de faire quelquefois, qu'il pourroit survivre à ses Compagnons, & par conséquent mourir de nécessité, ces pauvres exilés auroient eu lieu d'être contents, si j'excepte le Pilote, qui ayant une femme & trois enfants, ne pouvoit s'empêcher d'y penser tous les jours, suivant ce qu'il m'a dit, et de s'affliger de s'en voir ainsi séparé. »

Hélas, dès la ligne suivante Le Roy revient à des considérations plus terre à terre. « Mais il est temps d'en venir à la description de l'Isle en elle-même, & de rapporter ce que m'ont en dit ces infortunés habitants. »

Il introduit juste après l'épisode de la carte et le trait obsédant que trace l'un des Inkov. Scolaire jusqu'à la moelle, il décrit Edgeøya sans nous faire écouter les Inkov, préférant nous livrer sa lecture de la carte. Pire, il s'interrompt de lui-même pour discuter de la question alors à la mode dans son Académie. Elle ne concerne même pas l'archipel, mais la Nouvelle-Zemble (il a déjà employé presque deux paragraphes pour nous apprendre à prononcer correctement ce nom). La digression court sur plus d'une page pour expliquer que la Nouvelle-Zemble ne ferait pas partie de la terre ferme, mais se serait formée par « un amas de glace, qui s'étant augmenté & accumulé à la suite des temps, a formé ce que les voyageurs ont pris pour un pays. » Tout ça parce qu'un explorateur creusant dans le sol de cette île, avait découvert l'existence de ce que nous appelons aujourd'hui le permafrost ! Des penseurs de l'acabit de Le Roy en avaient déduit que la Nouvelle-Zemble était un énorme iceberg recouvert par de la poussière, que le vent aurait enlevée au continent asiatique et qui donnait l'illusion d'une terre.

Pour ce qui concerne le Spitsberg, reprenant la parole dans

son propre récit, Le Roy a la prudence de repousser une telle hypothèse : « Je me contenterai seulement de dire que l'Isle d'Ost-Spitz-bergen dont je traite ici, doit être considérée sans difficulté comme un véritable pays, ce qui paraît clairement, par le portrait que m'en ont fait nos exilés. » (*Grâce à toi Pierre*, avais-je pesté, à la lecture de ce passage, *on sait maintenant que ce que disent les Inkov sur les barres de rochers, les hauts sommets et les glaciers correspond à la réalité.*)

Le compte rendu des marins sur le climat de l'île, tel que l'enregistre Le Roy, fournit des données ahurissantes. Chaque année, de la mi-novembre au début du mois de janvier, « pendant sept semaines, il pleut d'ordinaire abondamment & continuellement… alors le temps y est assez doux, & le froid fort modéré. » Ce qui contredit toutes les observations météorologiques récoltées au Spitsberg. La moyenne actuelle des températures observées à Longyearbyen est de moins 5,8°, avec un maximum de 6,2° et un minimum absolu à moins 49,2°. Cette longue nuit polaire était illuminée par intermittence par la lune et les aurores boréales.

Ce qu'il cite des marins quand ils parlent du mois de janvier est plus cohérent : « Le froid est insupportable, principalement lors que les vents de terre soufflent… À l'égard de la neige, il en tombe une si prodigieuse quantité dans cette Isle, que leur cabane en étoit ordinairement toute couverte en hiver, en sorte qu'ils n'avoient alors d'autre sortie que par une ouverture qu'ils avoient pratiquée au haut du toit, dans leur vestibule ». On sait aujourd'hui que la partie sud-ouest de l'archipel est effectivement la plus exposée aux intempéries et que sur les hauteurs d'Edgeøya, les chutes de neige cumulées peuvent dépasser six ou sept mètres.

La manière dont les marins surent tenir leur calendrier est

une de leurs plus étonnantes réussites. Respecter le Saint du jour était très important pour ces chrétiens fervents, chagrinés de ne pas attraper de poisson, car dit Le Roy, « contre la coutume ordinaire de cette sorte de gens, ils ne purent observer ni Carêmes ni jours maigres. » Le jour où ils furent secourus, le 15 août 1749, ils avaient calculé qu'ils étaient le 13 août. Sur la somme de 2300 jours, ils n'avaient oublié que deux jours, ou quatre, s'ils n'avaient pas compté les années bissextiles de 1744 et 1748. Le Roy en est presque admiratif. Ils n'avaient ni chronomètre, ni même un cadran solaire, réfléchit-il. Pendant les trois mois d'obscurité totale en hiver, la révolution des constellations était certes une mesure fiable pour compter vingt-quatre heures. Mais à quoi se fier, quand les nuages ou la tempête masquaient la lune et les étoiles ?

Le Roy pressa si bien Aleksei de questions que celui-ci lui répliqua « avec une espèce d'émotion. » C'est le rare passage de la *Relation* de Le Roy où l'on peut entendre la voix des marins. Voici donc la réplique du vieil Inkov en entier : « Quel pilote ferois-je si je ne savois point prendre la hauteur du Soleil quand on voit cet astre ; & si j'ignorois la manière de me régler sur le cours des étoiles, quand il ne paroit point, & de déterminer par ce moyen, l'espace de 24 heures ? Je m'étois fait un bâton propre à cet usage semblable à celui que j'avois laissé sur notre bâtiment ; c'est de cet instrument dont je me servois pour faire mes observations ». Le Roy en conclut que « cet instrument... étoit ce qu'on appelle le bâton de Jacob, ou quelque chose d'approchant. » Il demanda à Inkov de lui montrer cette sorte de sextant primitif. Sur sa manière de compter les jours sans se tromper quand le ciel est invisible, nous ne saurons rien. Et pourtant, cette horloge intérieure et ses erreurs sont aujourd'hui l'objet d'innombrables études.

Il est vraiment dommage qu'Aleiksei Inkov n'ait pas fait le

récit de cette épreuve, dont la durée et la violence reste sans équivalent dans l'*Histoire des naufrages*. Était-il illettré comme la plupart des Pomores ? Le Roy ne le précise pas. Dans la version anglaise, on trouve l'expression « these illiterate sailors », mais ce n'est qu'une interprétation libre et erronée, car en allemand c'est « *einfältige Bauern* », la traduction littérale de la version originale en langue française « paysans ignorants ».

Le Roy nous entraîne ensuite dans des digressions plus absurdes que celles de l'iceberg qui formerait la Nouvelle-Zemble. C'est au sujet des poux et de la vermine qui affectent d'habitude l'équipage des bateaux aux quartiers insalubres. Du haut de son savoir encyclopédique, le professeur fait remarquer : « Dès qu'on passe la ligne équinoctiale, les matelots qui sont très sujets aux poux et qui, entre autres raisons à ce qu'on prétend, portent, pour cet effet des chemises de toile bleuë, en sont entièrement délivrés aussi bien que les passagers : mais qu'aussi-tôt qu'ils l'on repassée, ils sont sujets à en avoir comme précédemment. » Dans le cas des Pomores, extrapole-t-il, passer le cercle polaire devait avoir le même effet décourageant sur les poux que de franchir l'équateur. Pourquoi la couleur bleue des chemises faisait-elle fuir la vermine ? Le problème restera non élucidé.

Deux détails de la description de « Maloy Broun » rapportée par Le Roy me tourmentèrent pendant des mois, jusqu'à ma visite sur Edgeøya. Dans le même paragraphe où il est question de « nombre de montagnes & de rochers escarpés, & d'une hauteur étonnante, & couverts en tout temps de glaces & de neiges. », les marins semblent informer Le Roy qu'« on n'y voit aucune rivière, mais cependant l'eau n'y manque point, grand nombre de ruisseaux découlant en tout temps des rochers & des montagnes qui abondent en sources ». Un regard sur une carte moderne de l'archipel me montrait au contraire que de nombreux torrents descendent de la calotte glaciaire d'Edgeøya et convergent vers la rivière sans nom qui coule dans une vallée appelée Dyrdalen.

Dans ce même paragraphe, Le Roy note aussi que les marins avaient trouvé, « vers le milieu de leur Isle », l'argile qui leur permit de façonner leurs lampes. Or sur ma carte, le centre de Edgeøya était recouvert par la calotte glaciaire et se trouve éloigné de plus de cinquante km de la côte sud, un parcours difficile entrecoupé de glaciers, de rivières et de hautes crêtes.

Quoi qu'il en soit, le déroulement des cinq années consécutives à celle de leur installation est presque absent de La *Relation*, comme si rien ne ressortait du quotidien des marins. Seul le lent déclin de Fedor Verigin paraît troubler le cours de ces années. Gras et paresseux comme le signalent ses compagnons, il avait été atteint par le scorbut « peu de temps après leur arrivée sur l'Isle. » Inexorablement, son dégoût pour le sang de renne chaud semble avoir conduit le malheureux à ne plus pouvoir quitter son lit dans la hutte. « Il étoit couché continuellement, n'ayant plus la force de se soutenir, ni même de porter les mains à la bouche ; ce qui obligea ses compagnons d'infortune à le nourrir jusqu'à la mort, comme un enfant nouvellement né. »

À la suite de ce passage pratiquement jusqu'à la fin du livre, la *Relation* ne fera plus état des souffrances de Verigin. La mort du marin donne un autre des rares aperçus psychologiques.

« Il y avoit déjà près de six ans que ces infortunés étoient dans ce triste séjour, lorsque le nommé Fœdor Weriguin, qui jusqu'alors n'avoit fait que languir & même souffrir de cruelles douleurs, mourut. Cette mort qui les délivroit à la vérité du soin de le servir & de le nourrir, aussi bien que de la peine de le voir souffrir sans pouvoir l'aider, ne laissa pas de leur être très sensible, puis qu'ils voyoient diminuer leur nombre, ne se trouvant alors plus que trois. Comme la mort arriva en hiver, ils creusèrent dans la neige le plus profondément qu'ils leur fut possible, & y mirent ce corps, qu'ils couvrirent du mieux qu'ils purent pour empêcher les ours de le dévorer. Chacun d'eux s'attendoient à rendre ce dernier devoir à ses compagnons d'infortune ou à le recevoir de leur part... »

Ayant raconté l'agonie de Verigin, Le Roy n'accorde que peu de place au sauvetage miraculeux de ses trois camarades. Le 15 août, comme le décrit rapidement le professeur, « Ils aperçurent contre toute attente un bâtiment Russe ». Les Inkov et Sharapov « se hâtèrent d'allumer divers feux sur les élévations les plus proches de leur demeure, & coururent au bord de la mer avec une pique, en haut de laquelle ils avaient attaché une peau de Renne en guise de drapeau. » Ils réussirent à attirer l'attention de l'équipage. Comme le rédige Le Roy presque comique de prosaïsme : « Ceux qui montoient le bâtiment ayant remarqué ces divers signaux, comprirent qu'il y avait dans cette Isle des gens qui implorèrent leur secours, & y abordèrent. »

Bien que Le Roy ne nous donne ni le nom du navire ni celui du capitaine, il fait remarquer que l'équipage est constitué de Vieux-Croyants. D'après lui, ce navire avait initialement prévu d'hiverner sur la Nouvelle-Zemble. Pour une raison ignorée, Vernezobre, le responsable impérial du commerce des graisses, celui qui le premier alerta Le Roy sur le retour des marins de Mézen, avait préféré envoyer l'équipage hiverner au Spitsberg. Une perturbation semblable à celle qui fit couler le navire que pilotait Inkov, poussa les Vieux-Croyants vers la même côte sud d'Edgeøya où ils aperçurent des hommes qui couraient sur la plage.

Les Inkov et Sharapof passèrent un accord avec le capitaine et s'engagèrent à lui verser 80 roubles et à travailler sur le navire. À première vue, cela paraît peu charitable de la part du capitaine d'exiger de l'argent et du travail pour le prix du sauvetage. Mais si on lit entre les lignes, on voit qu'en renonçant à hiverner, les Vieux-Croyants abandonnaient le revenu potentiel d'un an de travail.

Le Roy fait l'inventaire de ce qu'ils embarquèrent :

« Deux mille livres de graisse de Renne, force peaux de ces mêmes animaux & de Renards bleux et blancs ; ainsi que celles des dix Ours blancs qu'ils avoient tués ; sans oublier leur arc, leurs flèches, leurs lances ou piques, leurs lampes, leur hache presque usée jusqu'au manche, leur coûteau également fort usé, leurs alènes, leurs aiguilles qu'ils tenoient renfermées dans un étui d'os, qu'ils avoient proprement travaillé au couteau, des nerfs ou tendons d'Ours blancs et de Rennes, & pour ainsi dire en un mot, généralement tout ce qu'ils avoient. »

Quarante-quatre jours plus tard, le navire accosta dans le port d'Arkhangelsk. Aleksei et Krisanf Inkov et Stépan Sharapov, après soixante-six mois d'absence, prirent pied sur leur terre natale bien aimée. On peut imaginer avec quelle joie incrédule ils furent accueillis, mais Le Roy ne s'étend guère à ce sujet. Il faut se contenter, au début de son texte, d'une citation qu'il a faite de Klingstedt : « Tous trois se portoient parfaitement bien à leur arrivée, et jouissaient d'une santé vigoureuse… et d'une conservation qui tient du merveilleux. »

Il me fallut, début 2001, recruter une nouvelle assistante bilingue pour remplacer Julia. Son travail sur mes recherches menait son année universitaire à la catastrophe. Je devais aussi organiser mon voyage sur Edgeøya pour explorer ses côtes. Je ne me sentais pas capable d'y arriver tout seul. Dans ma jeunesse, j'avais mis sur pied quelques expéditions dans les montagnes de l'Alaska, mais j'ignorais tout des bateaux, de la navigation côtière en Antarctique, et des règlements de l'administration byzantine, de la manière d'aborder le Sysselmannen (le gouverneur), qui accordait les autorisations d'explorer l'archipel. J'avais besoin de quelqu'un sur place.

Je cherchai sur Internet, et trouvai facilement des organisateurs de voyages américains, soi-disant spécialisés dans l'aventure, qui proposaient des voyages au Spitsberg. Il s'agissait de croisières d'une quinzaine de jours, se déroulant généralement à bord d'anciens navires soviétiques de recherche scientifique. Leurs programmes consistaient à faire le tour de l'archipel en débarquant de temps en temps leurs passagers, pour les balader une heure ou deux, dûment encadrés, et les laisser photographier les oiseaux ou visiter des bases scientifiques.

Cependant, l'un de ces organisateurs me recommanda un dénommé Mats Forsberg, qui guidait depuis plusieurs années un type d'excursion plus en accord avec mes souhaits. Je contactai Mats par Internet et reçus rapidement une réponse. Je le constaterai au téléphone, comme beaucoup de Scandinaves, son anglais était excellent, à l'oral. Son style, à l'écrit, m'apparut cependant dans ce premier courrier assez baroque.

Mats m'y mettait en garde que « sans, en fait, un guide expérimenté comme lui, je n'obtiendrais jamais de permission du Sysselmannen ». Malgré une saison d'été au programme déjà presque surchargé, il serait heureux d'organiser et de guider mon voyage, « à condition que j'y mette le prix ». En préalable, il écrivit ceci : « J'ai besoin d'avoir plus d'infos sur qui tu es David, avant que les gens du gouverneur commencent à m'appeler et poser un tas de questions, ce qu'ils feront. »

Quant à se rendre sur Edgeøya, Mats exposait ainsi le problème : « Il y a aujourd'hui un tas d'expéditions demandant la permission d'aller dans des zones réservées. Un tas, et aujourd'hui, de plus en plus de ces expéditions sont refusées. La raison est simplement qu'ils avancent de mauvaises raisons d'aller là-bas. Il y a tellement de gens pas sérieux essayant d'obtenir des permissions, aujourd'hui. »

Mats savait peu de chose sur la saga des Pomores, qu'il considérait comme un élément du folklore du Spitsberg. Il n'avait jamais entendu parler de Le Roy ni de ses écrits. Les bribes qu'il avait retenues provenaient de la lecture de *No Man's Land* de Martin Conway, où l'historien pourtant scrupuleux, résume cette aventure en se trompant sur de nombreux détails.

Mats s'arrangea pour récupérer à mon usage les formulaires à remplir pour une expédition indépendante. En eux-mêmes, ces documents étaient intimidants : « Vous résumerez les travaux qui motivent cette sortie : films, recherches historiques, livres, etc. » Mats me donna ce conseil : « Si ton sujet comporte de la science historique, insiste dessus. » Je tapai avec application un résumé de mes objectifs, décrivit en détail l'intérêt historique et scientifique de cette aventure, en occultant tout aspect romanesque. Je postai le dossier et croisai les doigts.

Comme Christian de Marliave, Mats pensait qu'à cause de la glace, la seule bonne période pour ce voyage se situait fin août, début septembre. On trouvait à un prix scandaleux des hélicoptères à Longyearbyen, mais Mats me dit que le Sysselmannen interdirait toute dépose sur Edgeøya. Il faudrait s'y rendre en bateau. Son plan consistait à nous retrouver fin août à Tromsø, à prendre l'avion jusqu'à Longyearbyen pour y rassembler le matériel. En attendant, il réserverait des places sur un navire de croisière à bord duquel nous resterions les quelques jours nécessaires pour nous rendre à proximité d'Edgeøya. Là, nous serions abandonnés avec les vivres, le matériel, et un Zodiac à moteur hors-bord. Cette embarcation, indispensable en Arctique pour aborder les côtes, nous servirait ensuite de moyen d'exploration. Deux semaines plus tard un autre gros bateau nous récupérerait.

Il me paraissait assez aléatoire de dépendre de navires de croisière dont la priorité est d'offrir à leurs passagers le maximum de vues de glaciers et de baleines. Il n'était pas possible d'être en liaison radio avec Longyearbyen, nous ne disposerions que d'un talkie-walkie qui porterait à une dizaine de kilomètres et, en cas d'urgence, d'une balise de détresse. Si par exemple, notre Zodiac se retournait et que nous flottions dans nos combinaisons de survie, Mats déclencherait la balise. Le signal passerait par un satellite et serait relayé vers Paris. Les Français alerteraient le Sysselmannen que nous étions en danger. Si le temps le permettait, un hélicoptère décollerait de Longyearbyen. Si tout se passait bien nous serions repêchés au bout d'une élingue avant de mourir d'hypothermie.

Mon voyage sur Edgeøya prenant un tour concret, je m'inquiétais d'un autre sujet : les ours. L'image datait de mon enfance. Le seul ours polaire que j'ai jamais vu était une pauvre bête aveugle et édentée du zoo de Denvers, rendue tellement folle par la chaleur et la captivité, qu'elle ne cessait de tourner en rond dans sa cage, au point d'avoir creusé un profond sillon dans le sol en béton. Cette image m'est restée comme exemple de l'atrocité de toute prison.

Par la suite en Alaska, dans la chaîne de Brooks, j'ai aperçu quelques ours bruns et des Grizzly. Trois fois, l'un d'eux est venu la nuit tourner autour de ma tente. Malgré les conseils, je n'avais pas pris de fusil, ayant considéré avec une sorte fatalisme bouddhiste l'éventuelle rencontre de l'*Ursus Horibilis* et n'avais pas d'autre arme à ma disposition que des boules d'antimite que je dispersais autour du camp quand je partais grimper. Une fois, un ours s'était attaqué à un dépôt de vivres que j'avais laissé à un col, mais il avait renoncé aux friandises après avoir mordu à pleines dents dans une cartouche de gaz pressurisé.

Les ours polaires sont bien plus massifs et agressifs que les grizzlys. Je commençai à me documenter sur ces grands plantigrades. Un guide touristique en français* sur le Spitsberg leur consacrait un chapitre entier, intitulé : *Les ours blancs.* Voici la lecture inquiétante que je fis dans la partie *Accidents*.

« Le 6 septembre 1987, deux Allemands ont été agressés sur l'île d'Edge, l'un a été scalpé, l'autre a été mordu aux jambes et aux bras. L'ours qui les a attaqués a été tué l'année suivante et naturalisé. Depuis, il décore l'entrée de l'hôpital de Longyearbyen.

La plus connue des attaques qui se sont finies de façon tragique est celle d'un campeur autrichien agressé et mordu violemment le 18 juillet 1977 dans la baie de la Madeleine. Il aurait été tué sur le coup.

En l'espace de six ans (de 1987 à 1992), 26 ours ont été tués dont quinze pour autodéfense (sept par des touristes, six par des scientifiques et deux par des résidents). Deux faits importants : douze des quinze cas de défense ont eu lieu autour de cabanes ou de tentes et sept ours étaient des jeunes.

[Témoignage de l'un d'eux: Éric Giugliaris] : « 26 mars 1993. Je retourne vers la cabane de Fredheim… À 5 heures, c'est par une explosion, je dis bien une « explosion » de vitres que je suis réveillé ! L'ours, bloqué par sa masse dans



*Éditions Grand-Nord, Grand Large.

l'encadrement de la fenêtre, se tient à 1,50 mètre de moi, la tête au milieu de la pièce... Je suis encore dans mon sac de couchage, mon fusil à terre, sans savoir quoi faire. L'ours reste figé, le regard sournois, à m'épier sans bruit. Quelques secondes après, je descends de la couchette en faisant attention de ne pas le toucher. Je prends le fusil, arme, mets l'arme si près de sa tête qu'elle repose sur sa fourrure ! Je tire deux coups justes au-dessus sans qu'il soit le moins du monde effrayé. Il reste dans la fenêtre. Après quelques instants, il recule ; je prends alors mon pistolet d'alarme, tire deux fusées dans sa direction : il me fixe dédaigneusement puis s'en va, visiblement plus par lassitude que par peur. »

Quand je songeais à Edgeøya, en dehors des naufrages en Zodiac, et des rencontres catastrophiques avec les ours, j'avais un autre sujet d'inquiétude. Mats me paraissait, d'après nos échanges par téléphone ou Internet, digne de confiance, mais je ne le connaissais pas du tout. Je craignais qu'une expédition de trois semaines au planning très strict, menée avec un inconnu, soit une source de tension, ce qui, avec la promiscuité et les incidents logistiques, risquerait de tourner au fiasco. Je décidai d'emmener deux amis, pas seulement pour le plaisir de leur compagnie, mais pour l'aide que leurs connaissances pourraient apporter à la recherche des traces des quatre marins de Mézen.

Naturellement, je pensai à Michel Guérin, mon éditeur français. Après tout, c'était lui qui était à l'origine de l'affaire depuis qu'il avait évoqué Albanov et *Au pays de la mort blanche* à la fête organisée à Chamonix en 1997. Depuis que je m'étais mis sur la piste des Pomores, Michel se montrait avide de connaître mes progrès. Par-dessus le marché, nous étions liés par l'amitié depuis cinq ans ; nous avions fait quelques balades ensemble et nous entretenions surtout d'interminables conversations de bistrot sur la vie et la littérature. J'avais réussi à lui faire entreprendre ses deux premiers voyages en Amérique, l'un pour assister au festival de Banff, l'autre pour explorer Manathan. En ces deux occasions, je lui avais servi d'interprète, car s'il dévore dans le texte les livres anglais ou américains, de son anglais hésitant jaillissent des tournures si tordues que Kingsley Amis* lui-même renoncerait à l'imiter. (Comme beaucoup d'intellectuels, Michel a le handicap de ne rien savoir dire simplement.)

Dans sa jeunesse, il avait pratiqué l'alpinisme avec enthousiasme, maintenant qu'il approchait des quarante-huit ans, il grimpait de temps en temps et skiait encore comme un beau diable. (Son jeu favori consistait à partir de son bureau à midi, à se précipiter dans le téléphérique de l'aiguille du Midi et à se ruer dans la Vallée Blanche pour se trouver à temps pour l'apéritif à une table de l'M, sa brasserie préférée.)

Au Spitsberg, je savais que les ressources de Michel seraient inestimables, parce que je ne connais personne d'aussi féru de littérature d'aventure. Surtout, il a le goût des pensées originales et je l'ai souvent vu, quand une idée reçue pointait son nez, secouer la tête pour la mettre en pièce comme un morse avec un pingouin. Sans avoir l'ambition d'être écrivain lui-même, il sort à brûle-pourpoint de savoureuses formules, comme personne dans mon entourage.

Il vit en famille, attaché à sa femme, la malicieuse Marie-Christine, et aux deux adorables enfants qu'ils ont adoptés (par coïncidence en Russie), Alec et Katia. Malgré tout, comme je l'avais constaté pour Banff et pour New York, il ne se fait pas prier pour quitter Chamonix quand une virée pique sa curiosité. Et le Spitsberg était ce genre de virée. Michel n'hésita pas une seconde pour accepter mon invitation. Il accepta de même avec un fatalisme souriant la perspective de se retourner

**Kingsley Amis, écrivain anglais (1922-1995) est capable de faire dialoguer des aristocrates tellement snobs qu'ils omettent de prononcer la plupart des consonnes, ou des amnésiques qui oubliant leurs mots passent par d'interminables métaphores comiques. Ndt.*

en Zodiac ou de rencontrer des ours, (ce qui calma un peu mes angoisses diffuses). Non, ce qui lui faisait du souci, c'était le prix d'une telle expédition. Dans les mois qui précédèrent, je reçus un mail : « Je préférerais ne pas affamer mes enfants avant d'être dévoré par les ours. »

L'autre compagnon auquel je songeais depuis le début était Vaughn Hadenfeld ; un guide de montagne qui dirigeait *Far Out Expeditions*, dont le siège se trouvait chez lui, à Bluff, en Utah. Depuis 1994, date de notre première rencontre, Vaughn était devenu un ami proche. Je travaillais alors à un livre sur les Anasazi, ces bâtisseurs de génie de l'Amérique précolombienne qui laissèrent les mystérieuses citadelles de Keet Seel, Cliff Palace, et Pueblo Bonito. Bien que guider ses clients à la découverte des ruines et des gravures rupestres des Anasazi soit son métier de tous les jours, Vaughn est ravi quand il peut trouver un partenaire de jeu qui suivra ses grandes enjambées, parcourant en tous sens un canyon pas encore exploré. Malgré ses genoux martyrisés depuis des dizaines d'années à porter des sacs de cinquante kilos, je n'ai jamais vu quelqu'un avoir le pied plus sûr dans les blocs de rocher.

En un certain sens, accompagner Vaughn dans le Sud-Ouest est une expérience humiliante. Je croyais avoir un bon coup d'œil pour repérer l'éclat d'une poterie noyée dans la poussière ou une gravure rupestre fondue dans la couleur d'un rocher. Chaque fois que je tombais sur une pointe de flèche, c'était pour entendre jubiler Vaughn : « David, tu n'as pas remarqué ? On voit le point d'impact, là. » Ou lorsqu'il s'immobilisait, silencieux, quinze minutes pendant lesquelles j'admirais les empreintes rouges et blanches de mains peintes sur le gré d'une falaise, alors que je reprenais mon sac à dos, j'entendais : « Regarde un peu plus haut et tu verras toute une fresque ! »

Vaughn cache sa nature de féroce compétiteur sous le masque taciturne d'un vieux loup du désert. Et comme j'aime moi aussi la compétition, je me souviendrai, parmi mes meilleurs moments dans le Sud-Ouest, des rares occasions où j'ai trouvé quelque chose qui avait échappé à Vaughn — et la meilleure de toutes, ce fut lors de cette flamboyante journée d'août où je découvris l'entrée d'une grotte, munie d'une échelle : le lieu de culte d'un site qu'il avait lui-même longtemps exploré sans avoir rien remarqué.

À l'âge de cinquante ans, Vaughn n'était pas seulement le meilleur guide que je connaisse en milieu sauvage, mais je n'ai jamais accompagné quelqu'un qui soit doué d'un tel œil pour les gravures rupestres, les artefacts, les traces d'animaux, les pistes. Au Spitsberg, il serait mes yeux, dénichant l'équivalent de ces pointes de flèches que je prenais pour des cailloux. Il avait un autre précieux talent. Il chassait depuis son enfance, et même si depuis dix années, il avait renoncé à traquer les daims et les élans, il savait manier les armes — le genre de gars que vous adorez avoir à vos côtés quand un ours se dirige vers vous.

Vaughn, accepta lui aussi ma proposition sans demander le temps de réfléchir, bien qu'il sacrifiât du coup la fin de sa saison professionnelle. Ce voyage au Spitsberg lui donnait d'autres raisons que les miennes de se tourmenter. Il n'avait pratiquement jamais mis les pieds hors des États-Unis, ne connaissait pas l'Europe et je lui avais donné rendez-vous à Paris, quoiqu'il fût complètement désorienté par les grandes villes. Il ne vivait pas par hasard dans une agglomération de trois cents habitants.

De son propre aveu, si Marcia, sa femme, parlait bien le français, Vaughn n'avait aucun don pour les langues étrangères et il allait se retrouver à Paris aussi désemparé que ses touristes citadins, s'il les avait lâchés au milieu de Grand Gulch. Il finit par me retrouver dans notre hôtel parisien de la rive gauche, mais quand il voulut ressortir pour boire une bière au bistrot du coin, je songeai sérieusement à lui accrocher au cou une pancarte comme le fait une mère, inquiète de voir son petit monter seul dans le train.

Mats savait que notre groupe s'était élargi. Il avait trouvé ça très bien, pourvu que nous apportions « quelques bouteilles d'excellent Koniak », message que je fis passer à Michel, le Français.

À la fin du mois de février, j'avais trouvé dans ma boîte aux lettres un paquet provenant du Sysselmannen. J'en déchirai l'emballage et lus. « Le Gouverneur n'a pas d'importants commentaires à faire sur vos plans de recherches sur l'île. » Je mis plusieurs minutes pour me rendre compte que, derrière la retenue typique des pays scandinaves, cette formule signifiait que je pourrais partir pour mon aventure. Je trouvai plusieurs bordereaux tapés à l'encre rouge, dont l'un me demandait de souscrire une assurance qui couvre les frais de secours à hauteur de 125 000 couronnes (environ 15 000 $), la prime elle-même se montait à 550 $. Mais à ma grande joie, le devis était clair. Clair comme la nuit polaire qui nous attendait à la fin de ce mois d'août, quand Mats, Michel, Vaughn, et moi, après avoir poussé notre Zodiac sur le rivage nu d'Edgeøya, nous commencerions à chercher alors l'aiguille, cachée par les Inkov et Sharapov, dans une botte de foin vieille de 252 ans.

En attendant, je me heurtais à Cambridge, à l'épineux problème de remplacer Julia. Autrefois, elle m'avait présenté à Hugh Olmsted, un spécialiste du département Slave de la bibliothèque Widener qui m'avait fait profiter de ses lumières.

Alors que je me tenais pour la première fois dans son petit cabinet de travail en train de lui résumer l'extraordinaire exploit des marins, j'avais vu ses sourcils monter imperceptiblement. Quand j'eus terminé, la première chose qu'il m'avait dite fut: « Comment savez-vous que c'est une histoire vraie ? »

Convaincu en définitive de l'authenticité de la saga, Olmsted m'avait suggéré plusieurs pistes fécondes que Julia et moi allions emprunter dans les semaines suivantes. Maintenant, début 2001, je retournai dans son bureau pour savoir s'il pouvait me recommander quelqu'un qui puisse remplacer Julia et m'accompagner en Russie. Ma première réaction fut la surprise quand il m'avoua qu'il ne voyait qu'une seule personne: sa femme, Masha.

Il s'avérait que Masha était née à Saint-Pétersbourg. Elle avait (comme son mari) derrière elle des années de recherches en archives et en bibliothèque, menées en Russie. Sur le point de quitter un travail à temps partiel qui l'ennuyait à Harvard, elle allait disposer de beaucoup de temps libre et serait heureuse de compléter ses revenus. Mieux encore, ils avaient projeté de passer une grande partie de leur été à Saint-Pétersbourg.

Nous nous retrouvâmes tous trois pour déjeuner au Casablanca. Masha avait l'allure d'une femme de trente-cinq ans, assez rondelette, à la voix douce et au visage avenant. Son anglais était impeccable et je me rendis compte qu'elle serait une traductrice idéale. Au café, le marché était conclu. Je la paierai à l'heure pour tout travail jusqu'en juillet (avec un petit bonus de vingt pour cent, si elle devait mettre Hugh à contribution). J'achèterai son billet d'avion pour la Russie (mais pas celui de Hugh) et sur place, je prendrai en charge les frais d'hôtel et de déplacements.

Âgé de soixante-deux ans, presque chauve, portant une barbe grise, chaussé de lunettes en cul de bouteille, Hugh avait l'image du parfait conservateur de bibliothèque. Il avait grandi dans le Minnesota et s'était vite découvert un don pour les langues. Il était devenu, et en fait c'est assez rare, un véritable polyglotte, capable de lire et de parler couramment le français, l'allemand, le hollandais, l'espagnol, l'italien, le norvégien, le suédois et le russe. Il avait passé des diplômes de bulgare et de serbo-croate à l'université. Et, continuant à étudier, il avait appris le chinois, le sanscrit, le grec, le latin et le slavon. Il parlait si bien le russe que les Russes étaient persuadés que c'était sa langue maternelle. Je l'ai vu se livrer à de délirantes imitations d'un Russe essayant de prononcer l'anglais.

Hugh et Masha s'étaient rencontrés durant un congrès de chercheurs à Saint-Pétersbourg et étaient tombés amoureux. Ils se marièrent en 1995, chacun pour la seconde fois et vécurent une année à Saint-Pétersbourg, avant de partir pour Boston.

Alors que nous sortions du Casablanca, j'étais rempli d'optimisme en pensant à la suite de l'enquête. Le seul inconvénient était que toute cette affaire allait me prendre jusqu'à mon dernier sou. Rien que la balade sur Edgeøya budgétée par Mats coûtait 22 000 $, sans compter les billets d'avion pour Michel et Vaughn. Mes yeux se brouillèrent quand j'établis la somme, mais sur chaque ligne, je ne pouvais pas gratter grand-chose. En tout cas, je venais de m'engager pour le plus coûteux voyage que j'aie jamais entrepris.

Masha et moi avions pris rendez-vous pour faire le point, après quelques semaines, sur le résultat de ses recherches. Le matin même de cette réunion, Hugh me téléphona. Masha était au lit avec une pneumonie. Le méchant virus l'avait attaquée depuis des semaines, l'obligeant à rester calfeutrée à la maison. Il faudrait compter plus d'un mois, avant qu'elle récupère suffisamment pour se consacrer de nouveau à « mes » marins.

Pendant ce temps, je courais les bibliothèques. Au lieu de poursuivre la quête aléatoire d'une source antérieure au texte de Le Roy, je me concentrai sur des récits d'autres visiteurs du

Spitsberg, qui remontaient au siècle suivant le sauvetage des Pomores, en 1749. Pendant plus de cent ans, des chasseurs russes avaient poursuivi avec avidité morses, renards, ours, baleines, et avaient hiverné là-bas bien plus souvent que toutes les autres nations réunies. Mais, comme le regrette Rudmose Brown, on ne peut retrouver aucun témoignage direct sur ces voyages dans les archives russes. Les images les plus nettes du siècle des Pomores se captent comme des reflets dans la littérature allemande, norvégienne ou britannique sur cet endroit.

Je m'intéressai d'abord à Barto von Löwenigh, ce notable allemand passionné de voyage qui avait rejoint l'expédition Keilhau, en 1826-27.

Hugh me traduisait les passages les plus prometteurs de son livre. Plusieurs fois sur le bateau de Keilhau qui longeait la côte sud-ouest d'Edgeøya, l'équipage avait observé des ruines russes, généralement signalées par une solide croix qui restait debout et portait une inscription s'en remettant à la grâce de Dieu pour leur délivrance. Sur une ruine écroulée, juste au nord de Hvalpynten, à l'endroit où Keilhau parle du « Russisk Etablissement » et dont son livre montre une gravure sur bois, Löwenigh a remarqué (ce que Keilhau n'a pas noté) une habitation portant cette inscription : « Ceci est une hutte de Vieux-Croyants ». Et une date sur la croix voisine : 22 avril 1731.

À côté de ce bâtiment, vieux d'un siècle, au temps de leur voyage, se tenaient deux « maisons de bain » très récentes que Löwenigh décrit ainsi :

« La construction est neuve, mais si légère que j'ai du mal à croire qu'elle ait pu résister à l'hiver. Le toit plat est constitué de poutres recouvertes de terre, où repousse parfaitement l'herbe nouvelle ; ces toits à l'italienne ne semblent pas faits pour le climat du Spitsberg et ne peuvent convenir qu'à des Russes endurcis.

Les Russes ont aussi cette habitude de remporter chez eux leurs fenêtres, ce qui fait que l'eau envahit l'intérieur et gèle. L'épaisseur de glace atteignait ici un mètre d'épaisseur. »

Bien qu'ils aient trouvé des ruines russes en bon état et du matériel égaillé le long de la côte sud d'Edgeøya, Löwenigh et Keilhau ne virent cet été-là aucun Pomore. L'Allemand cependant avait échangé de longues conversations avec le consul de Russie en Norvège. Visitant l'archipel, comparant ce qu'il avait appris de cet interlocuteur avec les vestiges qu'il trouvait sur place, Löwenigh, en archéologue autodidacte, avait fait d'intéressantes déductions. Par exemple, que les chasseurs ne se contentaient pas de poser des lignes de pièges à renard, mais avaient élaboré des pièges à ours. « Les ours polaires, écrit Löwenigh, passaient assez souvent leurs museaux gourmands au travers des fenêtres. Les portes avaient des meurtrières qui permettaient de tuer des ours. » Comme on aimerait qu'il ait ajouté le dessin du dispositif !

Löwenigh, était plein d'admiration pour ces invisibles Pomores : « Les Russes étaient les maîtres du Spitsberg », écrivit-il. Il ajouta : « Depuis la fin du dix-septième siècle, les Hollandais ont laissé de côté le Nord extrême, et les Norvégiens ne l'ont exploré que peu de temps. » L'Allemand, dont la plume incline facilement au romantisme, se laisse emporter par enthousiasme jusqu'à l'emphase :

« Le [chasseur] russe [...] ne rentre presque jamais bredouille. Son bateau est de conception si solide, qu'il défie la pression des glaces, et son incroyable capacité à vivre en autosuffisance lui permet de n'emporter qu'une infime quantité de provisions. Il tire sa force de ses sentiments religieux. Quand il érige une croix, il se place sous la protection personnelle de

Dieu, et méprise alors la rage des mers glacées. Avec la même habileté, il poursuit ses morses, capture ses dauphins (?), attrape ses phoques, chasse son renard et son ours polaire, ramasse en chemin le précieux duvet d'eider, sans jamais se demander s'il est possible de se reposer. »

Si exceptionnel que soit leur hivernage de plus de six ans, les marins de Mézen ne s'en sont sortis que par les techniques apprises d'une longue tradition, voilà ce que dit ce témoignage admiratif. L'hommage chaleureux adressé aux Pomores par l'Allemand, sert de réplique aux commentaires dédaigneux d'une Jeannette Mirsky qui dépeint « d'énormes barbus, aux gros doigts maladroits », partant « sur de lourdes embarcations menées par des paysans russes ignorant la boussole, l'horloge, le loch, et les plus élémentaires instructions nautiques. » Elle se trompe; on ne résiste pas à d'aussi dures conditions sans connaissances, ni intelligence.

Malgré son intérêt pour les Russes, Löwenigh ne fait aucune allusion à l'exploit des marins perdus sur Edgeøya, contrairement à Keilhau qui a laissé un assez long résumé de leur épopée. J'ai trouvé ça curieux.

Dans un sombre réduit de la salle des microfilms de Harvard, j'ai ensuite mis la main sur un texte qui éclairait d'autres aspects de ces voyages russes du dix-huitième siècle. En 1775 un Anglais, Daines Barrington, publia un traité : *The Possibility of Approching the North Pole Asserted* (De l'existence d'une possibilité d'accès au Pôle Nord). Barrington n'a jamais visité le Spitsberg; il s'agit plutôt d'un théoricien, l'un des premiers géographes à s'intéresser à la conquête du 90e parallèle. Il agita si bien la question qu'en 1773, la couronne d'Angleterre arma deux bateaux pour les envoyer au Nord. (Sur l'un d'eux embarqua un matelot de quatorze ans qui répondait au nom d'Horatio Nelson). Ce fut la seule tentative depuis celle d'Hudson, qui s'était proposé en 1607 d'atteindre la Chine en coupant droit dans l'océan Arctique. Les deux bateaux furent arrêtés par les glaces à 80° 36' près de la côte nord-ouest du Spitsberg, un demi-degré à peine plus au nord que le point atteint par Barents.

Ce traité m'intriguait, surtout à cause d'un ajout à son édition de 1818 que je trouvai sur microfilm. Dans celui-ci, le Colonel Mark Beaufoy jouait avec l'idée de trouver d'autres moyens d'atteindre le Pôle. Si la banquise interdisait toute navigation au nord du 80e parallèle, ne pouvait-on pas en tirer avantage ? Beaufoy se demandait s'il ne valait pas mieux partir du Spitsberg en hiver, équipé de traîneaux tirés par des rennes ?

Et qui connaissait mieux le Spitsberg que le peuple pomore ? Beaufoy transmit une liste de questions très détaillées aux autorités d'Arkhangelsk. Traduites en russe, elles furent posées aux marins eux-mêmes et leurs réponses traduites en anglais renvoyées à Beaufoy. Le savant publia, « *Questions sur la probabilité de gagner le Pôle nord à partir de l'île du Spitsberg, à l'aide du renne, durant l'hiver : Réponses par des personnes qui ont hiverné en ces lieux* »

Cet appendice, parfois assez amusant, distille de nombreux renseignements sur les pratiques des Pomores. Pour une campagne estivale, ils partaient début juin et revenaient en septembre. S'ils décidaient d'hiverner, c'était un peu plus tard, en juillet et ils ne revenaient qu'en août ou en septembre de l'année suivante, ayant profité de deux étés de chasse.

À une question de Beaufoy sur la rigueur du climat, ils répondirent : « Les tempêtes de neige sont très fréquentes et peuvent durer deux, trois, quatre jours, jusqu'à plusieurs semaines parfois. » C'est la même réponse que Le Roy avait obtenue des Inkov et, comme eux, les marins anonymes se disaient obligés de sortir par une trappe dans le toit, à cause des hauteurs de neige considérables.

Pour prévenir le scorbut, ils avaient recours à de vigoureux exercices (exactement le conseil que Krisanf Inkov donne à ses camarades), dégager systématiquement la cabane de la neige accumulée, par exemple. Ils ajoutent qu'ils mangeaient le plus possible « une sorte de salade, ou d'herbe, qui pousse sur les pierres. » Sans aucun doute la *Cochlearia*, l'herbe à scorbut des marins de Mézen.

Comme les bâtisseurs de la hutte qui les avaient sauvés en 1743, les Pomores interrogés embarquaient le bois et les briques pour construire « un bâtiment semblable aux habitations des paysans », d'une dimension d'environ six mètres sur huit. Malheureusement, ils n'indiquent pas sa hauteur. La nourriture était constituée « de farine sèche (pour faire le pain), de bœuf, de flétan et de morue salés, de lait caillé, de beurre, d'orge, de fèves, de miel, d'huile végétale. » À la lecture de cette liste, je pensai à ce qu'auraient donné les Inkov, Sharapov et Verigin pour être dotés de telles réserves. Les hivernants ne se contentaient pas de leurs seuls vêtements russes pour se protéger du froid, mais se fabriquaient des capes et des bottes en peau de renne.

En dehors de l'eau, ils buvaient une bière clairette à base de seigle. « Les liqueurs et spiritueux sont formellement interdits par nos employeurs », assuraient les informateurs de Beaufoy.

Ils usaient de « skaits à neige » (des skis ou des raquettes ?) pour marcher sur la neige et tiraient derrière eux de petits traîneaux. « Des chevaux ou des rennes n'ont aucune utilité pour eux, affirmaient les vétérans, et ne peuvent en avoir. » Ce n'est sans doute pas la réponse que Beaufoy attendait. « Existe-t-il un quelconque danger à circuler sur la glace ou le sol quand ils sont enneigés ? » demandait-il. Les Pomores précisèrent « Ils ne circulent pas en hiver, sauf pour se rendre sur des îles à une distance insignifiante. »

Dans les questions suivantes, Beaufoy va au cœur du problème : « Semble-t-il possible de se rendre au Pôle nord, en hiver ? Si c'est impossible quels sont les obstacles ? » Les répondants ont dû croire qu'ils avaient affaire à un dérangé, mais répondirent patiemment : « Il semble aux pêcheurs peu probable qu'il y ait un passage vers le Pôle nord, puisqu'ils n'ont pas eu l'occasion de le tenter ; et d'après leurs observations, ils pensent tout accès impossible, les montagnes de glace sont monstrueusement importantes et élevées. Une partie de la glace dérive sans arrêt, et laisse apparaître l'eau à de nombreux endroits. » Voilà au demeurant une excellente description de la banquise arctique, hérissée de crêtes de compression et coupée par des chenaux d'eau libre.

Il faut se souvenir que Beaufoy adressait ses questions sans avoir les réponses des marins d'Arkhangelsk. Aussi, dans la demande suivante, insista-t-il : « Si le passage est praticable, de quelle manière faudrait-il le tenter ? » Et sans se départir de leur patience, ils donnèrent leur réponse : « Comme le pensent les pêcheurs, tout passage est impossible, il n'est pas dans leur capacité d'apporter une réponse à cette demande. » Puis, Beaufoy les interrogea carrément sur sa méthode, qui se proposait de construire des huttes pour six hommes, de les charrier sur des traîneaux et de les disposer le long du trajet à trois cents, six cents, et mille km. Les Pomores découragèrent gentiment cette lubie. Enfin, Beaufoy demandait des volontaires qui accompagneraient une expédition britannique au Pôle. Les Russes déclinèrent poliment. Ce but devait leur sembler complètement abstrait, comparé aux richesses qu'ils pouvaient récolter sous forme de fourrures et d'ivoire.

Bien entendu, aucune tentative telle que l'envisageait

Beaufroy ne vit jamais le jour. Le principal mérite de son questionnaire est de nous faire appréhender d'un peu plus près ce qu'était la vie quotidienne au milieu des dangers de l'hiver.

À part ça, cette enquête n'éclaire aucun des deux points si particuliers de l'histoire des quatre matelots russes. Nulle part, il est question de plusieurs hivernages à la suite. Et par ailleurs, on voit bien que tout hivernage se préparait très soigneusement, avec une hutte préfabriquée et des vivres pour l'année. Personne ne s'était jamais retrouvé dans la situation des Inkov, Sharapov et Verigin, en mai 1743. Six hivers, munis des seuls vivres et habits emportés pour une simple journée : comment avaient-ils pu résister ?

Je passai l'hiver et le printemps 2001 sur cette question. Un marin anglais, S.Bacstrom, était parti pêcher la baleine et aborda la côte ouest du Spitsberg en 1780. Non loin des ruines de Smeerenburg, l'ancienne grande ville de la graisse des Hollandais, l'équipage visita une hutte habitée par des Russes. « L'ensemble des hommes, écrit le marin, avait une étrange apparence ; on aurait cru des juifs à la foire aux chiffons ou des colporteurs herboristes : ils portaient de longues barbes, des toques de fourrure, et des vestes en peau de mouton marron [sans aucun doute des peaux de renne] la laine tournée vers l'extérieur, des bottes, de longs couteaux accrochés à leur taille. » Quoiqu'aient raconté les hommes d'Arkhangelsk sur l'interdiction des boissons fortes, l'équipage de Bacstorm fut régalé de pain de seigle, de langues de renne, et de brandy. Les Anglais échangèrent un tonnelet de poudre et « une demi-douzaine de couteaux et de fourchettes de table de bonne qualité » contre six peaux de renard blanc et des pièces de gibier. « Nous bûmes à la santé de l'Empereur de Russie et du Roi George », raconte Bacstorm.

Le marin donne une description détaillée de la hutte qui

recoupe bien des aspects que Le Roy décrivait : son gros poêle en brique à même le sol et ses petites fenêtres ; la viande pendue qui boucane dans la fumée qui sort... Pourtant, d'après Bacstorm : « La hutte était si basse que mon bonnet de fourrure touchait le plafond. » De vingt mètres sur dix, sa surface au sol était le triple de celle qu'avaient déclarée les Inkov à Le Roy.

La visite dura douze heures ; les hommes échangeaient par l'intermédiaire du chirurgien des Russes qui, comme Bacstorm, parlait allemand. Le bateau qui avait débarqué les vingt et un, les avait déposés en juillet pour hiverner. L'été suivant, ce même bateau viendrait récupérer ces « colons » et leur butin, et laisserait sur place une nouvelle équipe. Le chef des Russes, qui avait déjà hiverné et devait aimer ça, prétendit que même en décembre, grâce à la lune et aux aurores boréales, « il est rare qu'il fasse si noir qu'on ne puisse pas voir où l'on met les pieds » et que les hivers étaient plus pénibles à Saint-Pétersbourg qu'au nord-ouest du Spitsberg.

Ces hommes espéraient revenir avec une bonne provision de baleines, d'ours, de peaux de renards, de duvet d'eiders, de « défenses d'unicornes », d'un ivoire qui ne jaunissait jamais (apparemment il s'agit du narval). Les matelots ne recevaient pas de salaires, mais une part d'un millième (les sources russes parlent d'un centième, ce qui semble plus plausible) ; cela représentait quand même 50 ou 60 roubles et permettait de passer une année entière chez soi.

Célèbre pêcheur de baleine et naturaliste, William Scoresby se rendit au Spitsberg plusieurs fois au début du dix-neuvième siècle. Scoresby reprend le récit de la découverte d'un établissement russe par un capitaine anglais du nom de Whitby, qui avait accosté à King's Bay pour s'approvisionner en bois flotté. L'histoire se passe en 1771, les hommes de l'équipage s'approchent de la cabane :

« Ils se signalèrent par des cris, mais personne n'apparut. La porte était fermée, l'un d'entre eux glissa un œil par une fente et observa un homme étendu sur le sol qui, pensait-il, dormait. N'obtenant pas de réponse, ils forcèrent la porte et trouvèrent un cadavre, une joue reposant sur le sol. Elle était moisie, pleine de concrétions verdâtres. Les habits, dont il était couvert, étaient ceux d'un Russe. »

Les hommes de Whitby découvrirent dans la hutte des monceaux de vêtements et de couvertures, mais nul autre Russe, vivant ou mort. Ils en conclurent qu'il était le dernier survivant et qu'il avait enterré les autres avant de succomber à son tour du scorbut. Sur la plage, ils remarquèrent un navire prêt à appareiller, avec ses rames et ses voiles, pour un voyage de retour qui ne se ferait jamais.

Ces récits, relatant des faits à peine postérieurs d'un demi-siècle au sauvetage des hommes de Mézen, m'aidaient à me représenter l'histoire des Pomores, tragique, héroïque, dont la plus grande part a sombré dans l'oubli. Ma frustration montait quand je songeais que personne, à l'exception de Keihlau, n'avait entrepris de réfléchir où, mais où donc, s'étaient étirées ces six années d'exploits que Le Roy avait enregistrées ?

C'était d'autant plus curieux que le récit de Le Roy avait été dans les années mille sept cent soixante-dix si populaire qu'en plus des deux rédactions, en français et en allemand, la *Relation* fut traduite non seulement en anglais, mais en russe, en hollandais, en italien et en suédois ! L'histoire, avec le temps, inspira d'autres auteurs qui firent des tourments des Pomores une sorte de parabole de l'humanité ; un accès direct à une préhistoire mythique. J.H. Campe (1746-1818) par exemple, qui écrivait des ouvrages à succès pour la jeunesse, dont une version résumée de *Robinson Crusoe*, connut d'innombrables éditions. À la Widener, je trouvai l'exemplaire d'un livre de Campe, traduit de l'allemand, qui portait le titre de *Polar Scenes* et qui se terminait par un long chapitre appelé : « Les surprenantes aventures de quatre marins russes sur l'île du Spitsberg. »

Sans le citer, Crampe emprunte sans vergogne à Le Roy. Il invente certains détails pour appuyer ses effets dramatiques. Ainsi, en tuant leur premier ours de leurs lances, les marins : « lui plongent leur pointe à l'intérieur de la gueule. » L'Allemand est habile pour souligner chaque passage crucial et capter l'attention de ses jeunes lecteurs, comme un maître d'école amical, mais exigeant. Ainsi, au moment où les marins ont tiré leur dernière balle, Campe marque un temps d'arrêt :

« Réfléchissez un instant, mes jeunes lecteurs, pensez à la situation de ces infortunés et à la manière dont vous auriez procédé pour échapper à la nature, vous défendre de l'attaque des ours ! Je vous donne trois jours pour y penser, c'est exactement ce qui restait à nos insulaires, leur dernière balle était tirée, et ils mangeaient leur dernier renne. »

Le Roy tirait constamment la même morale des exploits des Pomores, avec cette formule banale et récurrente : « La nécessité est la mère de l'invention. » Campe va plus loin et tire toutes sortes de leçons édifiantes. Il ne lui suffit pas de parler du chagrin qui étreignait Aleksei Inkov quand il songeait à sa femme et à ses enfants qui lui manquaient. Selon Campe, « Oh, combien de fois ses yeux se mouillèrent-ils de larmes, pendant que ses compagnons dormaient. » Car la journée, Aleksei ravalait sa peine pour prendre sa part de travail. Voici la morale :

« Vous voyez donc, mes jeunes amis, que de tels sentiments peuvent facilement se refouler si la situation l'exige, car les meilleurs sentiments sont ceux qui ne ramollissent pas l'esprit mais l'exaltent… Même bons et nobles, ne nous laissons pas submerger par des sentiments qui nous rendent incapables de remplir nos devoirs, et nous font sombrer dans l'inaction et l'apitoiement. Ils ne feront pas de nous des mauvaises gens, mais nous ne serons pas des hommes. Nous serons de pauvres et faibles femmes habillées en homme. »

Comment cette extraordinaire histoire pouvait-elle être tombée dans un tel oubli, à la fin du vingtième siècle ? En effet, comme le constatait Masha Olmsted au printemps, les collègues qu'elle contactait afin de préparer nos recherches de l'été (y compris les spécialistes de l'histoire et de la littérature de la période), ignoraient tout de cet ancien récit.

Enfin, Masha guérit de sa pneumonie. À l'aide des bibliothèques de Harvard, Hugh et elle définirent de nombreux buts de recherche. Un fax de Masha avait réveillé les Archives régionales d'Arkhangelsk, qui me demandaient 70 $ pour commencer à chercher les notes de Klingstedt. Je donnai mon accord, mais une fois de plus, sans obtenir de réponse. Ils amassèrent beaucoup d'informations sur les conditions matérielles de la Russie de cette époque, afin de définir le contexte historique de l'aventure des Pomores. Mais fin mai, je leur avais versé 4000 $ sans rien avoir de concret. Je commençai à être persuadé que mon obsession, aussi sûrement que la passion du jeu, me conduirait à la ruine.

Masha soudain entrevit une lueur. Précédemment, en février, Julia avait envoyé un fax à Viktor Derzhavin, l'archéologue de Moscou, l'auteur de l'article de vulgarisation paru dans le magazine *Mir Severa* sur « mes » marins. Son allusion à une récente expédition partie pour chercher l'emplacement de la hutte, avait enflammé ma curiosité. Le fax était resté sans réponse, mais je ne sais comment Masha réussit à dénicher le numéro de téléphone de Derzhavin, qu'elle appela début avril.

L'archéologue dévoila le mystère. Le nom du destinataire du fax était illisible. Quand il était arrivé à l'institut où il travaille, Derzhavin avait pensé qu'il était adressé à son patron, un certain Vadim Starkov, un homme apparemment très important. Celui-ci n'accorda aucune attention à cette lettre maculée.

C'était pourtant bien Vadim Starkov qui avait monté cette expédition dans l'espoir de découvrir la hutte des hommes de Mézen. Derzhavin communiqua à Masha le numéro de téléphone de son supérieur.

Directeur du département Arctique de l'Institut d'archéologie de l'académie des Sciences de Russie, et par conséquent le patron de toute l'archéologie des pays du nord, Starkov hantera mes pensées. Comme la pythie de Delphes dans la Grèce antique, il y avait chez lui une moitié de prophète et une autre d'enchanteur. Quand Masha le contacta pour la première fois, le bonhomme manifesta sa surprise qu'un Américain ait pu tomber sur cette obscure histoire datant du dix-huitième siècle. Que je songe à en traquer la fugitive vérité, l'amusait beaucoup moins.

En surface, il débordait d'aimables encouragements. Mais, en même temps, il demandait, sur un ton qui parut à Masha ressembler davantage à un ordre qu'à une question, si je ne pouvais pas reporter à l'été 2002 mes recherches sur Edgeøya. Cette année, Starkov avait un programme trop chargé : il parlait d'expéditions en Yacousie, sur le fleuve de l'Ob et à l'Ouest du Spitsberg. En 2002, nous pourrions chercher ensemble. Quand Masha lui dit qu'il était hors de question de reporter d'un an, le ton se fit plus péremptoire. « Les seules dates où je puisse me libérer cet été pour montrer à ce monsieur où se trouve la hutte, se situent entre le 5 et le 10 août, dit-il. Il viendra avec moi au Spitsberg. » Elle expliqua patiemment que j'avais déjà planifié avec un guide norvégien ma propre expédition à la fin août.

« Quel Norvégien ? coupa Starkov. Je les connais tous. » Mais le nom de Mats Forsberg ne lui disait rien. Masha hésita avant de lui poser la question qui brûlait : « Savez-vous où est la hutte ? »

Sur la ligne, un long silence nous parvint de Moscou. « Je sais approximativement où elle est, prononça Starkov en pesant ses mots. Mais de nombreux facteurs peuvent jouer. La zone est trop vaste pour situer l'endroit précisément. » Et il m'exhorta à nouveau de le rejoindre pour chercher ensemble entre les 5 et 10 août. Masha expliqua que les conditions de la glace dictaient les dates de ma navigation.

« C'est absurde, répondit-il. Il nous suffit de louer un hélicoptère ; je le fais tout le temps. »

Viktor Derzhavin confiera plus tard à Masha qu'à son avis Starkov cherchait depuis longtemps à retrouver la hutte des habitants de Mézen et que l'article que Derzhavin avait signé dans *Mir Severa* avait ravivé la flamme. Alors, quand un Américain tombé du ciel afficha son intention d'examiner le lieu du crime, Starkov avait craint que son trésor oublié lui file entre les doigts. Les Inkov, Sharapov et Verigin n'étaient pas « mes » marins, c'étaient ceux de Starkov.

Tout à coup, Starkov se mit à parler du manuscrit de Klingstedt :

— Vous savez que ce manuscrit n'a jamais été publié.

— Savez-vous où il se trouve ? demanda Masha en retenant sa respiration.

— Vous savez, répéta Starkov, que ce manuscrit n'a jamais été publié ?

— Après que Masha eut acquiescé, il répéta pour la

troisième fois son incantation – le sens de ce message sibyllin me passait au-dessus de la tête.

Enfin, le grand homme s'abaissa à regret.

— Vous devriez regarder dans les archives de l'Institut d'histoire, conservées à l'académie des Sciences de Saint-Pétersbourg, dit-il.

Masha n'en revenait pas. Depuis des années qu'elle menait des recherches dans sa ville natale, elle n'avait jamais entendu parler de ces Archives-là.

Au sujet des armes et des outils que les Pomores avaient rapportés d'Edgeøya et donnés au comte Shouvalov, Starkov se fit plus décourageant :

— Ces objets sont complètement perdus, dit-il à Masha, Beaucoup les ont cherchés et ne les ont pas trouvés.

— Qui ?

Les deux seuls noms que cita Starkov étaient Vize et Belov. Le dernier avait été un de ses bons amis.

— Vous ne trouverez pas ces choses-là à Arkhangelsk, continua-t-il. C'est certain. Je sais qu'elles ne sont pas là-bas. Elles ne sont pas au musée Polaire de Saint-Pétersbourg et pas non plus au musée d'Art.

Et plus sibyllin que jamais, il ajouta :

— Mais si vous voulez regarder, commencez bien sûr par Arkhangelsk. Et si ces objets furent apportés à Saint-Pétersbourg, ils se trouvent forcément au musée d'Art.

— Est-ce que Belov a trouvé le manuscrit de Klingstedt ? demanda alors tranquillement Masha.

— Non. Je ne sais pas. Qui peut savoir ? Peut-être l'a-t-il trouvé, répondit Starkov.

Puis, après une pause :

— Vous devez le chercher dans les archives de la Marine Nationale, comme dans les archives de l'institut d'Histoire.

Masha raccrocha, perplexe. Nous avions convenu cependant d'un rendez-vous avec Starkov le 31 juillet ou le 1er août, ses seules dates disponibles entre son retour de Yacousie et son expédition au Spitsberg. Sur cette île, il animerait un séminaire à Barentsburg qui commençait le 26 août et souhaitait m'y inviter. Masha m'avait interrogé et je répondis qu'à cette période, je serais sur le terrain. On ne pouvait changer la date que Mats avait fixée pour notre retour en bateau de croisière.

La piste indiquée par Starkov pour le manuscrit de Klingstedt était ce que j'avais trouvé de plus solide depuis neuf mois. J'étais fou de curiosité. Masha apprit cependant que les archives de l'institut d'Histoire seraient fermées quand nous serions à Saint-Pétersbourg. Elle enrôla un de ses collègues, Aleksei Kasparov, un jeune paléo-archéologue, spécialiste de la recherche documentaire. Il n'avait pas beaucoup de temps, car il devait se rendre sur un site de Crimée et se contentait de 75 $ pour sous-traiter notre enquête et envoyer des rapports détaillés à Masha.

Ils commencèrent à nous parvenir fin juin. Je pensais que mes déboires avec la bureaucratie, qui avait entravé mes efforts en octobre précédent, avaient été exacerbés par mon incapacité à parler russe. Les aventures de Kasparov allaient me détromper.

« Le 16 juin 2001. Ai commencé recherche du manuscrit. Travaillé aux Archives [celles de l'Institut d'Histoire, un des deux lieux indiqués par Starkov]. Les filles ont dit que le document n'était pas là et ne pouvait pas y être. Ici, rien que de l'archéologie et rien d'antérieur au dix-neuvième siècle. Elles me dirent de chercher dans les archives de la Marine Nationale [l'autre lieu que Starkov avait indiqué] où j'aurais plus de chances de succès…

Je m'y suis rendu. Pour avoir accès aux registres, je dois me procurer une lettre, avec mes références et la recommandation de mon Institut, rédigée en bonne et due forme. Je l'aurai lundi. »

« Le 19 juin. Aujourd'hui, les filles du bureau ont imprimé la lettre de recommandation pour les Archives de la Marine, selon le modèle que je leur ai fourni.

Mais il me fallut repasser pour l'obtenir, l'administration est submergée par les demandes d'autorisations pour des voyages professionnels, d'extraits d'ordres de missions, et ainsi de suite. Je n'ai pu récupérer le document qu'en fin d'après-midi. Il fallait le faire signer par le directeur. Mais celui-ci est en vacances, donc je suis parti en chasse de son adjoint. De toute façon, il ne pourra résoudre la question que mercredi, car demain [mardi], l'institut ne travaille pas (*neprisutstvennyi*, “ jour de non présence ”) »

Dans le merveilleux livre de Colin Thubron, *Among the Russians* que j'étais en train de lire, l'auteur raconte comment il a voyagé des mois avec sa voiture personnelle à l'époque de la fin de l'Union Soviétique. Il dit des Russes en général : « Leur bureaucratie se multiplie, pour l'unique raison qu'elle ne fonctionne pas ». J'aurais dû méditer sur cette sentence mordante avant d'entamer ma quête.

« Le 23 juin. À propos de la recherche de notre incunable. J'étais aujourd'hui aux Archives de la Marine. C'était la première fois de ma vie que j'y travaillais. Je fus complètement ahuri par l'énormité du bâtiment… j'ai découvert où l'on stockait les documents, classés et accessibles selon les catégories militaires, ce qui n'est pas une surprise. Listes nominatives des officiers, immatriculation des navires, et ainsi de suite. Le seul moyen pour retrouver notre document ici, aurait été qu'il contienne une chose, si mince soit-elle, en rapport avec l'armée. Il ne me restait plus qu'à chercher par ce qu'ils appellent la méthode de « recherche sèche », qui consiste à examiner chaque page de chaque document. Je fus assez découragé et j'ai laissé tomber, car ce n'est pas l'affaire d'une journée. La dame des archives a bien ri quand je lui ai dit ça. Elle m'a dit que certains y passaient des années, déplaçant des montagnes de papier, classeur après classeur.

J'aurais donné n'importe quoi pour un catalogue thématique et je le dis à un type qui travaillait ici. Il a voulu m'aider. La première chose qu'il demanda fut le nom du bateau (celui que pilotait Inkov). Ce que j'ignorais. Quand il a découvert que nous ne savions même pas le nom du bateau, il a levé les yeux au ciel, d'un air exaspéré. »

Existait-il une chance que nous puissions retrouver le nom du bateau, ou celui de son capitaine ? demanda Kasparov à Masha. Hélas, Le Roy n'avait pas jugé bon d'enregistrer ce détail.

« 23 juin. Prise de contact avec les Archives d'Histoire Nationale, quai d'Angleterre, voici comment ça s'est passé. J'ai appelé la secrétaire du directeur, qui m'apprit qu'ils ne laissaient entrer personne depuis un bon moment et que si j'avais besoin d'un document, il me fallait transmettre, par écrit, l'objet de ma requête et des employés le trouveraient eux-mêmes. Mais il faudra payer. Le tarif varie entre 600 et 1200 roubles (22 et 44 $), mais on paye seulement si le document existe réellement. »

Kasparov finit par trouver, dans les archives de l'académie des Sciences, des lettres rédigées par Klingstedt. Elles étaient mal conservées et certaines phrases presque illisibles. D'après ce qu'il comprenait, il s'agissait pour Kasparov d'observations météorologiques. De retour aux archives de la Marine, notre infatigable agent découvrit « dix épais volumes regroupés sous le titre de « Descriptions des Documents des Archives du Ministère de la Marine ». Dans ceux-ci, le nom de Le Roy n'apparaissait pas, mais celui de Klingstedt souvent. Toutes les rubriques cependant concernaient ses soldes, promotions, médailles, etc.

Revenant aux archives d'Histoire nationale, quai d'Angleterre, Kasparov montra l'argent qu'il tenait dans sa main et tendit sa demande écrite.

« MA COMMANDE NE FUT PAS ACCEPTÉE ! Une charmante consultante sortit pour me rencontrer, étudia attentivement ma requête dans laquelle se trouvait, entièrement résumée en deux pages, l'odyssée polaire et me dit qu'elle n'avait rien de la sorte et n'en pouvait avoir... Elle me conseilla de regarder dans les Archives des actes anciens de l'état russe. Ces dernières sont à Moscou et on peut leur transmettre les questions par e-mail. »

Pour son dernier jour de travail, dans un autre centre d'archives, notre limier Kasparov débusqua un autre catalogue. « De tous les acteurs de l'histoire, Shuvalov est le seul à y figurer, écrivit-il à Masha, le mot Spitsberg n'est même pas dans l'index ! »

Puis il revint aux archives de l'Académie des Sciences, faire une seconde tentative pour déchiffrer les lettres de Klingstedt. Sa seule découverte, en les décryptant, fut de constater que : « Ces lettres sont écrites tantôt en latin, tantôt en suédois ! Je me fais l'effet du bélier du proverbe russe qui enfonce une porte pour en trouver une autre. » Il parcourut en vain ces lignes en recherchant un mot qui ressemblerait à Spitsberg.

En dernière analyse, notre jeune universitaire n'avait absolument rien trouvé. Jamais aucun chercheur n'a dû autant trimer pour 75 $ !

Je commençais à douter de la sincérité de Starkov. Savait-il vraiment où se trouvait le manuscrit de Klingstedt ou avait-il lancé sa prophétie pour nous conduire sur une fausse piste ?

L'été arrivait. Il n'était plus temps d'hésiter. Ce n'était pas en restant à Cambridge à fouiller dans toutes les directions que m'offraient les facilités de la recherche livresque, que j'avancerais. Tout ce que je pourrais apprendre maintenant, sur mes évanescents Pomores, viendrait du terrain : de la Russie et du Spitsberg.

En dépit des contretemps, des frustrations, des « recherches sèches » qui avaient envahi les neuf derniers mois de ma vie, j'étais empli d'espoirs sur ce qui m'attendait à Mézen, Arkhangelsk et Edgeøya. Hugh et Masha partiraient à la mi-juillet pour la Russie. Je les suivrai à une semaine d'intervalle.

Le jour de leur départ, je fus étonné de recevoir un coup de fil de Masha. À sa voix, je la sentis inquiète et penaude. J'entendais du vacarme en arrière-fond.

— Où es-tu ? demandai-je

— À l'aéroport, répondit-elle

— Qu'est-ce qui se passe ?

— J'ai eu un accident.

*Hugh et Masha Olmsted.*

# Chapitre VI

# Je veux voir Vadim

La veille de s'envoler à Saint-Pétersbourg, Masha avait glissé sur le bord de sa piscine et s'était gravement tordu le genou. Il avait doublé de volume et elle pouvait à peine poser le pied par terre.

Hugh et elle, furent à deux doigts d'annuler leur voyage, ce qui, pour moi, aurait réduit à néant plus d'une année d'études consacrée à l'histoire des Pomores. Cinq mois plus tôt, j'avais embauché ces universitaires familiers des archives russes, pour accélérer mes recherches et repérer où pouvaient se trouver de nouvelles ouvertures pour éclairer cette histoire dont bien des aspects restaient obscurs. À Saint-Pétersbourg, je n'aurais eu aucun moyen de trouver un collaborateur bilingue.

Masha fit preuve à mon égard d'une loyauté qui la contraignait à désobéir à son médecin : il lui avait interdit de partir en Russie dans cet état. Elle allait béquiller pendant quinze jours, ce qui rendit très éprouvant le moindre de ses déplacements à Saint-Pétersbourg.

Je commençais à me demander si cette enquête ne portait pas malheur. Au début, je croyais m'en sortir par une recherche documentaire classique et depuis, je m'enfonçais toujours un peu plus. D'abord dans les lacunes du récit de Le Roy, dans l'abîme sans fond de la bureaucratie russe, dans l'inanité de la recherche de Kasparov, dans les chausse-trappes de Starkov ; et maintenant, après être tombée malade à cause d'une pneumonie, Masha était tombée tout court.

Je passai ma première soirée à Saint-Pétersbourg, à la terrasse d'un café, observant les passants sur la Perspective Nevsky en compagnie de Hugh. En octobre dernier, il faisait plutôt frisquet ici, sous d'aigres bourrasques de neige tombant d'un ciel plombé. Aujourd'hui, nous nous trouvions sous la clarté des « Nuits Blanches ». Il faisait assez chaud pour sortir en short et en T-shirt, et il fallait attendre minuit avant que s'installe une semi-obscurité. De jolies femmes, élégamment déshabillées, défilaient sous nos yeux, et la bière était fraîche.

Le lendemain, nous nous rendîmes au musée polaire, retrouver mes « vieux amis » Viktor Boyarsky et Masha Gavrilo. Viktor était, comme à son habitude, en état d'ébullition et bien qu'il réglât les derniers détails d'une expédition commerciale au Pôle Nord (prenant sa deuxième casquette de guide qui emmène des clients), il interrompit son travail pour organiser le planning de nos visites et réunions. Masha Olmsted me dira plus tard qu'il se présentait toujours à ses confrères selon la même formule : « Allô, c'est le célèbre explorateur Boyarsky à l'appareil, je pars demain au Pôle Nord, mais pour l'instant j'ai un service à vous demander… » À l'aide d'un simple téléphone, Victor en obtint davantage que nous en cinq mois avec le fax.

Nous dînâmes ce soir-là dans un restaurant qui s'appelait le Café de l'Idiot, en hommage à Dostoïevsky. Comme nous l'apprenait le menu, il avait à cet endroit précis ouvert un restaurant, et très vite fait faillite. Gavrilo, spécialiste des oiseaux de l'Arctique, nous éblouit par un exposé sur les tactiques des Pomores pour survivre : « Pourquoi n'attrapèrent-ils pas d'oiseaux ? », se demandait-elle à haute voix. Et c'est un fait que Le Roy ne fait aucune allusion à un oiseau, ni même à un œuf. « Les eiders préfèrent les petites îles du large, par crainte des renards. Quand il y a de la glace, le renard peut traverser entre la terre principale et une île proche ; les oiseaux renoncent à se reproduire. »

Les marins s'étaient pourtant, selon Le Roy, servis de plumes pour leurs flèches. « Si vous avez des plumes, commenta Masha, vous ne trouverez pas forcément des œufs. Les plumes peuvent venir d'ailleurs. Sur Edgeøya, vous trouverez peu d'oiseaux. Mais là où il y a des falaises, vous trouverez des œufs. Il était sans doute plus efficace pour eux de tirer leurs flèches sur des rennes que sur des oiseaux. »

— De quelle sorte de plume se servaient-ils pour empenner leur arc ? demandai-je.

— Des plumes d'oiseaux en décomposition répondit Masha. Les eiders pourrissent dans la mer, et leurs plumes s'échouent sur le rivage. De même, les oies qu'on appelle « bernaches ». Les plumes d'oies sont les meilleures pour les flèches. Celles des mouettes aussi. Et le canard ne va pas mal.

C'était la première fois que j'apprenais vraiment quelque chose en Russie.

Nous entreprîmes notre tour des archives et des bibliothèques. Victor Boyarsky nous avait conseillé de chercher au musée d'ethnographie. Un coup de fil nous avertit que les savants étaient tous en mission sur le terrain. Nous décidâmes d'aller voir de toute façon ; il y aurait bien quelqu'un pour nous faire entrer ! Une fois sur place, nous lûmes sur la pancarte accrochée à la porte : « Il est impossible de visiter le musée pour des raisons techniques. Le musée n'est ouvert sur rendez-vous qu'aux voyages organisés. »

Ailleurs, à la Société russe de géographie, nous fûmes accueillis par une amie de Victor, Maria Fedorovna. Masha lui fit cadeau d'une petite fiole de sirop de pomme du Vermont. Comme elle me l'apprit en sortant, ces petits présents sont destinés à mettre de l'huile dans les rouages de la bureaucratie russe. Cette personne ne comprenait pas l'anglais et Hugh commença à raconter, en russe, l'histoire des marins de Mézen (elle l'entendait pour la première fois) et traduisit patiemment à mon usage ses commentaires.

Maria Feodorovna fit alors allusion à une exposition que la Société russe de géographie préparait pour 2005, sur les relations russo-norvégiennes. À la période qui nous intéressait, elles n'existaient pas, mais je m'inclinai et souris comme si c'était une bonne idée. Elle nomma un ami qui travaillait à la Kunstkamera, spécialiste des Pomores, qui par malheur se trouvait en Norvège en ce moment. Elle pêcha une lettre signée Shuvalov qui n'avait de rapport avec rien. Elle sortit les brochures sur les expositions des dix dernières années que la Société russe de géographie avait montées. Elle trouva le numéro de téléphone de Belov (le plus récent éditeur du texte de Le Roy) dans un annuaire qui datait de vingt ans. Je dois préciser que j'ai appelé dans l'espoir de joindre sa veuve pour apprendre que la ligne n'était plus attribuée.

La farce est le dernier recours de la gentillesse quand elle est impuissante et j'ai mis un moment à comprendre qu'elle nous avait reçus par amitié pour Victor Boyarsky, faisant tout pour se rendre utile à des gens venus de si loin. Pour mes recherches, mieux valait voir ailleurs. Et pourtant, alors que l'entretien se terminait, elle sortit un manuscrit qui piqua ma curiosité. C'était un recensement, daté de 1801, des habitants de Mézen. Le total de la population de cette ville représentait mille six cents habitants qui se décomptaient ainsi : 58 marchands et 48 épouses. Le reste était constitué d'une classe moyenne de 1312 personnes, 11 membres du clergé et 66 criminels dont 4 femmes. Maria Feodorovna en déduisit que Mézen abritait un bagne dans lequel on enfermait des malfaiteurs venus d'ailleurs. La ville n'avait ni paysan, ni noble, ni étranger. Sous ces statistiques anonymes devaient se cacher les descendants des Inkov, mais je n'arrivais pas à me faire une idée de cette ville.

Quand Hugh et Masha étaient partis pour les États-Unis, ils avaient gardé leur petit appartement qu'ils prêtaient à des amis ou à des collègues pendant leur absence. Lorsqu'ils séjournaient ici, ils s'en servaient aussi de bureau pour leur activité de courtiers en livres anciens. Pour me faire économiser de l'argent, ils avaient proposé de me loger. La cuisine exiguë était le siège d'une vie sociale intense. Les Olmsted y recevaient leurs relations d'affaires comme leurs amis et la machine à café n'arrêtait pas de fonctionner. Ma petite chambre, envahie jusqu'au plafond par les livres, me rappelait mes mansardes d'étudiant.

Le premier soir, quand Hugh et moi étions revenus à la maison aux environs de minuit, au lieu de prendre le métro, Hugh avait simplement levé la main en tendant deux doigts. Une voiture privée s'arrêta le long du trottoir. Hugh négocia à 70 roubles (environ 2,70 $) la course pour nous ramener à l'appartement.

Ce système m'avait échappé en octobre précédent. Les conducteurs faisaient confiance aux passagers et vice-versa, même à minuit, le samedi.

— C'est un excellent système, me dit Hugh en s'asseyant dans la voiture. Tout le monde y gagne.

— Oh oui, dis-je. L'automne dernier je payais mes taxis 20 $ pour aller deux fois moins loin.

Hugh rétorqua.

— Oui, mais il vaut mieux ne pas l'essayer quand on est un Américain qui ne parle pas la langue.

C'était pile le genre de défis qu'il me fallait. À la fin du mois de juillet, Saint-Pétersbourg était envahi par une vague de chaleur, rempli de tentations amusantes et je n'avais aucun désir d'écourter ma vie nocturne simplement parce que le métro fermait à minuit. J'étudiais mon lexique et me lançais le soir suivant. Je levai la main ; une voiture stoppa. « Perspective Stachek, prononçai-je, *corac adine* (numéro 41) ». Le conducteur hésita. Je dis : « stoï rouble ? » (100 roubles). Cela fit l'affaire. Il était *de rigueur** de s'asseoir sur le siège du passager et non à l'arrière. Parfois, pour engager la conversation, je demandais : « *voï gavaritie pa anglaiser ?* » (parlez-vous anglais ?) La réponse habituelle était : « *Niet* », suivie d'un soliloque en russe. J'utilisais « *ya* », « *nié* », « *panimaiou* » (je ne comprends pas »). Quand la voiture arrivait à l'appartement de Masha et Hugh, je pointais le doigt en indiquant : « *sdies* » (ici). Je quittais alors mon chauffeur poliment avec un « *spassiba* » (je vous remercie) et « *da svidania* » (au revoir).

Quand je marchais dans les rues de Saint-Pétersbourg, je prononçais à voix haute les slogans des affiches et le nom des rues, comme je l'avais fait lors de mon séjour précédent. J'ai eu un instant d'illumination dans le métro, quand je reconnus sur une affiche collée sur le mur du wagon, « *Crasniya pobeda* » (Grande victoire). Sur l'affiche, une femme se retournait avec un sourire éclatant. À l'aide de mon dictionnaire, je trouvais le sens des autres mots : il s'agissait d'une publicité pour un shampoing, la grande victoire était la défaite des pellicules.

Quoique mon accent fût affreux, les conducteurs semblaient me comprendre. Quelle que soit l'heure, aucun trajet ne m'a inquiété. Hugh était tout retourné de mon audace, bien qu'il insistât, pingre jusqu'à la moelle, sur le fait que payer 100 roubles (3$30) était beaucoup trop cher pour une course à l'intérieur de Saint-Pétersbourg.

Pour revenir à notre chasse aux renseignements, nous voulûmes rencontrer la veuve de Belov. Par malchance, elle était à la campagne dans sa datcha, injoignable par téléphone. Il semblait que le milieu de l'été était le moment favori des citadins pour se retirer dans leur datcha.

Nous obtînmes quand même un rendez-vous avec une certaine Helena Soboleva, de la Kunstkamera, un noble établissement fondé avant 1750 et qui avait des chances, d'après ce que beaucoup nous avaient dit, de receler les « artefacts » que les Pomores avaient légués à Shuvalov. Une femme autoritaire d'une cinquantaine d'années nous reçut du haut de son bureau placé sur une estrade.

Soboleva nous fit un cours, où se mêlaient le russe et l'anglais, sur l'histoire du musée des origines à nos jours. Elle insistait tellement que je compris vite que le thème de la réorganisation du musée au dix-neuvième était un écran de fumée destiné à masquer le fait que le musée ne possédait aucune collection d'objets du dix-huitième. Elle finit par avouer que les collections de Shuvalov étaient certainement dispersées et qu'il fallait impérativement commencer « par la Société russe de géographie ».

— Nous en venons, dit Masha.

Je suppliai Hugh de lui citer, en russe, la liste de tous les objets que ceux de Mézen avaient laissés au comte Chuvalov : les lances, les lampes, l'étui à aiguilles en os, l'arc et les flèches... Elle n'attendit pas la traduction pour s'esclaffer en anglais :

— Notre musée enferme deux millions d'objets.

Je l'interrompis :

— Voulez-vous dire que c'est sans espoir ?

— Exactement, dit-elle.

Et se reprenant aussitôt, elle poursuivit en anglais :

— Tout est en inventaire. Le département du Sud n'aura rien. Le département slave est fermé. Pour y avoir accès, demandez à Boyarsky une autorisation du musée Polaire.

Nous nous remettions de nos humiliations devant une bière quand, en tournant les pages d'un imprimé de la Kunstkamera, Hugh tomba sur ces lignes qui démentaient le verdict « sans espoir » de Soboleva.

« Accessoires de chasse, ceintures, tonnelet de poudre, mesures et chargement de la poudre, allumage de la charge, pierres à feu, skis, matériel de bivouac des chasseurs de la région d'Arkhangelsk. Demandez les cotes : 1063-607, 609, 1101-118-119, 6723-264-265 a ».

J'étais plein de gratitude envers l'hospitalité de Masha et de Hugh. Mais bien qu'il soit à peine mon aîné, le paternalisme d'Hugh m'étouffait un peu. Quand je me glissais à minuit passé dans l'appartement, en tournant la clef le plus silencieusement possible, je me sentais comme un adolescent craignant de subir les reproches de papa et maman.

— Tout s'est bien passé hier soir ? ne manquerait pas de me questionner Hugh au petit-déjeuner.

— Oui, très bien, répondrais-je désireux d'écourter. Je n'allais pas me priver de mes sorties sur la Perspective Nevsky où les filles étaient si jolies, ni rentrer avant minuit par le dernier métro ! Je prenais donc le « taxi à la russe » et me faisais ramener contre une centaine de roubles par des particuliers. Je n'ai jamais pensé courir un quelconque risque, à part qu'avec mon inintelligible accent et mes trois mots de russe, j'aurais pu me retrouver au pied d'un immeuble inconnu, à l'opposé de la ville.

La tension atteindra son apogée quand je décidai de passer une journée avec Polina Viira, une jolie rousse de vingt-cinq ans, d'origine estonienne, que j'avais rencontrée dans un cybercafé. M'ayant entendu m'adresser au patron en anglais, elle m'avait demandé ce que je faisais à Saint-Pétersbourg. Sans parler couramment, elle maîtrisait bien notre langue et m'informa qu'elle gagnait sa vie en servant de guide aux touristes étrangers. Je lui demandai si je pouvais l'embaucher pour une journée où je voulais me rendre à Novgorod.

Quand je fis part de ce projet à Masha et Hugh, ils furent horrifiés. Je ne me rendais pas du tout compte que la Russie était un pays très dangereux, s'écrièrent-ils.

Des gangsters qui se faisaient passer pour des guides pour touristes, les emmenaient en dehors de la ville, les volaient, les tuaient et dispersaient leurs corps au milieu des forêts. Je n'arrivais pas à imaginer que le doux visage de Polina soit celui d'un assassin et passai outre.

Ensuite, contre mes souhaits, Hugh et Masha insistèrent pour m'accompagner au café où je devais retrouver Polina, afin de pouvoir la juger. Comme c'était dimanche, mon parrain et ma marraine se rendraient ensuite à l'église où ils allaient certainement prier pour mon salut.

La rencontre fut tendue à l'extrême. Nous prétendîmes tous les trois qu'il s'agissait seulement de prendre un café et des gâteaux pour le plaisir d'être ensemble, mais Polina, comme elle me l'avouera plus tard, savait très bien ce que Hugh et Masha faisaient là. Hugh l'avait interrogée en russe et sans ménagement, lui sembla-t-il, sur l'histoire de Novgorod. Ils finirent par me laisser partir sans rien dire.

Novgorod était au sud, à trois heures de voiture. Un ami de Polina, un juriste qui ne parlait pas un mot d'anglais, servait de chauffeur. Nous nous arrêtâmes pour utiliser les toilettes d'une station-service. Je me repassai en vitesse le scénario du gentil couple qui allait me voler, peut-être pas me dépecer, mais me laisser sur le bord de la route sans un sou et incapable de prononcer un mot. Je tâtai ma poche revolver, pour m'assurer que mon portefeuille était bien à sa place

Évidemment, rien ne se produisit, sauf que ce fut ma plus agréable journée en Russie. Novgorod, dont le nom signifie « ville nouvelle », est souvent désignée comme la plus ancienne cité de la Russie fondée, d'après ce que l'on sait, en 862.

Dressée sur une colline, arrosée par le Volkhov, elle protège dans ses remparts des merveilles de l'art religieux byzantin, qui vous transportent au Moyen-Âge. La ville fut régulièrement attaquée et dévastée au cours des siècles. La dernière fois ce fut par les Nazis, non pour son importance stratégique, mais dans le but avoué de démoraliser les Russes en massacrant leur plus ancien patrimoine.

Je tenais à voir Novgorod qui était, paraît-il, la ville dont les Pomores étaient originaires, avant qu'ils ne partent, au treizième siècle, vers les étendues sauvages du Nord qui les conduisirent au bord de l'océan glacial Arctique. En particulier, les Inkov venaient de là et ce nom autrefois y était aussi courant que Smith et Jones aux États-Unis. Après quatre heures de promenade à l'intérieur de la cité fortifiée, je me représentais les Inkov comme nos pionniers américains, Kit Carson et les autres, cherchant toujours à pousser les timides limites du pays pour explorer les espaces infinis du Grand Ouest.

Et puis c'était si bon d'échapper un moment à la lourde atmosphère de désapprobation parentale que les Olmsted faisaient régner dans leur appartement... En sirotant avec Polina du vin de Moldavie dans une ancienne prison pour femmes reconvertie en restaurant huppé, je ressentais l'envie de souffler et du coup, je me rendis compte du poids que cette battue hasardeuse m'avait mis sur les épaules.

Mon rejet du couple Olmsted, n'avait bien sûr aucun fondement. Ils avaient mis au second rang leur propre commerce de livres anciens pour se mettre au service de ma cause, dont ils étaient complètement habités.

Hugh avait notamment découvert que de nouvelles sources russes pouvaient préciser le récit de Le Roy, qui est déplorablement bref à propos du retour des trois marins.

Une fois revenus en Russie, écrit Le Roy, les Inkov et Sharapov « ayant été si longtemps sans faire d'usage de pain, ils ne pouvoient en manger qu'avec peine, se plaignant qu'il les gonflait & les emplissait de vents. Ils en disaient autant de toute autre sorte de boisson, ne faisant usage que d'eau pure. »

Une des meilleures anecdotes que rapporte Le Roy, montre le scepticisme avec lequel ses pairs de l'Académie accueillirent le récit des Pomores. Les Inkov lui ayant confié les objets qu'ils voulaient offrir au comte Shuvalov, Le Roy les montra à ses collègues et amis afin de recueillir leurs opinions.

« Qu'il me soit permis de rapporter ici en passant, une petite scène qui arriva chez moi à l'occasion de l'étui d'os, dont j'ai parlé, qu'avoient fabriqué ces gens, pour y conserver leurs aiguilles.

Quelques curieux à qui je le montrois en disant, que ces Matelots l'avoient fait avec leur couteau, suivant qu'ils me l'avoient assuré ; ces Messieurs me soutinrent que la chose n'étoit point véritable : Que l'étui avoit été fait au tour, et que les Matelots m'en avoient imposé, en disant que c'étoit leur ouvrage : D'où ils prétendoient conclure qu'ayant menti sur cet article, ils n'en devoient point être crus si facilement...

Le hasard voulu que dans le temps que nous disputions de la sorte, le Sir Homann très habile tourneur, entra chez moi. Dès que je l'aperçus ; Voici, dis-je à la Compagnie, l'homme du monde le plus capable de nous mettre d'accord ; & m'adressant à lui, en tournant la phrase à dessein, afin qu'on ne crût pas que le Sir Homann me donnerait raison par politesse : Soyez juge entre ces Messieurs & moi, je vous en supplie : Je prétends, dis-je, que cet étui a été fait au tour. Le Sieur Homann ayant pris l'étui & l'ayant examiné ; Ces Messieurs ont raison, me répondit-il, jamais tourneur ne l'a fait, c'est un os qu'on a arrondi en le raclant. »

Dans un curieux ouvrage rédigé par un certain M. Stavnitser, *Russes au Spitsberg*, je trouvai un court mais important passage qui attestait de la sincérité des marins. C'était un résumé du récit du sauvetage par le capitaine qui avait récupéré les trois réfugiés sur Edgeøya. Ce témoignage avait été déposé devant une commission gouvernementale, quelques années après les faits. Selon le capitaine, son équipage avait vu une colonne de fumée s'élever dans le ciel. Non loin du feu se trouvait un long piquet au bout duquel pendait une peau de bête et trois hommes couraient le long de la plage. Ces détails collent avec les dires des hommes de Mézen rapportés par Le Roy, même si celui-ci a écrit qu'ils agitaient une peau et non pas qu'elle était fichée en haut d'un poteau.

Le nom du capitaine du bateau salvateur était bien connu. C'était Amos Kornilov, un Vieux-Croyant. Dans un gros recueil de mélanges, qui s'appelle *Lomonosov et l'Arctique*, de V. A. Perevalov, Hugh apprit d'autres détails au sujet de Kornilov : son amitié avec Lomonosov, natif d'Arkhangelsk, un grand penseur que l'on considère parfois comme le père des lettres russes. En 1764, Kornilov, comme d'autres vétérans des mers du nord, avait été invité par la commission gouvernementale des affaires maritimes à témoigner, entre autres sujets, sur la nature des archipels de Nouvelle-Zemble et du Spitsberg. À l'époque, c'était un homme âgé qui avait collectionné dix voyages au Spitsberg et deux hivernages.

Kornilov ramenait de ses expériences deux données qui semblaient contredire le témoignage des Inkov : « Les oies sauvages, et des mouettes ressemblant à des canards », représentaient, selon son témoignage, une bonne part de leurs rations alimentaires durant l'hiver. Ce que disait ce texte me fit repenser à l'analyse de Masha Gavrilo : quand on ne possède qu'un arc, les oiseaux sont une toute petite cible, très mobile comparée à un renne qui fournit vingt ou cent fois plus de viande. La poudre et le fusil changent tout. La deuxième contradiction concernait les dates que le Vieux-Croyant donnait pour la période où le soleil disparaissait complètement et celle où il ne se couchait jamais. Le calendrier de Kornilov différait totalement (un mois ou presque) de celui de Aleksei Inkov. Mais le calcul des latitudes produisait des résultats aberrants des deux côtés. Et Kornilov avait hiverné dans un endroit peut-être très différent par la latitude de celui de l'exil des gens de Mézen.

Surtout, le témoignage de Kornilov expliquait pourquoi les naufragés avaient attendu six ans avant d'être secourus, malgré l'intense trafic des navires russes dans ces parages au dix-huitième siècle. Kornilov affirme qu'à cinq reprises, étalées sur les vingt-cinq ans qui suivent l'année 1720, les glaces causèrent de terribles dommages à des flottes de chasseurs russes. Et il cite la période la plus défavorable :

« Chacune de ces années emporta sept ou huit embarcations et il n'y eut qu'une dizaine de survivants. Certains sauvèrent leur vie en fabriquant un petit bateau qu'ils dirigèrent vers la Norvège et quatre personnes (sans aucun doute les Inkov, Sharapov et Verigin) réussirent à survivre six ans au Spitsberg sans pain et sans habits, se contentant des rennes pour s'habiller de leurs peaux et se nourrir.

Pendant ces six années, aucun chasseur n'entreprit de chasser au Spitsberg de crainte d'affronter le danger des glaces. »

Ce rassemblement de vétérans de L'Arctique dans la capitale, en 1764, avait pour but de jeter les bases d'une nouvelle tentative (qui serait la première russe) de découvrir le passage du Nord-Est. Le plan initial était le même que celui de Barents, qui pensait utiliser le Spitsberg comme porte d'accès à une hypothétique mer ouverte. Deux années de suite, en 1765 et 1766, le capitaine Chichagov emporta les espoirs du pays avec les deux plus ambitieuses expéditions russes, depuis celle de Vitus Bering en 1741. Les deux tentatives de Chichagov échouèrent totalement et il erra sans espoir de secours au milieu du pack de glace au large de la côte nord-ouest du Spitsberg. Heureusement, les glaces le relâchèrent avant que la mer ne gèle complètement.

L'intérêt pour l'Arctique était une idée de la Grande Catherine, qui était montée sur le trône en 1762. Si l'on croit un de ses historiens, elle fut touchée par l'exemple des marins de Mézen. Voici ce que le biographe écrivit en 1821.

« La très sage Catherine, qui s'était adonnée aux études pendant les dix-huit ans [avant de régner] qu'elle demeura en Russie, fut prise du désir de glorifier son nom par des découvertes géographiques. Par hasard, l'attention de la grande souveraine fut attirée par un modeste opuscule titré “Aventures de quatre Matelots sur l'Île du Spitsberg” ». Leur triste existence sur ce sol stérile avait touché le cœur sensible de la souveraine.

Je tenais peut-être l'explication sur ce qui avait fait que Le Roy ait attendu si longtemps avant de publier sa *Relation*. Il avait ses notes, prises pendant l'interrogatoire que Shuvalov lui avait délégué. Constatant que la navigation au Nord devenait le sujet en vue à la cour, à l'Amirauté et dans son Académie, il ressortit cette histoire oubliée, la pimenta des débats à la mode et la porta chez l'imprimeur.

En feuilletant cet ouvrage, Hugh fit une découverte encore plus surprenante. Parmi les capitaines rassemblés à Saint-Pétersbourg, il y avait Khrisanf Inkov ! Il devait être alors âgé de quarante-cinq ans, puisqu'il en avait trente au moment de son sauvetage. L'historien avait alors enregistré son nom sans se douter le moins du monde qu'il s'agissait du même homme que le naufragé que Le Roy appelait « Iwan Himkov ».

Hugh traduisit avec soin toute la préface de Belov de l'édition russe de Le Roy, publiée en 1975. C'était Belov qui avait rétabli les vrais patronymes des quatre marins, à l'aide du recensement de 1762. Il avait aussi réussi à en savoir davantage sur leur vie avant et après leur exil. Aleksei Inkov était né en 1700, ce qui recoupe ce qu'écrit Le Roy qui lui donne cinquante ans quand il l'interroge, en janvier 1750. Belov précise : « Il s'était marié à une femme Marfa qui avait 34 ans. » Ce qui n'est pas clair, car on ne sait pas si Belov veut signifier que Marfa avait trente-quatre ans au moment du naufrage ou au moment du recensement de 1762. Dans ce cas, il l'aurait épousée en seconde noce.

Le recensement attribuait cinq enfants à leur couple, mais là aussi ça se complique : ils avaient deux garçons âgés de quatre ans pour l'un et de quelques semaines pour l'autre, plus trois filles de vingt, dix-neuf et trois ans.

Dans le recensement, Khrisanf était enregistré comme âgé de quarante et un ans, ce qui recoupait en gros la déclaration de Le Roy, qui disait qu'il avait trente ans à son retour. Il avait une femme de trente-deux ans, elle aussi se nommait Marfa et des jumeaux de six ans. Il était logique qu'il ait fondé sa famille après les épreuves subies sur Edgeøya. À propos de celles-ci, on apprend qu'« il a été dispensé de chasser en mer jusqu'au 1er décembre 1762 par ordre du magistrat. »

Grâce à ces données, nous savons aussi les noms de leurs ancêtres. « Aleksei et Khrisanf descendaient d'une ancienne lignée de Mézenniens, écrit Belov, on sait que de nombreux membres de la famille Inkov ont souvent voyagé au Spitsberg ou à la Nouvelle-Zemble. En fait, l'arrière-grand-père de Khrisanf et Aleksei s'était rendu en Nouvelle-Zemble au siècle précédent (en 1673) et avait négocié sur le marché du morse à Arkhangelsk. »

Belov identifia aussi Sharapov, grâce au recensement de 1772 qui lui permit de trouver son nom de famille et de constater qu'il était décédé en 1757. Deux recensements antérieurs, ceux de 1710 et de 1722, apportèrent à Belov d'autres détails. Sharapov avait vingt-six ans en 1722, il était donc l'aîné de cinq ans du pilote Inkov et mourut à soixante et un ans. Dans le recensement de 1710, Belov repéra la famille de Verigin et en déduisit qu'à l'époque du naufrage, il devait avoir quarante-six ou quarante-sept ans. Lui aussi était plus vieux qu'Aleksei.

Le tableau que dressaient ces statistiques faisait apparaître une moyenne d'âge élevée : trois hommes avaient plus de quarante-cinq ans. Étant donné l'espérance de vie, l'époque et les dangers de leur métier, ils étaient ce qu'on appellerait des anciens, presque des vieux. Dans le recensement intermédiaire de 1748, ils étaient considérés comme décédés.

Dans Belov, Hugh a trouvé une information, confirmée par d'autres auteurs : Khrisanf Inkov était mort du scorbut, avec ses deux garçons, en hivernant à la Nouvelle-Zemble…

Quelle raison avait-il de repartir vers le Nord ? Personnellement peut-être aucune, quoique l'Histoire soit pleine de marins, de soldats et d'explorateurs qui retournent délibérément dans le milieu qui a failli les tuer. Mais lui a-t-on demandé son avis ? C'était un serf, un individu qui ne s'appartenait pas. Il dépendait, dans ce système féodal de l'administration russe, de seigneurs comme Shuvalov et Vernezobre. Les magistrats avaient considéré que six ans de souffrances ininterrompues valaient dix ans de répit, mais ensuite, il lui avait fallu retourner bon gré, mal gré, sur l'Océan

Glacial, pour quelques dizaines de roubles et un pour cent des prises cédées à un marchand. Pourquoi les choses ont-elles si tragiquement tourné sur la Nouvelle-Zemble, alors que l'hivernage était certainement préparé ?

Belov avait aussi découvert une autre source primaire, indépendante du récit de Le Roy. En 1796, Fedor Kiselev, ingénieur et économiste, avait établi un *Atlas de la Province d'Arkhangelsk*. Belov avait sorti ce rare document du Conservatoire du Centre des archives historiques de Saint-Pétersbourg ; un endroit que personne n'avait pris la peine de nous signaler. Dans l'atlas de Kiselev, Belov tomba sur deux paragraphes qui résumaient le naufrage et l'histoire des marins, tels qu'ils lui furent racontés par un chasseur de Mézen.

Quarante-cinq ans après, Kiselev avait dans son « *Témoignage oral d'un chasseur de Mézen* », recueilli ce que la tradition avait, grâce au bouche-à-oreille, retenu de cette histoire.

Les noms avaient changé, le chasseur parlait de Kryska, Turpanov, et Kabanov, qu'il déclara explicitement être des surnoms. Kryska désigne certainement Khrisanf Inkov, car le chasseur corrobore la triste nouvelle que Belov m'avait apprise : « Ils retournèrent de nombreuses fois sur Grumant (le Spitsberg) et sur la Nouvelle-Zemble où il y a dix-huit ans de cela, Kriska mourut avec ses deux fils, ainsi que tous les chasseurs envoyés là-bas par le marchand Andrei Dudin, très probablement du scorbut. » Dix-huit ans avant que Kiselev recueille ce témoignage, en 1796, cela voulait dire que Khrisanf était mort en 1778, à l'âge de cinquante-sept ans. Et ses jumeaux en avaient vingt-deux. C'était peut-être la première fois que leur père les emmenait hiverner en Arctique. Je ne pus m'empêcher d'y penser avec tristesse.

D'après le témoignage du chasseur de Mézen, le bateau naufragé appartenait à une flottille de huit, tous entraînés par la tempête, tous pris dans les glaces. Les quatre marins, dans cette version, ne sont pas dépêchés à terre pour y trouver une hutte, mais pour chasser des rennes. De retour au rivage, les huit navires avaient disparu et personne ne les revit jamais. Dans la tradition orale, les survivants se servirent de tendons de renne pour la corde de l'arc. Il n'est pas fait mention de l'ours tué. Les pointes des flèches étaient des os taillés en pointe, pas des clous. Le Roy parlait de Khrisanf qui était capable de dépasser un cheval à la course, Kiselev écrit : « Ne mangeant que très peu, et se trouvant obligés de travailler et de se mouvoir sans relâche pour se nourrir et s'habiller, ils devinrent si légers qu'ils pouvaient rattraper les rennes qui détalaient sans l'aide de skis, et les poignardaient avec leurs couteaux. » Aucune allusion au gros et paresseux Verigin, bien que le chasseur affirmât que le bateau qui les avait récupérés avait ramené en Russie le corps d'un marin mort.

Que faire de cette nouvelle et trop brève version de l'histoire ? Un récit colporté de bouche à oreille pendant quarante-sept ans était-il plus fiable que le témoignage de première main que Le Roy avait transcrit, même si l'académicien s'égarait très souvent ? D'un autre côté, plusieurs détails relevés par Kiselev me parurent plausibles. Je m'étais demandé pourquoi les tendons de renne n'étaient pas bons pour mettre une corde à un arc, alors que ceux de l'ours marchaient. Des pointes de flèches en os semblaient plus faciles à fabriquer que des pointes en fer, forgées à partir de clous. Les chasseurs des peuples « primitifs » ont presque tous, quelle que soit leur culture, utilisé la technique de la pointe en os. Et Verigin, Le Roy ne dit nulle part qu'ils l'ont enterré dans le sol ? Incapable de trancher entre les deux versions, je sortis de cette lecture plus perplexe que jamais. Seule ma méfiance s'en trouva renforcée, et mon respect pour les Pomores.

Ces marins faisaient un métier terriblement dangereux depuis plus d'un siècle et ils continueraient à se transmettre, de génération en génération, les secrets qui permettaient de survivre au milieu d'une nature sans merci.

Notre séjour à Saint-Pétersbourg se terminait. Le 6 août, nous nous envolerions pour Arkhangelsk. Avant ça, nous voulions prendre le train de Moscou pour tirer notre révérence à Vadim Starkov, notre pythie courroucée et, si nous en avions la chance, lui soutirer quelques renseignements concrets pour orienter, sur Edgeøya, mes recherches de la hutte.

Auparavant, nous avions réussi à obtenir un rendez-vous avec une autre spécialiste, Tatiana Alexandrovna Bernstam, qui faisait autorité sur la question des Pomores. Elle avait une bonne cinquantaine d'années et une allure impressionnante avec ses cheveux roux tirés sévèrement en arrière et ses grosses lunettes à monture violette qui laissaient passer un regard tranquille. Elle arrondissait à peine la bouche à chaque réflexion qui lui semblait judicieuse. Elle nous reçut dans une petite pièce de la Kunstkamera, et se montra une parfaite hôtesse, nous servant des gâteaux au café et du Tchibo, une sorte de café instantané, qu'elle versait dans des tasses de porcelaine ébréchées qui n'avaient plus d'anses.

Contrairement à nos précédents interlocuteurs, Bernstam était au courant de l'histoire des marins. Avant d'aborder la discussion, il nous fallut entendre le résumé de sa carrière universitaire : ses patrons qui, peut-être par jalousie, avaient abrégé le premier livre qu'elle avait publié. « Elle est trop jeune pour être aussi bonne, une moitié de livre ce sera bien suffisant. » Ces snobs pensaient qu'il n'était pas sérieux de s'intéresser à cette petite population de paysans du nord. Elle, les Pomores la passionnaient. « Je voulais écrire un livre sur eux, me traduisait Hugh, car je pense que c'est le groupe ethnique le plus vivant en Russie. Ils diffèrent radicalement des autres Russes, car eux veulent toujours aller plus au nord. Ils seraient même partis plus loin, si la mer ne les avait pas arrêtés. »

Bien entendu, nous ne pûmes échapper à l'interminable jeu russe du : « Oh, mais vous devez parler à untel. Il faut absolument que vous rencontriez cette femme d'Arkhangelsk. Elle s'appelle Xenia Gemp. C'est l'érudite locale. Il faut lui poser ces questions. Elle connaît l'allemand. Elle connaît toutes les vieilles histoires. Berstam prit une pause. Mais il se peut qu'elle ne soit plus en vie. »

Je notai rapidement, en pensant : *rien que ce nom de Xenia Gemp, ça vaut le coup*.

Petit à petit je m'aperçus que « mes » naufragés n'éveillaient chez elle que peu de curiosité. Mais elle délivrait dans le cours de la conversation des éléments de son vaste savoir qui m'intéressaient. « Les Pomores cessèrent de se tourner vers le Spitsberg au milieu du dix-neuvième siècle, dit-elle, ils se mirent à exploiter le bois. Leurs villes devinrent les scieries de la Russie entière. La période correspond au règne du Tzar Nicolas I^er^. »

Par l'intermédiaire d'Hugh, je reparlai de l'anecdote de l'os que les amis de l'académicien avaient pensé être une tromperie. « Bien sûr qu'il leur suffisait d'un couteau, dit Bernstam, ils apprenaient tout par eux-mêmes. C'étaient des Pomores. »

En sortant du rendez-vous, je ressentis la fatigue familière qui m'envahissait chaque fois que je faisais un petit pas de plus dans cette démarche folle. Toutes ces rencontres, ces dialogues hachés par la barrière des langues, pour récolter quelques gouttelettes de compréhension qui surgissaient de la pierre de ma vieille histoire. En attendant de prendre le train de Moscou pour rendre visite à Vadim Starkov, il me restait l'espoir que, tôt ou tard, ces gouttelettes se rassembleraient en une flaque où je pourrais contempler un reflet net de cette histoire.

Nous devions prendre le train de nuit qui parcourrait les sept cents km de Saint-Pétersbourg à Moscou en huit heures, pour arriver barbus et chiffonnés au petit-déjeuner prévu avec le grand archéologue. Pour Masha qui clopinait toujours sur ses béquilles, l'épreuve paraissait redoutable. Avant de partir à la gare, elle téléphona par précaution. Ce ne fut pas une voix d'homme qui lui répondit, mais celle d'une femme proche de l'hystérie.

L'expédition de son mari était bloquée en Sibérie arctique, dans un endroit baptisé Tiksi, aux environs de l'embouchure de la Léna. Un brouillard stagnant empêchait le pilote de faire la moindre approche et les archéologues n'avaient aucun contact radio avec l'avion-taxi. La femme de Starkov restait en permanence à côté du téléphone, en attente de la moindre nouvelle.

Nous reportâmes notre voyage d'une journée, puis d'une autre encore. Chaque fois que Masha appelait, la voix de l'épouse de Starkov lui semblait de plus en plus tendue. Le pilote lui avait répété qu'une épaisse couche de brouillard lui masquait le sol. Le groupe ne courait aucun danger, mais à cette date, Starkov avait déjà loupé son vol Moscou — le Spitsberg.

Masha expliqua que nous aussi étions pratiquement hors délais si nous voulions aller à Arkhangelsk. Le troisième jour, nous annulâmes notre voyage pour Moscou.

« Dites à l'Américain de ne pas se faire de souci, dit la femme de l'archéologue. S'ils ne peuvent pas se rencontrer à Moscou, ils se verront au Spitsberg. Quand il sera là-bas, il n'aura qu'à demander : *je veux voir Vadim*. Et n'importe qui, où qu'il se trouve au Spitsberg, le conduira à Vadim.

*Croix de promesse à Mezen, en hommage aux Pomores.*

# CHAPITRE VII

# Les veuves Inkov

En arrivant à Arkhangelsk en octobre dernier, lorsque quelques feuilles mortes pendaient encore aux arbres et que l'hiver était dans l'air, j'avais regardé la ville comme un lugubre étalement de banlieues hérissées de derricks et d'usines décrépites. Aujourd'hui, au cœur de l'été, tandis que Hugh, Masha et moi roulions vers le centre de la ville, vu du taxi, le vieux port déployait son charme. Le soleil était haut dans le ciel et, même ici à 65° nord, il faisait assez chaud pour que les habitants se baladent en bras de chemise.

Après m'être fait enregistrer au Dvina, le charmant hôtel où j'étais descendu l'automne dernier, je marchai jusqu'au port, à trois pâtés de maisons de là. Alors que je me tenais là, contemplant les gros containers d'acier dispersés sur le large quai, en train de regarder la marée monter, j'ai eu ce qu'on peut appeler en terme littéraire, une « épiphanie ».

La plus poignante des anecdotes qu'on trouve dans la *Relation* de Le Roy concerne l'instant où le bateau de Kornilov entre dans Arkhangelsk, le 28 septembre 1749, avec à son bord les trois survivants d'Edgeøya. Le chroniqueur écrit :

« Le moment de leur arrivée faillit à être très funeste à la femme du Pilote, & à lui par contrecoup. Elle étoit justement sur le Pont d'Archangel, lorsque le bâtiment aborda. Ayant reconnu son mari qu'elle aimoit tendrement, & qu'elle avoit si souvent pleuré comme mort, elle n'eut point la patience d'attendre qu'il sortît du navire, mais se précipitant inconsidérément pour courir l'embrasser, elle tomba dans l'eau, & peu s'en fallut qu'elle se noyât. »

Je laissai mon esprit remonter dans le temps, et je pensai : « *C'est exactement là que ça s'est passé.* » Je me représentais la femme d'Aleksei engloutie par la marée sous mes pieds et les marins plongeant du quai pour la sauver.

Hugh, Masha et moi, nous sommes arrêtés au musée maritime où, dix mois auparavant, j'avais admiré la collection d'objets pomores. Aujourd'hui, la tête pleine de toutes les lectures et des recherches que j'avais faites, ces collections prenaient un nouveau sens. En octobre dernier, j'avais à peine remarqué les marins miniatures qui ressemblaient à des poupées habillées d'après des données recueillies sur les années 1711 et 1764. Maintenant, ces figurines dans leur vitrine de verre me donnaient une idée de la tenue dans laquelle les naufragés étaient vêtus au moment de leur départ. Ils devaient porter ces mêmes chaussures ou bottes qui montaient à mi-mollet, ces chemises rouges et blanches, ces pantalons et ces vestes ajustées, ces bonnets de laine qui leur couvraient le crâne. Une cape de laine avec un trou pour la tête, équipée de poches, complétait leur habillement. Franchement, ce n'était pas la tenue idéale pour affronter l'hiver, 10° au-dessus du cercle polaire Arctique. Et je me souvins que les hommes s'étaient dépouillés peu à peu de tous leurs vêtements, pour en faire des mèches servant à allumer des lampes qui ne pouvaient s'éteindre qu'au prix de leurs vies et qu'ils avaient remplacé leurs habits par des peaux de rennes.

La beauté et la finesse des répliques des bateaux pomores — la *lodja* à trois mâts et le *kotch*, un deux-mâts plus petit — rendaient évidente leur conception. Masha traduisait les légendes et je notais que les bateaux étaient capables, à pleine vitesse, de faire du 6 ou 7 miles à l'heure. En ligne droite, 1100 miles environ séparent Arkhangelsk du Spitsberg. Le Roy dit qu'en mai 1743, le bateau à la funeste destinée avait couvert cette distance en huit jours. Cela représente une moyenne de plus de 5,7 miles à l'heure. En naviguant ainsi jour et nuit, il était évident que les chasseurs avaient poussé leur bateau à ses extrêmes limites. Je vis comment le bas des coques des bateaux les empêchait d'être broyés par la banquise. J'imaginai deux costauds contrôlant l'énorme et pesant gouvernail. La *lodja* pouvait embarquer 300 tonnes et je ne m'étonnai plus qu'on puisse apporter une hutte préfabriquée pour la remonter au Spitsberg. Une autre exposition montrait les pièces d'un bateau du dix-septième siècle extraites de fouilles en Nouvelle-Zemble par Peter Boyarsky, cet expert qui avait si gentiment répondu au fax de Julia. Des cordes de racines de genévrier tendues entre les planches dévoilaient la manière dont la coque était cousue et je vis comment cela permettait au bateau de plier au lieu de se briser sous les assauts brutaux des courants.

Les *lodjas* datent du treizième siècle, le *kotch* est encore plus ancien et sa conception n'a pratiquement pas changé entre les onzième et dix neuvième siècles expliquait un panneau. C'était là « les lourds bateaux en madrier menés par des paysans russes », dont Jeannette Mirsky se moquait : bien évidemment, ils étaient parfaitement adaptés aux mers arctiques. Pendant que nous bavardions, un homme mince, à la mise élégante et à la barbe soignée, d'environ quarante ans, qui était habillé d'un costume et d'une cravate noire, commentait une visite pour un groupe de Russes. Quand ce fut terminé, Masha se présenta. Ce fut la première d'une série de rencontres en Russie du Nord qui me permirent, après des mois de frustration, d'empocher les dividendes de mes recherches. Le guide du groupe était un homme du pays qui répondait au nom de Sergeï Terent'v, un autodidacte spécialiste de l'histoire et de la culture des Pomores. Mieux encore, il avait fait partie d'un équipage qui, à la fin des années quatre-vingts, avait construit des répliques à l'identique d'une *lodja* et d'un *kotch* et avait refait nombre de voyages, reproduisant ceux des Pomores au dix-huitième siècle. En 1990, Sergeï lui-même avait navigué sur la réplique d'un *kotch* appelé *le Pomore*, qui était parti d'Arkhangelsk, avait fait tout le tour de la Scandinavie avant d'entrer dans le golfe de Finlande, pour débarquer à Saint-Pétersbourg. D'autres marins, l'année d'avant, avaient emmené le *Pomore* d'Arkhangelsk jusqu'au Spitsberg et étaient revenus par la Norvège. L'aller avait pris sept jours ; un chiffre qui corrobore l'affirmation de Le Roy sur le voyage de huit jours entre la Russie et le Spitsberg.

Tous ceux qui avaient navigué à bord du *Pomore* étaient profondément impressionnés par son comportement dans les mers difficiles et par gros temps – il en était de même pour leurs camarades à bord du *Grumant*, le nom dont ils avaient baptisé la *lodja*. À part un moteur à bord de chacun des bateaux que la réglementation les forçait à accepter, ces marins du vingtième siècle avaient exclusivement employé les techniques dont disposaient leurs prédécesseurs du dix-huitième siècle.

Quand Terent'v apprit la raison de notre venue à Arkhangelsk, il laissa tout tomber et nous rejoignit pour déjeuner. Entre blinis et *chashlik*, il nous livra des informations fascinantes. Il apparaissait qu'au moment où les Pomores partaient pour le Spitsberg au début du dix-huitième siècle, leur ancien mode de navigation était sérieusement menacé. « L'époque de Pierre le Grand, dit Sergeï, fut très destructrice. Le Tsar dit aux Pomores : Arrêtez de faire les choses selon vos vieilles traditions, faites comme les Hollandais.

Il y a quelques jours à peine, alors que je me baladais à

Saint-Pétersbourg sur les rives de la Neva, je m'étais arrêté pour admirer une statue de bronze. C'était un cadeau des Hollandais, offert en 1996, d'après ce que j'avais réussi à décrypter. Elle représentait Pierre le Grand comme un simple ouvrier, la hache à la main, le compas et le marteau à la ceinture, en train de construire sa propre chaloupe quelque part en Hollande.

En 1682, quand il accéda au trône, Pierre n'était âgé que de dix ans. Pendant les quatorze années suivantes, jusqu'à la mort de son demi-frère, Yvan V (avec qui il partageait le pouvoir de l'empire), il y eut de féroces conflits entre plusieurs factions et les jeunes empereurs faillirent souvent perdre la vie au cours de fréquents coups d'état. C'est pour cette raison que Pierre fut élevé, non pas dans un palais de Moscou, mais avec sa mère, dans un village appelé Préobrazhenskoie. Grâce à une colonie d'étrangers établis dans le voisinage, Pierre ressentit une attirance pour les idées de l'Europe occidentale. Le catalyseur fut un vieux voilier anglais qu'il avait trouvé dans une remise.

En 1697, à 25 ans, alors dans la force de l'âge, Pierre conduisit une délégation de 250 ambassadeurs en Hollande, France et Grande-Bretagne, pour s'imprégner des idées occidentales. Ce qui fut désigné comme la Grande ambassade devait pour toujours briser l'isolement séculaire de la Russie. Pierre lui-même se déguisa en simple sergent et passa quatre mois comme charpentier dans un arsenal de la Compagnie Hollandaise des Indes Orientales. C'était cet apprentissage que célébrait la statue du bord de la Neva.

Les débuts de Saint-Pétersbourg comme capitale datent de 1703 et ce changement qui délaissait Moscou contribuait pour Pierre au large dessein de se tourner vers l'ouest. Dressée à l'entrée du golfe de Finlande, la nouvelle ville se situait à 300 km environ d'Helsinki. L'histoire russe tend à considérer les réformes de Pierre comme globalement positives.

Cependant, comme Sergeï était en train de me le dire, cet amour du Tsar pour tout ce qui était hollandais s'avéra, au moins en ce qui concerne les Pomores, assez désastreux. Heureusement, sa mort en 1725 sauva les marins d'Arkhangelsk et de Mézen qui purent revenir aux pratiques qui étaient les leurs depuis le onzième siècle.

En se servant des plans détaillés dessinés par les constructeurs du nouveau *kotch*, Sergeï nous montra les équipements du bateau. Six énormes rames aux pelles effilées et aux solides poignées, pouvaient remplacer les voiles. « Ils s'en servent pour entrer et sortir du port, commenta notre expert ou quand il n'y a pas de vent. Parfois, avec deux hommes à une rame. Les tolets étaient recouverts de peau de phoque. » Il désigna la cale peu profonde. Leur carré est là-dessous, équipé d'un petit réchaud. Les réserves sont au milieu. »

Sur le dessin, les voiles semblaient si grandes qu'elles paraissaient recouvrir le bateau. « Par vent fort, dit Sergeï, il faut trois hommes pour hisser la voile. Le bateau est entièrement en bois. Les cordages sont en toile tressée. Le seul défaut est qu'il est très difficile de manœuvrer un *kotch*. Deux personnes pour tenir la barre. Des cordes tendues des deux côtés du gouvernail pour l'empêcher de vibrer. Tu prends des claques. » Je me figurais, en 1743, les quatorze hommes filant, cap au nord-est avant de se faire rattraper par la tempête le neuvième jour de leur voyage, sans qu'ils puissent détourner la course de leur bateau, qui les entraînait vers les glaces.

Je mesurai à quel point l'histoire de la survie des habitants de Mézen était reléguée dans l'obscurité, y compris dans le Nord de la Russie, quand Sergeï me dit n'avoir jamais rien lu ou entendu sur le texte de Le Roy, bien qu'il en connût la tradition orale. Nous posâmes sous ses yeux la version russe. « Quatorze hommes, réfléchit-il, je pense qu'il s'agissait d'un *kotch* et non d'une *lodja*. » Cette distinction avait échappé apparemment à Le Roy, qui appelle l'embarcation « bâtiment ».

Après une introduction de six pages, dans les phrases qui sont les toutes premières du récit lui-même, Le Roy écrit que le bateau des Pomores « fut envoyé au Spitz-Bergen, soit à la pêche de la Baleine soit à celle des Vaches marines que les Russes nomment Morgi. »

Interrompant sa lecture Sergeï remarqua aussitôt : « Non. Les baleiniers russes arrivent plus tard ; et quatorze hommes c'est trop peu pour une baleine. Il est trop difficile de la tirer sur le rivage. Et un *kotch* est trop petit pour une baleine. Non. Je pense qu'ils allaient au Spitsberg pour chasser les morses. Les défenses de morses sont petites mais très précieuses. Ils font beaucoup de choses avec l'ivoire : décorations de meubles, de crosses de fusils, de manches de couteaux, incrustations dans les plats, les assiettes, petites boîtes, icônes. L'ivoire du mammouth est beaucoup plus sombre ».

Pendant qu'il parcourait le texte de Le Roy, Sergeï était trop absorbé pour avaler une seule bouchée. Ils chassent le morse, réaffirma-t-il, et peut-être le renard. S'ils hivernent, ils tuent des rennes pour manger. Ils chassent le renard en hiver parce que la fourrure blanche et épaisse qu'ils portent à ce moment a beaucoup de valeur. En été, elle n'est pas blanche. »

Depuis plus d'un an, je m'enfonçais dans des buissons épineux à la recherche de sources primaires. Retrouver le manuscrit d'un inconnu nommé Klingstedt, et perdu depuis longtemps, était mon idéal. Et maintenant, je bénéficiais par accident d'une méthode de recherche qui se révélerait féconde dans les semaines suivantes. Plutôt que de supplier à genoux l'implacable bureaucratie des archives russes qu'elle me fournisse la proie qu'elle tenait, je devais trouver des aperçus nets sur la vieille histoire, et demander simplement à une suite d'experts en différentes matières de la passer au crible de leurs sciences et de croiser leurs résultats.

Sergeï continua à lire et s'arrêta sur la description de Le Roy de la cabane. « Je ne peux pas croire que ce bâtiment fût aussi haut, » remarqua-t-il. Dans le texte en russe, l'unité de mesure était le *sazhen*. Mais il s'avérait que c'était l'exacte correspondance du texte français qui notait dix-huit pieds. « Ce Le Roy, peut-être, ne comprenait rien aux unités russes, avança Sergeï. Avait-il interviewé les marins à l'aide d'un interprète ? »

« Nous ne savons pas », répondit Hugh. J'avais buté sur le même casse-tête, il y a des mois.

Pendant qu'il lisait la manière dont Aleksei avait suivi le calendrier pendant plus de six ans à l'aide des saints du jour, le regard de Sergeï s'illumina. « Très juste, dit-il, par exemple, ma grand-mère n'aurait jamais dit “Nous plantons les poireaux le trente juin ”. Elle aurait dit: “nous plantons les poireaux le troisième jour après la Pentecôte” ».

Sergeï arriva au passage où les marins du *Nicolas & André*, retrouvant, en 1749, le site du long exil des naufragés de Mézen, découvrirent « une croix de bois que le matelot Alexis Himkof avait dressée devant la porte. » Levant les yeux, notre nouvel ami commenta, « un Pomore voit une tempête, il prie Dieu : Fais que je sois sauvé et je Te construirai une croix . C'est une croix de promesse.

Puis Sergeï mit Le Roy de côté et, dans un long monologue, il nous décrivit la hardiesse de ces hommes du Nord qu'il admirait tant. Il parlait du dix-huitième siècle, mais au présent. « Les Pomores, assura-t-il, gagnent leur vie grâce au poisson, à la viande, à la fourrure et aux baies, mais la Pomorie est une région si riche qu'ils font davantage que simplement survivre ; en fait ils sont en bonne santé. Dans le reste de la Russie, la majorité des gens ont à peine de quoi nourrir leur famille. Ici, un homme peut subvenir aux besoins de sa famille en faisant voile vers le Spitsberg, y passer l'hiver, certain d'y résister et revenir avec bien plus qu'il ne possédait. Ici, c'est normal.

Et les Pomores sont des esprits libres. Ici, il y a un vieux proverbe, “ Dieu est très haut, et Moscou est loin ”, ce qui veut dire qu'ils ne comptent que sur eux. »

Sergeï tapotait sur l'édition de Le Roy. « Ces marins furent élevés comme des Pomores. Ils étaient des coureurs de mer et des chasseurs aguerris. Chaque jour signifie danger. Une lutte constante, génération après génération. C'était des types dont le cœur restait ferme. Ils savaient négocier toutes sortes de difficultés. Ils ne renonçaient pas. »

Ce soir-là, de l'hôtel Dvina, Masha appela une fois de plus la femme de Vadim Starkov. Il restait encore un espoir que le grand archéologue et moi puissions nous rencontrer quelque part au Spitsberg. « Vadim est encore à Tiksi ! s'exclama la femme de sa voix frisant l'hystérie. Ils ont la radio maintenant, mais ils sont bloqués là-bas. Onze personnes, tous bloqués ! C'est vraiment de très grands savants. Oh, j'espère que votre Américain pourra rencontrer ces savants. Ils sont connus dans le monde entier. Zviagin est le spécialiste de la reconstitution des visages à partir de crânes. »

Masha ne put pas placer un mot. « Dites à votre Américain de ne pas se faire de soucis, continua la femme de Starkov. Il n'a qu'à rejoindre directement Vadim depuis Edgeøya et Vadim lui dira tout si bien qu'il deviendra un Pomore lui-même ! »

Le jour suivant, nous eûmes encore de la chance. Sur notre route, que Victor Boyarsky avait pavée de recommandations à coups de téléphone depuis Saint-Pétersbourg, nous arrivâmes aux archives régionales d'Arkhangel où nous fûmes chaleureusement accueillis. Le directeur, Nicolai Alexevich Shumilov, et la responsable du Département de l'Information,

Tatiana Anatolievna Sanakina, nous installèrent dans une salle de lecture et nous demandèrent comment nous aider. Le premier était un petit chauve au teint mat, sa collaboratrice, une grande femme aux traits puissants. Tous les deux portaient des lunettes cerclées, à travers lesquelles Shumilov regardait droit. Sanakina avait tendance à regarder au-dessus des siennes.

Dix mois après mes tentatives inutiles pour joindre au téléphone le docteur Filippov, la comédie des erreurs de communication se dévoila. En janvier, Julia finit par avoir quelqu'un en ligne. Trois mois plus tard, un chercheur d'Arkhangelsk avait faxé une demande pour obtenir 70 dollars d'avance pour commencer à chercher. Par retour, Julia avait faxé notre accord. Après quoi, nous n'avions plus eu de nouvelles.

« Nous n'avons jamais reçu votre réponse », dit Shumilov avec un pâle sourire (Julia avait envoyé le fax trois fois). « Tous nos numéros ont changé. » En Russie, ça semblait être une maladie endémique du réseau téléphonique. « Et nous pensions que notre proposition de 70 dollars vous avait déplu. »

Je m'empressai d'assurer à Shumilov et Sanakina que 70 dollars d'honoraires était le cadet de mes soucis. La bonne volonté envahit la salle de lecture comme un agréable parfum. Cependant, ma première question tomba dans le vide : aucun des savants n'avait jamais entendu parler du dénommé Klingstedt.

Nous commençâmes à parcourir l'index du centre d'Archives Régionales. Ce n'était pas tout à fait une « recherche sèche », car les faits étaient enregistrés selon leur chronologie. Nous débutâmes par mai et juin 1743. Hugh parcourut ces lignes écrites à la main, en cyrillique, espérant un instant apercevoir la mention d'un *kotch* expédié au Spitsberg. À la place, apparaissaient des entrées telles que « Directeur du Conseil des Échanges de prisonniers de la Guerre de Suède » et « Décret Officiel de la Distribution de cinq cents cuves à vin… »

La plupart des entrées étaient aussi sèches et officielles que ça, bien qu'elles fissent parfois deviner des drames humains : « Interrogatoires de personnes attrapées et accusées de crimes divers », « Découverte de Vieux-Croyants dans les Cellules du Monastère de Vig ». Hélas, pas un mot sur le départ d'un *kotch* en 1743, ni sur le retour de trois survivants six ans plus tard. Apparemment, la chasse au morse dans le haut Arctique n'éveillait pas l'intérêt de la chancellerie.

Aucune trace de Klingstedt. « Est-ce que Victor Boyarsky vous a dit, demanda Shumilov, que les registres de l'Amirauté sont maintenant à Saint-Pétersbourg ? » Je secouais la tête, anéanti. C'était le commencement de ce qui ressemblait à une nouvelle manche de ce jeu russe où on perdait toujours : « Oh, vous devriez parler à Untel ».

Mais c'est alors que Sanakina sortit la *pièce de résistance** des archives. C'était un simple classeur de carton, enfermant un vieux manuscrit de seize pages. Hugh lut le titre, le traduisant pour moi : « Description Historique de la Navigation à Grumant (Spitsberg) des Quatre Marins de Mézen Aleksei et Yvan Himkov (Inkov), Stepan Scharapof et Feodor Virugin. » Brûlant d'espoir, je m'écriai, « qui a écrit ça ? » et « quand ce fut-il écrit ? » L'archiviste fit non avec la tête. Personne ne savait.

Le titre lui-même semblait indiquer que l'auteur l'avait emprunté à Le Roy, car il recopiait ses fautes d'orthographe sur le nom des marins. Les parenthèses « Spitsberg et Inkov » méritaient un autre examen. Il nous devint clair que cette page de titre, d'une main différente que le reste de l'ouvrage, était un ajout récent, une sorte de page de couverture écrite par quelqu'un des archives qui était au courant des rectifications apportées par Belov à Le Roy, en vue d'éclaircir le sujet du manuscrit.

Pour Hugh, qui avait fouillé dans de nombreux documents semblables, la calligraphie cyrillique du texte principal était du dix-neuvième siècle, ou peut-être antérieure. Nous photocopiâmes ce trésor et l'emportâmes à l'hôtel pour l'étudier. Masha se chargea de la difficile lecture du manuscrit. Ça lui demanderait des heures pour me rendre ces phrases intelligibles en anglais, mais chaque minute en vaudrait la peine.

L'écrivain avait placé en tête de son manuscrit son propre titre souligné : « Marins de Mézen et leur Vie Etonnante au Spitsberg ». À mesure que Masha se bagarrait avec ce texte embrouillé, je devins de plus en plus intrigué. Il était clair que l'écrivain connaissait le récit de Le Roy et qu'il en avait même tiré parti. Certains de ses passages étaient presque l'écho du texte de l'académicien. En revanche, on trouvait de nombreuses différences et certains détails cruciaux étaient complètement absents de Le Roy. Aurions-nous à faire ici, me demandais-je, même si la plume qui l'a écrite datait du dix-neuvième siècle, à une vraie source primaire basée en partie sur Le Roy, mais en partie aussi sur la tradition orale des environs d'Arkhangelsk ? Si c'était le cas, ce fragile manuscrit représentait une autre source originale ; la seule qu'on ait trouvée excepté le témoignage laconique exhumé par Belov.

Le manuscrit était d'accord avec Le Roy pour dire qu'il avait fallu huit jours aux marins pour atteindre les côtes du Spitsberg. Curieusement, bien qu'il ne soit pas nommé, le capitaine du bateau était aussi qualifié de « son propriétaire ». L'auteur anonyme nous entraîna alors dans des contorsions intellectuelles. Le bateau, écrivait-il, avait l'intention d'atteindre le « côté est du Spitsberg où les bateaux se rendaient habituellement, mais le vent changea soudain et le navire fut emporté sur la côte ouest qui est séparée de la grande île par une large baie ». C'était exactement l'inverse des directions cardinales données par Le Roy. Je retournai longtemps ces phrases dans ma tête, essayant de voir à quoi ça correspondait sur la carte, avant de conclure que l'écrivain avait tout simplement inversé l'ouest et l'est. Indubitablement, l'endroit choisi par les marins du dix-huitième siècle pour aborder était la côte ouest du Spitsberg.

Une telle bourde pouvait difficilement amener à faire confiance à ce manuscrit. D'un autre côté, Le Roy avait fait aussi de grosses fautes. Pas seulement celles sur les noms des marins, mais aussi, si Sergeï Terent'v avait raison, en proclamant qu'ils partaient chasser la baleine et les phoques au lieu du morse et des renards…

En fait, la phrase qui suivait immédiatement semblait corriger la géographie floue de l'écrivain, car il notait à propos du bateau à la dérive, « cette aventure bouleversa tout le monde ; car il savait d'expérience que la côte est était beaucoup plus envahie par les glaces qu'à l'ouest. » Une description juste des eaux au large d'Edgeøya.

Le petit bateau fut très vite bloqué dans la mer gelée. « Quand ils virent leur bateau en danger, tous crièrent : " nous sommes morts ! nous sommes morts ! " »

Cette scène vivante à laquelle Le Roy ne faisait aucune allusion, déclencha chez moi un réflexe de scepticisme. Il était très possible que ce manuscrit que nous étions en train d'essayer de lire fût une mouture tardive de Le Roy, où s'étaient ajoutées des touches sorties de l'imagination du chroniqueur pour en rehausser les côtés dramatiques. Quelque chose proche du texte de l'écrivain allemand pour la jeunesse, J. H. Campe, qui, dans ses *Polar scenes*, inventait des détails comme celui des marins enfonçant leur lance à l'intérieur de la gueule de l'ours polaire qu'ils attaquaient ?

Je ne le croyais pas. Une grande partie des détails, où le manuscrit différait du texte de Le Roy, était plus énigmatique que vivante. Rien ne montrait par ailleurs qu'il eût cherché à publier son compte rendu. Je me figurais plutôt un lettré dans la solitude d'un port de mer subarctique, s'asseyant à sa table pour coucher sur le papier ce qu'on connaissait d'une étrange histoire qui commençait à s'effacer de la mémoire des hommes, faisant appel non seulement à Le Roy, mais aussi aux rumeurs et traditions locales.

Suivait ensuite un très important passage : « La terre en face d'eux (les marins sur le bateau bloqué par les glaces) n'était pas le Spitsberg, mais une petite île, proche de la côte est du Spitsberg, qu'on appelait Est Spitsberg ». Edgeøya était aussi appelée Est Spitsberg. C'est ainsi qu'elle était nommée sur la carte de van Keulen. Pourtant, on ne peut appeler Edgeøya une petite île. Je commençais à penser fortement à Keilhau qui insistait sur Halfmoon Island comme étant le lieu où il fallait chercher les naufragés.

Maintenant, l'auteur du manuscrit suivait exactement Le Roy, jusqu'à donner aux quatre hommes de Mézen la même orthographe fautive. Les marins s'étaient souvenus de la hutte de leurs compatriotes. Ils partirent vers le rivage pour la chercher. La liste de ce qu'ils ont emporté est pratiquement identique à celle de Le Roy, sauf fusil qui devient « fusils ». Le bateau était coincé à quatre verstes de la côte, ce qui est une conversion en russe des mesures de Le Roy.

La description de la dangereuse traversée sur les glaces flottantes est plus animée et plus détaillée chez l'auteur anonyme que chez Le Roy. Les hommes « partirent sur la glace avec des cannes… Ils tracèrent leur chemin sur des morceaux de glace qui n'étaient pas soudés entre eux et qui s'élevaient constamment sous la force des vagues. Ils devaient sauter de l'un à l'autre avec beaucoup de précaution pour ne pas tomber entre deux plaques. Sinon ils allaient mourir. Mais ils arrivèrent sains et saufs sur l'île, une terre nue couverte de neige, de glace et de rochers inabordables. »

Une phrase enregistre la découverte de la hutte. Pendant que Masha lisait la ligne suivante, je dressais l'oreille. La cabane, traduisait-elle « se trouvait éloignée du rivage par quatre heures de conduite. »

Je l'interrompais : « Ça ne peut pas être ça ». Quatre heures de conduite ?

Masha revint au manuscrit. « C'est ce qu'il dit. *Ezdy*, "conduite". Le mot signifie que l'on y va dans un véhicule et pas à pied. »

« Quoi ? Un chariot ? C'est bizarre. »

En ce qui concerne les dimensions qui sont données en sazhens, la description de la cabane collait parfaitement avec celle de Le Roy. Les fenêtres étaient « des trous qu'on pouvait ouvrir et fermer ».

Le jour suivant, quand ils revinrent sur la côte et découvrirent que le bateau était parti, les hommes « restèrent immobiles un long moment, comme s'ils avaient été frappés par la foudre. »

« Ensuite, ils se sentirent mieux espérant que le bateau, chassé par la tempête, allait revenir. Mais leurs espoirs étaient vains. Il ne revint pas et même en Russie on n'eut plus de nouvelles de lui, qui fut probablement englouti. »

Ce passage provoqua chez moi une autre réflexion. La simplicité du style de l'auteur anonyme n'était pas un effet de la traduction improvisée de Masha : c'était la vraie nature de sa prose. Bien que cet homme eût copié le compte rendu de Le Roy, il n'y avait aucune trace dans son manuscrit de la rhétorique fleurie de l'académicien, ni de construction d'un suspens artificiel comme chez J. H. Campe. Ce qui me donna confiance. L'écrivain semblait être un homme de la région cherchant à retranscrire cette histoire de la manière la plus complète et la plus vraie possible.

Encore plus étonnant. Masha lut : « Ils comprirent leur situation. Au beau milieu d'une île déserte entourée d'un climat rigoureux. »

— Climat rigoureux ? l'interrompis-je.

— C'est ce qu'il dit.

— Pas froid ?

— Non, Surovyi, “rigoureux ”. Elle continua à lire : ils n'avaient aucun espoir de quitter cet endroit. »

Les hommes se mirent au travail pour restaurer la cabane. « Quand ils virent que l'île était pleine de rennes, ces pèlerins affamés les chassèrent et en tuèrent un qu'ils mangèrent pendant plusieurs jours… En peu de temps, ils n'avaient plus ni poudre ni balles, plus rien pour tuer des rennes ou se défendre des ours blancs ».

La fabrication des lances et ensuite celle d'un arc et des flèches ressemble à Le Roy, bien que le passage soit plus court et plus confus. « Ils récupérèrent de l'eau qui courait entre des rochers mais ne tardèrent pas à en manquer. Leur grande malchance tient au fait que le climat était très insalubre et nuisible. »

« Climat rigoureux, encore ! commentai-je. Je me demande ce qu'il veut dire. »

Comme dans Le Roy, les marins étaient obligés de manger leur viande crue et « sans épices ». « C'était ennuyeux, continuait l'écrivain anonyme, d'avoir la même nourriture tous les jours, et ils commencèrent à penser à changer leur vie et à changer le ??? et à changer aussi de ??? » Le mot-clé était indéchiffrable en cyrillique.

Après m'être usé les dents sur les pompeuses digressions pédagogiques de Le Roy, je me mis à aimer les phrases bancales et sans recherche de cet autre chroniqueur. Le seul problème était ces imprécisions : quatre heures de conduite ? Climat rigoureux ?

Dans son manuscrit, les quatre marins sont victimes du scorbut le premier hiver et pas seulement Fedor Verigin. Ce n'est qu'après cette première attaque que « l'un d'eux » se souvient des mesures préventives : exercice, herbe à scorbut, ration de sang de renne chaud et ajoute l'auteur, « ne pas se soucier de l'air humide et froid. » « Pour la même raison, théorise le chroniqueur, il est très bon de manger de la viande et du poisson gelés, mais sur ces côtes, ils ne virent pas de poissons et s'il y en avait eu, avec quoi les auraient-ils attrapés ? » Bien sûr, Verigin (gros et paresseux), ne pouvait se résoudre à boire du sang de renne. « Il restait avec plaisir à l'intérieur de la cabane sur son lit douillet pendant que ses camarades dégageaient la neige… Les trois autres marins se portèrent bien et devinrent forts… Feodor Verigin qui pendant ce temps ne faisait que se reposer, souffrit de la maladie si bien qu'au bout de quelques jours il ne put plus se lever et bouger de son lit. Et il ne put même plus porter les mains à sa bouche. Il resta dans le même état pendant six ans souffrant toujours autant jusqu'à ce que la mort mette fin à ses souffrances. »

Le contenu du paragraphe était le même que chez Le Roy. Mais l'écrivain anonyme n'était pas un plagiaire : il se donnait de la peine pour traduire la même vérité historique dans son propre style, certes un peu bancal.

La question du scorbut et de la prophylaxie m'avait préoccupée dès la première lecture de Le Roy. À Cambridge, j'avais consulté un éminent hématologue, le docteur James D. Levine. Il confirma que le scorbut n'avait d'autre cause qu'un déficit en vitamine C et que la *cochlearia* était un remède efficace. Je demandai si le sang de renne contenait de la vitamine C.

« Il n'y a pas beaucoup de vitamine C dans les produits carnés, répondit le docteur Levine, et en général, la chaleur détruit la vitamine C. » Je lui fis remarquer que les marins ne pouvaient cuire leur gibier. « Il est peut-être plus facile de boire le sang chaud que de le mâcher après qu'il a coagulé, proposa-t-il. D'un autre côté, de très petites quantités de vitamine C suffisent à prévenir du scorbut ».

Je l'interrogeai sur l'exercice. « L'exercice maintient en bonne santé, mais il ne peut rien contre le scorbut », répondit catégoriquement le professeur.

Pourtant, à travers les siècles, des explorateurs de toutes nations, et pas seulement des Russes, avaient considéré l'exercice comme un antiscorbutique. Dans un ouvrage intéressant de Kanneth J. Carpenter, *Histoire du Scorbut et de la Vitamine C*, je trouvais une explication cohérente. Après avoir cité de nombreux passages de récits des premiers explorateurs dans lesquels la mort de leurs camarades était attribuée à l'indolence ou au refus de l'exercice, Carpenter réfute l'argument en disant que ces observateurs prennent l'effet pour la cause. L'un des premiers symptômes du *scorbut* est une extrême fatigue. Les membres d'équipage qui ne voulaient pas travailler dur sur les bateaux étaient vraisemblablement déjà dans les griffes de la maladie plutôt que paresseux de nature.

Je doutais aussi que le scorbut fût la cause de la longue maladie de Verigin. Dans les expéditions arctiques, ceux qui mouraient du scorbut ne passaient pas le premier hiver. Il me semblait peu crédible que Verigin puisse avoir langui six ans après une atteinte du scorbut. Le docteur Levine renforça mes doutes. « Le scorbut se développe en quelques mois. Quels étaient les symptômes du marin ?

Je lui lus les deux paragraphes de Le Roy qui mentionnent « de cruelles douleurs » et le fait « qu'il étoit couché continuellement n'ayant plus la force de se soutenir... ce qui obligea ses compagnons d'infortune à le nourrir jusqu'à sa mort, comme un enfant nouvellement né ». Lévine répondit :

« Le scorbut peut provoquer des souffrances, mais ne peut être la cause de déficiences neurologiques. » Je me demandai quelle était la véritable maladie qui affectait le marin. « Ça pouvait être n'importe quoi, rétorqua le docteur. Peut-être un désordre neurologique dû à la carence d'une autre vitamine. Ce scorbut me laisse sceptique. S'il l'avait attrapé, il serait mort la première année. »

Le manuscrit d'Arkhangelsk ajoutait un piquant détail qui n'apparaissait pas dans Le Roy à propos du déclin de Verigin : « les trois marins restaient en bonne santé, passaient de montagnes en montagnes avec de grandes difficultés et la chance les accompagnait. Ils utilisèrent la plus grande partie de leurs vêtements pour faire des bandages à leur camarade. » Le passage qui suit, racontant comment les marins se firent leurs propres vêtements avec des peaux d'ours et de rennes, est très proche de celui de Le Roy.

Comme l'académicien, l'auteur du manuscrit décrit les tourments d'Aleksei Inkov quand il pensait à sa femme et à ses trois enfants laissés en Russie. Mais sa manière est plus poignante que celle de Le Roy : « très souvent après une dure journée de travail, il revenait à la cabane pour se reposer, mais son cœur était resté en Russie dans le cercle de sa famille bien aimée. Il lui arrivait de pleurer des larmes pendant que ses compagnons jouissaient du sommeil. Mais quand il pensait à sa faiblesse, il cherchait à échapper à ces tristes pensées et se remettait au travail avec un enthousiasme intact. »

Presque trop vite, l'écrivain passe au sauvetage des marins. Dans son récit, ils sont en train de chercher du bois flotté quand un jour, « ils regardèrent de ce côté puis de l'autre où se trouvait leur Russie bien aimée ». Soudain, ils virent un bateau au loin. Comme dans Le Roy, ils dressèrent un bûcher et agitèrent frénétiquement leur drapeau en peau de renne.

Le manuscrit décrit l'incrédulité des sauveteurs différemment de Le Roy : « les gens du bateau furent étonnés de trouver trois personnes habillées de peaux et de fourrures et furent encore plus surpris quand ces pauvres gens commencèrent à parler russe. » Les deux textes se ressemblent au sujet de la cargaison embarquée et des 80 roubles demandés. L'auteur du manuscrit déclare cependant qu'il leur faudra cinq mois pour revenir à Arkhangelsk, ce qui ne peut pas être vrai. « Quand ils arrivèrent, une foule s'était rassemblée pour les voir… Finalement les insulaires atterrirent portant leurs vêtements du Spistberg. »

C'est avec cette phrase terre à terre que se terminait cet énigmatique manuscrit. J'avais recopié dans son intégralité la traduction improvisée de Masha, je l'étudiai pendant des jours. Je devins convaincu que ce document comportait une part d'informations primaires, probablement orales, en plus de la part indéniablement empruntée à Le Roy. À part cette vague intuition, je n'avais rien d'autre. C'était comme le débris d'un vaisseau anonyme pour un chasseur de trésors. Personne ne pouvait dire qui avait écrit ce manuscrit, ni quand, ni même comment il s'était retrouvé en possession de ces archives.

Qu'ajoutait ce récit à celui de Le Roy ? Pas grand-chose, je dus l'avouer, à part quelques détails bizarres qui m'ont quand même aidé à me représenter un portrait des marins. Restait le problème des distances et les « quatre heures de conduite ».

Pour ma recherche, la phrase la plus importante du manuscrit était ce commentaire : « La terre en face d'eux n'était pas le Spitsberg, mais une petite île, proche de la côte est du Spitsberg. » Une fois au Spitsberg, cette énigme restera au centre de mes pensées.

Quand nous avions rassemblé nos affaires, dont la photocopie du mystérieux manuscrit du dix-huitième siècle dans l'intention de quitter les Archives d'Arkhangelsk, j'avais sorti mon portefeuille. Tatiana Sanakina me jeta un regard interloqué. « C'est pour vous régler les soixante-dix dollars de la recherche », dis-je par l'intermédiaire d'Hugh. Elle les repoussa avec douceur et murmura « Oh non ! Vous n'avez pas besoin de nous donner quoi que ce soit. »

Le 8 août, Hugh, Masha et moi volions vers Mézen. L'appareil secoué de l'Aeroflot s'était élevé au-dessus de la tempête d'Arkhangelsk et filait vers le Nord-est, traversant des cumulus de plus en plus épars. La Taïga vierge brillait d'humidité loin en dessous de nous et ce vert me rappelait le versant arctique de l'Alaska. Nous aurions pu nous rendre en voiture à Mézen, mais il faut plus d'une journée pour faire les trois cents kilomètres qui séparent cette ville d'Arkhangelsk. J'aurais aimé aussi y aller en bateau, mais le caboteur s'arrête dans tous les ports et le voyage prend alors une grosse semaine.

Nous atterrîmes dans l'après-midi sur une piste métallique et nous nous dirigeâmes vers une baraque de bois qui servait de terminal. Un homme mince, aux cheveux noirs répondait aimablement au nom de Vassili. Il portait un uniforme de l'armée où il avait autrefois servi. Il nous offrit immédiatement de nous conduire en taxi. Pour 150 roubles (un peu plus de 5 dollars), il nous conduirait en ville avec nos bagages. Nous entassâmes notre barda dans la Lada cabossée avant d'y grimper. La route, sale, s'enfonçait dans le permafrost qui dégelait au point de devenir le lit d'une petite rivière.

Pendant mes semaines passées en Russie, je n'avais pas trouvé une seule personne qui soit jamais allée à Mézen. Masha Gavrilo avait décrit un spectre déprimant. Sous Staline, de nombreuses villes traditionnelles du nord, disait-elle, avaient été purgées et leurs habitants déportés en masse en Sibérie ou dans d'autres coins maudits et les vieilles maisons de bois avaient été rasées pour faire place à des usines dégueulant la fumée. Masha avait visité l'enfer d'une ou deux « nouvelles cités » et avait presque pleuré de désespoir. Elle avait émis la probabilité qu'un même sort ait été réservé à Mézen. Dans ce cas, je ne trouverai pas le moindre élément issu de la tradition orale.

Et je fus donc profondément soulagé alors que nous traversions les faubourgs, de voir que Mézen avait été épargnée par les embellissements staliniens. Des trottoirs de bois bordaient la rue principale pleine de trous. De belles maisons à deux étages, aux poutres sculptées à la main, étaient protégées par des haies de tilleuls argentés. Deux chevaux et une multitude de chiens se disputaient la priorité.

Nous étions les seuls clients du seul hôtel de la ville. Pour calculer notre note, la femme derrière le comptoir fit défiler des boules sur un abaque (nous allions voir cet ancêtre de la calculatrice en usage dans chaque boutique de Mézen). Il n'y avait pas d'eau chaude et ma chambre était la seule équipée d'une baignoire. Pas de savon, pas de serviettes de toilette, pas de siège sur les WC. Quand je les utilisai, après vingt secondes d'un gargouillis démoniaque, le sol fut inondé.

Nous sortîmes faire un tour. C'était un parfait jour d'été. Il faisait 20° quand le soleil descendit au Nord-ouest, vers les neuf heures du soir. Ses rayons se reflétaient sur la rivière Mézen qui apparaissait, au loin, sous la haute butte sur laquelle la ville se dressait. Des bûches rouges s'empilaient dans les cours et les talus d'herbe verte se confondaient au loin avec les monticules des meules de foin.

Même les adolescents fanfarons, se baladant en bandes de cinq ou huit dans la rue principale, n'arrivaient pas à détacher leurs regards du spectacle. Deux vieilles femmes assises dans une arrière-cour nous interpellèrent : « Prenez notre photo », demandèrent-elles à Masha qui photographiait un arc-en-ciel.

« Qui êtes-vous ? Qu'est-ce que vous faites ici ? »

Masha expliqua. Une des femmes me désigna et s'exclama : « il vient d'Amérique ! »

— Où allez-vous ? demanda l'autre.

— Nulle part, juste à Mézen, répondit Masha.

— Il vient d'Amérique, juste pour visiter Mézen !

Nous étions les premiers Américains à visiter Mézen, déclarèrent ces femmes. J'apprendrai plus tard que ce n'était pas tout à fait vrai. Il y a vingt ans, un Américain, professeur d'histoire, était venu photographier les maisons et une dizaine d'années avant, une Américaine, dont les ancêtres étaient Norvégiens, était venue chercher des parents éloignés, descendants du seul survivant du naufrage d'un navire norvégien au début du siècle. Les habitants de Mézen avaient sauvé la vie de son aïeul et lui avaient permis de s'installer. On comptait aussi un journaliste français, une équipe de la télévision suisse, un écrivain suédois. Le nombre total des visiteurs occidentaux se comptait sur les dix doigts.

Nous poursuivîmes jusqu'à la limite ouest de la ville, d'où nous pûmes contempler le talus qui borde la rivière et qui était la raison de l'implantation de cette ville. Il faisait si bon, les tilleuls et les saules étaient si luxuriants avec leur feuillage vert sombre, que j'eus la tentation de regarder Mézen comme un paradis campagnard et tempéré. Mais tas après tas, le bois de chauffage empilé près des maisons, évoquait la sévérité de l'hiver, à 80 km seulement du cercle polaire arctique. Nous trouvâmes deux croix de promesses érigées aux abords de la ville, surmontées d'un triangle, face à l'océan. L'une portait une petite plaque dont Hugh traduisit l'inscription : « Aux Pomores de Mézen qui ont conquis les mers du nord, leurs descendants reconnaissants. Le 2 août 1997. »

On nous avait dit qu'il y avait un bon petit musée d'histoire à Mézen. Comme pratiquement toutes les autres institutions de Russie dans lesquelles nous avions follement espéré entrer, il était fermé. Mais Vassili, notre chauffeur, connaissait le directeur et l'appela. L'homme était en vacances, mais heureusement chez lui. Mézen était si rustique qu'il ne venait à personne l'idée d'avoir une datcha pour échapper à la jungle des villes. Agréablement surpris d'avoir des visiteurs internationaux, le directeur fut d'accord pour ouvrir le musée et nous parler le lendemain matin.

Vassili Ivanovich Drannikov, mince, anguleux, à l'allure de professeur, nous accueillit dans la salle principale du musée poussiéreux où il nous fit une conférence exhaustive sur l'histoire locale. Il agitait une règle en bois comme les instituteurs de mon enfance et grâce à elle, il nous guida dans la Russie du Nord, étalée sur une carte suspendue sous un néon. Sur un mur, j'avais aperçu une petite exposition dévolue à « mes » naufragés. Je bouillais d'impatience d'interroger Drannikov à leur propos, mais il fut impossible de faire dérailler le train de l'Histoire de son ordre chronologique.

Les premiers chasseurs-cueilleurs, après le dernier âge glaciaire ; les tribus finnoises, vers cinq mille ans avant JC ; les Nenets ou Samoyèdes, pasteurs de rennes de l'Est ; les routes commerciales vers la forteresse de Mangazea en Sibérie, vers mille avant JC ; les émigrés fuyant l'invasion scythe ; enfin, les premiers vrais Russes arrivant vers le neuvième siècle après JC. Ce n'était pas inintéressant, malgré la présentation sèche et pédante de Drannikov. J'essayais d'accélérer la bande enregistrée en posant des questions. Hélas, avant qu'elles ne ressortent de la bouche d'Hugh, Drannikov coupait l'espace de sa règle et reprenait son discours, entre autres sujets sur l'étymologie du terme Samoyède (qui signifie soit « qui se nourrit lui-même », soit « qui se mange lui-même » ; dans les deux cas, la formule classique que les peuples civilisés attribuent aux barbares qu'ils rencontraient dans les étendues sauvages).

Le plus ancien établissement, proche de l'embouchure de la Mézen, était à l'emplacement de la ville presque abandonnée aujourd'hui de Lampozhnia. Elle fut fondée au treizième siècle à vingt kilomètres en aval de la Mézen actuelle. Sa raison d'être* était de servir de poste de relais sur le long trajet de Novgorod à Mangazea. Ce n'est que plus tard que ses habitants se tournèrent vers l'océan Arctique.

La date de Lampozhnia semblait contredire l'affirmation abrupte de Belov, disant que les Pomores avaient découvert le Spitsberg au onzième siècle. Par extraordinaire, je réussis à capter l'oreille de Drannikov. Un mince sourire traversa son visage et, pour la première fois, il montra un évident sens de l'humour : « Généralement les gens considèrent que la découverte du Spitsberg remonte au seizième siècle, dit-il. Mais je ne voudrais pas polémiquer sur les travaux tardifs du professeur Belov. Et bien sûr, nous sommes très heureux de ce que raconte Belov. Pourquoi donc polémiquer ? »

Le bourdonnement de Drannikov reprit pendant qu'il citait une pétition des Samoyèdes à Ivan le Terrible, en 1545, à propos des Russes qui leur volaient la terre ; puis à propos d'un décret de 1619 du tsar Mickaël, interdisant la route maritime de Sibérie. Enfin, après une heure de conférence, le directeur s'arrêta et pointa sa règle sur le panneau à la gloire des « Robinsons du pôle », de 1743-49. Une gravure sur bois mettait en scène le sauvetage des hommes. Au premier plan, un drapeau en peau de renne et tout au fond, une voile qui s'approchait. Une vitrine célébrait les découvertes de Belov qui avait rétabli le nom des marins. Mais il fut très vite clair que sur le plan local, Drannikov ne savait rien d'autre sur les naufragés d'Edgeøya que nous n'ayons appris.

J'entrepris de demander : « Est-ce que cette histoire est bien connue à Mézen, aujourd'hui ? »

La réponse me surprit. « Les gens connaissent cette histoire aujourd'hui parce que des groupes scolaires viennent dans mon musée. Cette histoire ne subsiste dans aucune tradition orale. Le musée l'a remise à l'honneur. Et ensuite, les journaux ont souvent repris l'information. » Je comprendrai plus tard que cette affirmation gratuite tombait pile pour donner le beau rôle à Drannikov. Il ne pouvait s'empêcher de tout contrôler : ce que nous étions autorisés à apprendre ne pouvait sortir que de sa bouche, par le biais de ses récitations, qui ressemblaient à un manuel scolaire débité à voix haute.

— Y a-t-il des descendants directs de ces marins aujourd'hui ? demandais-je.

— Pas de descendant direct. Mais il y a deux veuves Inkov, des femmes qui ont été mariées avec les derniers hommes portant ce nom. Je vous les présenterai plus tard…

— Quand ? le coupai-je assez impérieusement.

— À la fin de l'après-midi. Nous ferons d'abord un peu de route dans la campagne, je veux vous montrer un village typique qui ressemble à ceux du dix-huitième siècle.

Nous écourtâmes notre déjeuner dans une lugubre cafétéria, l'un des deux restaurants de la ville où un copieux repas nous fut servi pour 84 roubles (environ 3 $) à quatre. Là, sans sa règle, Drannikov se détendit un peu et nous fit part d'intéressantes informations sur le Mézen actuel. La population de la ville était d'environ mille cinq cents habitants (le recensement de 1997 donnait le chiffre de 1522). La plus ancienne maison encore conservée, avait été construite en 1800. Toutes les églises locales avaient été détruites durant la révolution russe. Une seule église rassemblait les fidèles dont le prêtre était un médecin à la retraite de Saint-Pétersbourg. Il n'y avait qu'un homme en ville qui parlait ma langue, c'était le professeur d'anglais, et plutôt mal, comme je m'en apercevrai.

Je constatai que florissait encore dans le Mézen actuel, la coutume de distribuer des surnoms à tout le monde. Je l'avais remarqué en comparant « le témoignage oral d'un chasseur de Mézen » avec les noms du recensement recopiés par Belov. En fait, il était assez courant d'avoir deux surnoms différents : un dans le cercle de famille, généralement un diminutif, et un surnom public souvent grossier. Par exemple, Kerovich : fils de con.

Le patronyme Inkov avait été sans doute l'un des plus courants dans la région et le nom de cette famille s'était perpétué après la génération des marins de l'Arctique. Il y avait un Inkov, surnommé Fjord après une héroïque expédition russo-suédoise, en 1903, qui avait recherché l'explorateur allemand le Baron Toll. Il y avait une pointe Inkov sur la côte arctique et aussi un cap Inkov, très loin à l'Est. Le ruisseau qui coulait au centre de Mézen s'appelait en fait l'Inkov.

L'économie de la ville déclinait depuis l'effondrement de l'Union Soviétique, en 1991. « C'est pour ça qu'on voit beaucoup de chevaux », dit Drannikov. J'avais déjà remarqué que les rues de la ville étaient jonchées de crottin. Le directeur fit le panégyrique de la race locale. « Un cheval de Mézen n'a pas besoin de beaucoup de nourriture. Il mange de la mousse et du poisson, et survit en hiver en plongeant dans la neige pour trouver l'herbe. Ils ont essayé d'introduire des chevaux d'Estonie ou de Hongrie, mais dès qu'ils marchaient en dehors des routes, ils restaient bloqués dans la neige. Un cheval de Mézen est plus petit et peut avoir de la neige jusqu'au poitrail, mais il s'en sort en bondissant comme un lapin.»

Le nom de Mézen, comme l'indiquait Drannikov, signifiait endroit heureux ou chanceux. Je devais le reconnaître. La ville délabrée avec ses trottoirs de bois, les motifs architecturaux dont étaient décorées ses maisons, était aussi belle que toutes les autres bourgades subarctiques que j'ai vues et rivalisait facilement avec mes villes favorites d'Alaska, du Yukon ou d'Islande. Depuis que j'étais arrivé, un sentiment de nostalgie m'avait étreint, car j'imaginais les marins isolés sur leur Edgeøya glacée rêvant de leur ville natale sous le soleil d'été.

Le petit tour au Sud pour visiter un hameau traditionnel dura six cruelles heures et demie. Nous ne serions pas de retour à Mézen avant onze heures du soir, épuisés, en ayant raté notre rendez-vous avec les veuves Inkov. Et lorsque j'appris par Hugh — qui l'avait compris au détour d'une phrase — que le hameau où on nous conduisait était le lieu de naissance de Drannikov, constatant qu'il nous avait manipulés pour se servir du taxi de Vassili et se payer une visite à ses amis et ses parents, j'entrai dans une rage silencieuse. En définitive, après avoir pu prendre un nouveau rendez-vous avec les veuves pour le matin suivant, le dernier de notre séjour à Mézen, et une fois que je me fus un peu calmé, je dus admettre que ce voyage m'avait apporté quelque chose en dépit de l'agenda secret de Drannikov.

De Mézen, nous arrivâmes dans l'après-midi à Pogorelets, au bout de quatre-vingts kilomètres d'une mauvaise route qu'il avait fallu parcourir durant deux heures et demie. Le nom de Pogorelets signifie « l'endroit brûlé », allusion à l'incendie de 1896 qui détruisit tout le village.

Les traditions étaient si bien conservées par les gens d'ici qu'ils avaient reconstruit leurs maisons et les écuries dans un style sans doute très proche, d'après Drannikov, de ce à quoi ressemblait Mézen en 1740, bien plus que Mézen aujourd'hui, dépareillé par ces blocs d'immeubles de briques et de ciment du plus pur style soviétique, éparpillés au milieu des agréables vieilles constructions en bois.

Parmi la douzaine de bâtiments qui composaient Pogorelets,

je fus surpris de constater que même la plus simple des fermes comportait deux étages. « Ils gardaient les vaches et les chevaux à l'intérieur pendant l'hiver, expliqua Drannikov. Les moutons et la volaille restaient dans les rues. » Dans les environs d'Arkhangelsk, nous avions visité, tous les trois, l'étonnant musée d'architecture de Karélie. Là, au milieu de collines boisées, se tenait une collection de bâtiments en bois qui avait été récupérés un peu partout, transportés sur ce site et reconstruits planche par planche. La plupart dataient du dix-neuvième siècle, quelques-uns du dix-huitième. Une bonne partie venait de la région de Mézen. J'avais été frappé, là-bas par la taille généreuse des demeures des paysans, à deux, parfois trois étages. Le plus impressionnant de tout étaient les clochers d'églises, dont les toits étaient recouverts de bardeaux finement taillés pour épouser les courbes des dômes byzantins.

Nous marchions depuis une heure dans les champs et les chemins de Pogorelets. Un moulin à vent hors d'usage, lui-même haut de deux étages, montait la garde au milieu d'un champ fauché, parsemé de hautes meules de foin. Une jolie petite église blanche, surmontée de deux clochers à bulbe argentés et jumeaux, dominait l'entrée sud du village. Nous nous assîmes sur la berge en contemplant la Mézen. Là, dans des anses, mouillaient des bateaux à rames qui étaient entourés de festons, provoqués par le remous d'un paisible courant.

Malheureusement, notre balade idyllique fut interrompue par les deux inévitables ivrognes du coin. L'un d'eux attrapa notre chauffeur Vassili par le bras, le serra vigoureusement en refusant de le laisser partir. Ils puaient l'alcool. Vassili prit la chose avec flegme, même quand la poignée de main menaçait de tourner à la bagarre. Masha me reconstituera leur dialogue.

— Qui êtes-vous ?, demanda l'ivrogne.

— Mon nom est Vassili.

— Tu viens d'où ?

— Mézen.

— Et alors ? Je suis d'ici, je vis ici. l'homme éructa plusieurs fois.

Et ensuite :

— Alors ça ne t'impressionne pas ? Ça te pose un problème ?

L'autre ivrogne s'adressa à Masha. Il la pressa en lui chuchotant à l'oreille :

— Prends ma photo ! Prends ma photo ! Prends ma photo avec toi ! Prends ma photo et baise-moi !

Notre hôte à Pogorolets, et comme je le saurais plus tard, un parent de Drannikov, était un certain Ivan Mikhailovich ; un fermier taillé à coup de serpe, à la chevelure argentée, qui paraissait bien plus jeune que ses 70 ans. Deux tatouages ornaient ses avant-bras : une sirène nue et un cœur percé d'épines. Ivan nous invita à prendre le thé chez lui. Sur ordre de Drannikov, nous avions apporté nos propres provisions. Alors que nous essayions de partager notre pain, notre fromage, nos gâteaux et notre bière avec Ivan et sa femme, ils prétendirent qu'ils avaient déjà dîné. Le thé était servi dans des tasses de porcelaine ancienne et la femme d'Ivan nous offrit de la confiture maison à étaler sur notre pain. Ivan était furieux contre les ivrognes qui nous avaient harcelés. Il les appelait « salauds ». « Nous n'en avons jamais eu autant de ceux-là ». Son regard semblait quêter un commentaire à Vassili. « Moins il y a d'argent, plus ils sont nombreux ».

En dépit du temps délicieux, les fenêtres de la cuisine surchauffée restaient fermées. Je me rappelai une remarque de C. S. Lewis : « ceux qui travaillent dehors la journée, laissent les fenêtres fermées la nuit ». Je laissai errer mon regard autour de la pièce, impeccable de propreté. Un bon tiers de la cuisine était occupé par un poêle en terre haut d'un mètre cinquante. La remarque de Le Roy sur celui des marins de Mézen me revint.

« Un fourneau de terre grasse bâti à la russe, c'est-à-dire une espèce de four, sans cheminée, qui sert à faire la cuisine & à échauffer la chambre en même temps, & sur lequel on peut se coucher, ce que font d'ordinaire les paysans quand ils ont froid. »

Je fus ravi d'entendre Ivan, interrogé par Hugh, déclarer que lui et sa femme dormaient sur leur poêle durant les pires nuits d'hiver.

En nous servant le thé, la femme s'excusa auprès de Masha de ne pas nous offrir davantage : « Nous n'avons plus de vache, dit-elle. Si nous avions une vache, je vous aurais donné du lait, du fromage et du beurre. »

Ivan aussi se plaignait de la dureté des temps : « Cette vache que nous avions, est devenue une vieille bête et nous avons dû la vendre. Nous gardons un bœuf qui nous donnera de la viande. Ensuite, peut-être, on rachètera un autre bœuf. Je ne trouve pas de travail. Avant la Perestroïka, il y avait 150 têtes de bétail à Pogorolets. Depuis, c'est la misère. »

Je demandai à Ivan s'il connaissait l'histoire des marins sur Edgeøya. « Je sais quelque chose là-dessus », commença-t-il. Le sentencieux Drannikov l'interrompit : « Maintenant les gens connaissent l'histoire grâce à mon musée et aux journaux. Les écoliers apprennent cette histoire. »

Ivan préféra ignorer son parent pour s'étendre sur ce qu'il connaissait du passé : « Nous savons encore comment était la vie au temps des Pomores. Et je sais tout de la vie, ici, à Pogorolets, depuis 1931, date de ma naissance. Et avant ça, je connais tout grâce à mes parents. »

Avant de nous quitter, nous visitâmes le cimetière. Au milieu d'une clairière de sapins, se trouvait disposé un ensemble de tombes entouré d'une grille de fer forgé. Six ou huit croix de promesses affichaient la dette éternelle des âmes qui reposaient sous l'herbe luxuriante, à l'égard du Sauveur. Les reflets de la Mézen jetaient des éclats à travers les branches de sapin, alors que le soleil n'était plus qu'à quelques degrés au-dessus de l'horizon. Aucun endroit en Russie, pas même les berges de la Fontanka par les plus belles Nuits blanches de Saint-Pétersbourg, ne m'a semblé aussi beau que Pogorolets, entouré de grasses prairies avec ses tombes enfermées dans le secret de sa forêt.

Drannikov n'était pas du tout enclin à organiser le rendez-vous avec les veuves Inkov, de crainte que les deux vieilles femmes ne viennent ternir la présentation (digne de la chambre de commerce) qu'il faisait de sa ville natale. C'est précisément ce qu'elles firent.

Nous rencontrâmes les deux femmes tôt le matin, dans un petit café ; une annexe de la principale épicerie de la ville. C'était une autre belle et chaude journée, mais les veuves Inkov gardaient leur lourd manteau boutonné jusqu'au col et leur fichu aux couleurs éclatantes, bien serré sur leur tête. Elizabeta Alexandrovna Inkova semblait avoir dans les 70 ans. Elle avait des cheveux blancs, un air énergique et le regard pénétrant. Son amie, Nina Feodorovna Inkov, était plus jeune de dix ans au moins. Grande, les cheveux noirs, portant des lunettes à la monture rose, ses traits me laissaient penser que coulait du sang samoyède dans ses veines.

Le mari d'Elizabeta, mort en 1994, exerçait le métier de charpentier. Celui de Nina, décédé la même année, était conducteur de grue. Nous les interrogeâmes sur les ancêtres de leurs maris. « Tous les Inkov viennent de Novgorod », déclara Elizabeta. Nina ajouta : « mais maintenant, il n'y a plus d'homme qui porte le nom d'Inkov à Mézen. Elle sourit. Il ne reste plus que nous et la rivière ». Les deux veuves étaient nées à Mézen et n'en étaient jamais parties.

Bien entendu, ma première question fut de leur demander si elles connaissaient l'histoire des marins de 1743. « Depuis notre enfance, affirmait Nina, nous connaissons cette histoire. Sans aucun doute nos maris étaient des parents d'Aleksei et Khrisanf Inkov. » Autant pour Drannikov qui assurait avoir ressorti seul toute l'histoire, pensais-je.

Il apparaissait que Nina l'avait étudiée sérieusement, en passant de nombreuses années à rechercher des renseignements dans son pays. Elle sortit une feuille que Hugh recopia. Ce document s'avérait être un arbre généalogique. Elle avait remonté la descendance de son mari jusqu'à un Fedor, né en 1867. Par ailleurs, à partir des recensements locaux, elle avait retrouvé le grand-père d'Aleksei Inkov, un Fedor lui aussi, qui avait fait partie d'une expédition en Nouvelle-Zemble, en 1673. Elle avait aussi déduit qu'Aleksei et Khrisanf avaient le même grand-père, appelé Emilian. « Ce qui en fait des cousins, expliqua-t-elle. Mais rien n'empêche que Khrisanf soit aussi le filleul d'Aleksei. »

Nina avait donc réussi à suivre la descendance d'Aleksei et Khrisanf dans la deuxième moitié du dix-huitième siècle. Elle avait un trou de 70 à 100 ans entre leurs descendants et les ancêtres de son mari. Apparaissait, durant cette période, un mystérieux Ilia Inkov qu'elle suspectait d'être un lien essentiel. « J'aimerais me le représenter, dit Nina, mais il faudrait que j'aille voir dans les archives de Saint-Pétersbourg et je n'ai pas d'argent. » Il était navrant de constater que de l'éloignement de Mézen avait résulté qu'aucune de ces deux femmes n'avait jamais lu une copie de la *Relation* de Le Roy, bien qu'elles en connussent parfaitement l'existence. Quand nous leur montrâmes l'édition russe de la bibliothèque de Harvard, elles s'empressèrent de se pencher dessus. Après nous être assurés que l'unique photocopieuse de la ville fonctionnait dans le bureau du journal local, nous leur avons promis de leur en faire une copie avant de prendre l'avion de midi pour Arkhangelsk.

En dehors de la généalogie, les veuves Inkov avaient recueilli un vaste fond d'histoires orales. Durant les deux heures magiques qui suivirent, je recueillis des détails étonnants que Le Roy n'avait pas saisis, grâce aux explications que m'ont données ces deux femmes sur le passé. Bien que le mari de Nina, Youri, fût un conducteur de grues, il avait hérité des Inkov la passion de la mer. « Les bateaux, les bateaux, les bateaux. Il était toujours en train de pêcher, se souvenait-elle. Il m'emmenait souvent en mer. »

De leur mari, les femmes avaient retenu l'histoire d'un ancêtre héroïque, Ilia Jacoblevich Inkov qui avait sauvé son chef d'expédition, Alexandre Kolchak. Entre 1919 et 1920, l'amiral Kolchak deviendra célèbre comme chef suprême de la contre-révolution des Blancs opposés aux bolcheviques. Après la victoire des communistes, Kolchak fut exécuté. Vingt ans plus tôt, en 1902-03, il avait déjà été proche de mourir dans l'Arctique. « Ils marchaient sur le pack de glace en sautant de plaque en plaque, dit Nina. Kolchak tomba à l'eau. Personne ne pouvait plus le voir, car il avait disparu sous la glace. Ilia Jacoblevich se pencha, l'attrapa par les cheveux et le tira inconscient sur la glace. » Ilia mourut en 1948, ce qui fait qu'Elizabeta l'avait connu dans son enfance. Les deux femmes entretenaient un mémorial en l'honneur du courageux marin. « Nous ôtons les mauvaises herbes, nous le repeignons, dit Elizabeta. Nous l'avons justement remis à neuf la semaine dernière. »

J'en arrivai à l'ingéniosité des marins sur Edgeøya, qui avaient fabriqué des lances à l'aide de bois flotté et de clous pour tuer les ours polaires. Les femmes ne furent pas surprises.

« Il était très naturel de se servir de clous et de bois flotté, dit Nina. Encore aujourd'hui, nous avons à Mézen des gens qui font, de leurs mains, des choses merveilleuses. Il y a un homme qui sculpte des oiseaux dans le bois et fait de la marqueterie en coquillages, simplement pour décorer sa maison. »

Nina me donna un nouvel éclairage sur le fait de tenir un calendrier pendant six ans et trois mois. « Très vraisemblablement, il le couchait par écrit. En tant que pilote, Aleksei devait noter toutes sortes de choses : la position, la vitesse du bateau etc. Et s'il ne savait pas écrire, il savait compter et dessiner les carrés et les cercles nécessaires à la navigation. »

Le temps, pour un habitant de Mézen, était moins une affaire de montres que d'intuition. « Par exemple, continua Nina, en habitant ici, sur la rivière, nous savons exactement l'heure des marées, hautes ou basses. Nous n'avons pas besoin de pendules ou de tables des marées, même si elles changent d'une heure chaque jour. Nous vivons avec la rivière, les gens disent : " la marée haute arrive " ».

Je la questionnai sur le calcul des dates à l'aide des saints du jour. Elizabeta s'enflamma : « Pendant 70 ans, il était officiellement interdit d'avoir la foi. Nous étions persécutés. Ils ont essayé de nous faire oublier les saints du jour. Mais depuis trois ans maintenant, nous avons une église et nous essayons de nous les enseigner. Les saints du jour, ceux qui les ont appris depuis l'enfance, ne les oublient jamais : Jean-Baptiste, Elie, Sainte Catherine, Ascension… ». Nina renchérit : « Nous disons simplement "Oh, cette année à la Saint Elie, je dois…" Une vieille coutume dit qu'à la Saint Elie, au 2 août, le matin, on est en été, et l'après midi en automne. »

Soudain revint à la mémoire de Masha un souvenir qui datait de son enfance à Novgorod. « On n'avait pas le droit de nager après la Saint Elie, dit-elle. Ce n'était pas une superstition, l'eau devenait trop froide. »

Elizabeta continua : « Il y avait dans chaque village, des églises dont chacune était dédiée à un saint différent. Le jour du saint, il y avait une grande fête et les gens venaient d'autres villages. »

La conversation avançait ainsi. Les marins avaient tué douze rennes avec seulement douze coups de fusil ? « C'est normal, dit Nina. Ils ne pouvaient pas les rater, les chasseurs de Mézen ont toujours été très bons. » Est-ce que, vraiment, leur cabane pouvait être haute de six mètres ? Nina protesta : « Ce serait difficile à chauffer. La hauteur normale c'est un peu plus de 2 mètres. Mais où mettaient-ils leurs fourrures ? Il fallait qu'ils les fassent sécher quelque part. Et comment fumer la viande ? Mon gendre fume ses poissons en hiver en les pendant haut à l'intérieur. Le but de toute chasse [au Spitsberg] était d'avoir de grandes réserves de provisions pour tenir tout l'hiver, et de les tenir éloignées des ours. »

Je laissais partir mon imagination. Je ne trouverais jamais les notes de Klingstedt. Comment avais-je pu espérer ? Il m'arrive souvent de retourner toute la maison pour chercher en vain des boîtes en carton où j'avais rangé des notes cinq ou six ans auparavant. Si j'étais incapable de retrouver mes propres écrits, comment pouvais-je m'attendre à mettre la main sur ceux de Klingstedt perdus en Russie depuis 251 ans ?

Mais ici, dans ce café de Mézen, j'étais tombé sur un filon. La connaissance des veuves Inkov était nourrie d'une tradition orale si riche que nous autres, Américains, avons du mal à l'imaginer. C'est parce que Mézen se trouve très à l'écart du monde cosmopolite qu'il y a une telle dépendance à la parole des anciens, à la mémoire de ceux qui se souviennent. Foin de Drannikov, des musées et des livres, qui sont moins importants que les histoires que l'on se répète à Mézen. Avec les deux veuves Inkov, j'avais découvert les deux esprits au monde qui étaient les plus proches des obscurs naufragés dont je suivais la piste depuis plus d'une année.

Je ressortis la théorie des marins pour prévenir le scorbut. Nina dit, « bien sûr. Nous mangeons encore de la viande crue en hiver et nous buvons encore du sang de renne chaud. »

Elizabeta abonda. « Mon mari, quand il abat un mouton, lui tranche la gorge et tient un bol dessous. » Elle parlait au présent comme si Jakov Fedorovich Inkov était encore en vie. « Et il boit aussitôt et il aime ça ».

Nina ajouta « nous étions neuf enfants dans ma famille. Quand vous en avez neuf, vous ne gaspillez rien. Quand on ne buvait pas le sang, nous le mélangions avec de l'eau et de l'huile et le faisions frire. » J'interrogeais sur l'herbe à scorbut. *Cochlearia* paraissait inconnue dans la région de Mézen, mais une autre plante, appelée Bogorodskaia, était un antiscorbutique à l'efficacité éprouvée. « Le nom signifie "né de la mère de Dieu", expliqua Elizabeta. Nous la faisons encore sécher pour en faire des tisanes. C'est bon pour le scorbut et pour plein d'autres choses : crises de foie, coups de sang et ainsi de suite. »

Nous aurions pu parler avec les veuves Inkov toute la journée, mais l'heure de prendre notre avion pour Saint-Pétersbourg approchait. J'en vins au haut fait d'Aleksei Inkov, qui trouva l'abri salvateur des habitants de Mézen. Les femmes n'en étaient pas étonnées. Nina dit, « c'est qu'il n'y avait ni radio, ni télé. Le seul moyen d'information était de se parler. Les marins revenaient à la maison et disaient : "Nous sommes passés là, puis là...". Aleksei, bien sûr, possédait une boussole, donc il avait une bonne idée de l'endroit où se trouvait le bateau. » En souriant, elle caressa ma joue. « Pour nous, c'est extraordinaire qu'Aleksei ait trouvé la hutte, mais pour nos enfants, il sera extraordinaire qu'un Américain soit venu à Mézen. »

Vassili nous attendait pour nous conduire à l'aéroport. Nous

nous précipitâmes au bureau du journal pour photocopier Le Roy. Quand nous revînmes à la maison de Nina, qui était voisine, Elizabeta tendit à Masha un bol de framboises fraîches. Nous les dégustâmes en faisant nos bagages dans notre petit hôtel. Ce furent les plus délicieuses framboises que j'aie jamais mangées. Alors que nous chargions la Lada de Vassili, Masha fit quelques pas jusqu'à la maison de Nina pour rendre le bol. Elle la trouva à quatre pattes sur le sol, les copies de Le Roy éparpillées sur le tapis. « Je suis en train de le lire, lui dit-elle, le souffle coupé. J'ai presque fini, c'est si excitant. J'allais vous écrire une lettre. Merci ! Merci ! »

« Non ! répondit Masha, merci à vous. »

*Elizabeta Aleksandrovna Inkova (à gauche) et Nina Fedorovna Inkova, les deux dernières descendantes, par alliance, de la lignée des Inkov.*

*Débarquement sur Halfmoon Island.*

# CHAPITRE VIII

# Halfmoon Island

Le matin du 14 août, j'accueillis Vaughn Hadenfeldt à l'aéroport Charles de Gaulle, à Paris. D'habitude lumineux, tanné par les années à grimper et à faire le guide dans les canyons de l'Utah, son visage ridé, semblait abattu et hagard. Ce n'était pas dû à son premier voyage en Europe, ni aux huit heures de décalage horaire qui séparaient son village de Bluff de la ville de Paris : Vaughn venait d'être plongé dans un drame personnel qui avait failli lui faire annuler notre voyage au Spitsberg. Deux semaines avant, on avait diagnostiqué chez son père une maladie mortelle. Il y avait le risque qu'il décède pendant les trois semaines d'absence de son fils. Vaughn était allé au chevet de son père, à l'hôpital de Fort Collins, Colorado, qui l'avait assuré qu'ils ne se reverraient pas et que Vaughn devait partir quand même.

Bien que manquant de sommeil et préoccupé, il ne lui fallut pas longtemps pour distiller une remarque pénétrante. Nous buvions un café. Il sortit son nez de la tasse et déclara : « C'est quoi cette histoire de construire une hutte à un kilomètre et demi du rivage ? »

J'avais dû lire vingt fois le texte de Le Roy sans m'arrêter sur cette phrase : « Ils découvrirent bientôt la cabane qu'ils cherchoient, elle étoit placée à environ un quart de lieue du rivage de la mer. »

— Quel est l'avantage ? continua Vaughn. Tu as besoin de bois flotté pour le feu et tu ne trouves pas de bois flotté à terre. Et pense au boulot de charrier les grosses poutres de la cabane apportées de Russie, sur un kilomètre ou plus. Ça se compte en semaine. En fait, tout dépend du poids donc de la taille…

— Douze mètres sur six, et six mètres de haut récitai-je.

— Laisse-moi réfléchir…

Dès l'instant où Vaughn avait parlé, j'avais reconnu son discernement. C'était le guide qui parlait en lui, l'homme pratique qui avait l'habitude de porter pour son travail. Peut-être étais-je trop livresque pour remarquer une telle incohérence. Plus tard, scrutant attentivement une excellente carte moderne de l'archipel, je trouvai de petits carrés noirs, symbolisant des huttes. Très peu étaient éloignées de la côte et celles-ci, je m'en apercevrai sur place, étaient des cabanes de chasseurs récentes, apportées par des chiens ou des scooters des neiges. Sur les six carrés noirs portés sur la carte d'Edgeøya, tous étaient proches de la côte.

Le jour suivant, Michel Guérin arriva de Chamonix en train. Michel et Vaughn ne s'étaient jamais rencontrés, mais je sentis que ça allait coller entre eux, en dépit de la barrière du langage. Elle me forcera tout le long de notre séjour à ne jamais être dispensé de faire l'interprète entre les deux (en toute justice, l'anglais de Michel était presque compréhensible, malgré ses barbarismes). Pour Vaughn, le français était un livre fermé, bien qu'à la fin de notre voyage, je l'aie surpris à murmurer « bonjour » et « entrez » une fois, deux peut-être.

Au cours du déjeuner, Michel dit en comptant sur ses doigts : « *Nous sommes quatre — l'écrivain, l'œil, le tireur…* ». Moi, j'étais l'écrivain, bien sûr ; Vaughn, l'œil. J'avais raconté à Michel qu'il n'avait pas son pareil pour repérer des antiquités dissimulées par le temps, sous la terre et la poussière ; Mats Forsberg, notre guide suédois était probablement le « tireur » qui nous protègerait des ours. « *Et moi, conclut Michel, je suis le branleur* ».

J'éclatai de rire, Vaughn leva un sourcil interrogateur et réclama sur le champ la traduction du mot. Plus facile à dire qu'à faire : un « *branleur* » (on ne trouvera pas cette définition dans le *Larousse* ni dans le *Cassell*), est un je-m'en-foutiste, un fainéant et aussi un masturbateur, un stérile. On a finalement décidé que, « fuck off » s'en rapprochait le plus. Cette manière de se moquer de lui est un de ses traits de caractère, mais le rôle de Michel au Spitsberg ne m'apparaîtra pas comme celui d'un branleur. Il se montrera, au contraire, une sorte d'oracle sceptique, tour à tour inspiré par Voltaire et Rimbaud, décapant et fumeux.

Vaughn, ancien chasseur, avait une crainte très respectueuse des ours polaires, il espérait apporter ses armes au Spitsberg, mais il abandonna l'idée quand il apprit qu'il était impossible de franchir la douane française avec une arme à feu. Je ne fus pas rassuré d'apprendre que, pour notre protection, Mats avait loué quatre Mauser datant de la deuxième guerre mondiale. Michel nous donna cette définition pessimiste du rapport de force : « nous aurons contre les ours, un fusil allemand, spécialiste des lapins français. »

En soirée, nous fûmes reçus par des amis parisiens. Deux invités, sans se concerter, surnommèrent Vaughn, « Buffalo Bill ». Je fus ahuri de constater que, parmi tous nos héros américains de l'Ouest sauvage, le seul qui ressorte de l'imaginaire des Français, était William Cody : un acteur de cirque. Mais ils avaient raison : Vaughn aurait facilement joué le rôle de Buffalo Bill dans un western de série B.

Le lendemain, nous partions tous les trois pour Tromsø au nord de la Norvège. Situé sur une île au centre d'un fjord profond, à 69° et demi de latitude, Tromsø est non seulement un parfait port naturel mais il a servi durant des siècles de principale étape vers l'Arctique.

Mats Forsberg vint nous chercher à l'avion et nous conduisit dans un confortable hôtel du centre-ville, dominant les quais. Au salon, nous bûmes la première des nombreuses bouteilles de Ringnes, la grande marque de bière norvégienne, et parlâmes logistique.

Dans des voyages tous frais payés, comme un raid à ski dans le Vermont d'hôtel en hôtel, ou une virée de spéléologie aux Bermudes, j'avais toujours senti un certain malaise au moment où le groupe rencontrait son guide pour la première fois. J'aimais bien organiser et mener mes expéditions moi-même et je trouvais difficile de me soumettre au style et aux règles de quelqu'un d'autre, même si le domaine était tout à fait en dehors de mes compétences.

En prenant Mats comme guide, que j'avais recruté par téléphone et par mail, j'entreprenais le plus sérieux de mes voyages avec l'impression d'être dans le siège du passager. En contact avec lui par Internet depuis un an et demi, Mats m'avait paru un bon compagnon de jeu, mais je réalisais que j'en savais très peu sur son passé et son expérience des espaces sauvages.

Âgé de 43 ans, c'était un Suédois solidement bâti, aux cheveux blonds cendrés qu'il devait couper lui-même. Son menton et ses joues étaient envahis d'une barbe de trois jours (il réussit pendant les semaines qui venaient, à maintenir cette taille de poils comme on garde la bonne hauteur d'une pelouse de golf). Il parlait d'une voix forte, presque déclamatoire. Dès cet instant, j'ai eu le sentiment que Mats était en colère contre le monde entier, ce qu'il camouflait derrière un charme évident.

Le rôle qu'il interpréta dans le salon de l'hôtel n'était pas fait pour m'inspirer confiance. Je pense que je n'avais jamais observé, avant lui, un tel mélange d'anxiété maniaque et de distraction. (Le soir, j'écrirai dans mon journal : complètement excessif, bavard, dispersé.) Il faut cependant admettre qu'il avait organisé admirablement notre voyage, ce qui ne dut pas être facile. Nous prendrions l'avion le lendemain pour Longyearbyen, la capitale du Spitsberg, où nous achèterions nos provisions et louerions le matériel. Munis de tout ça, nous allions embarquer trois jours plus tard, le 20 août, sur un bateau de croisière qui nous prendrait comme passager pendant trois jours, jusqu'à notre arrivée à proximité d'Edgeøya.

Au large d'Edgeøya, le bateau de croisière débarquerait : nous, notre matériel et le Zodiac que nous aurions loué. Nous serions seuls pendant deux semaines jusqu'à ce qu'un autre bateau, un navire de recherche norvégien appelé Le *Lance*, vienne nous récupérer à la fin de sa mission au Spitsberg, puis nous traverserions la mer de Barents pour revenir à Tromsø. Une bonne partie de la grosse avance que j'avais faite à Mats avait servi aux réservations sur ces deux bateaux.

Ayant tracé cet itinéraire dans le salon de l'hôtel, Mats soudain se renfrogna, nous traitant comme s'il pensait que nous étions des élèves capricieux et distraits. « Nous *devons* absolument être prêts à Halfmoon pour le 3 septembre, professat-il. « Le bateau ne nous attendra pas et le Sysselmannen ne viendra pas nous secourir si nous nous en foutons et que nous loupons le rendez-vous. Si c'est le cas, nous devrons prendre le Zodiac pour revenir à Longyearbyen ». Mats nous fixait avec une évidente mauvaise humeur.

Notre guide nous laissa pour dîner avec sa femme et ses enfants. Michel Vaughn et moi nous dirigeâmes vers un restaurant proche où Michel scandalisa Vaughn en commandant un steak de baleine. On discuta de la scène bizarre qui s'était jouée dans le salon de l'hôtel. « On dirait un débutant, avança Michel, il faut le garder concentré sur notre but ».

Le lendemain matin nous fîmes du lèche-vitrines, Vaughn s'attarda longtemps devant trois ou quatre fusils qu'il connaissait bien et qu'il aurait préféré à nos Mauser, vieux d'un demi-siècle. La devanture d'un magasin de sport était encombrée par un Zodiac gonflé. Il me vint à l'esprit que notre cabotage le long des côtes d'Edgeøya serait sans doute risqué.

La porte vitrée d'une librairie était barrée par une grosse affiche d'un ours polaire tourné vers l'objectif et humant l'air. Le texte était en anglais.

« Il attaque sans prévenir TENEZ VOUS À DISTANCE ! Soyez toujours armés si vous vous risquez dans les zones où vous pouvez rencontrer des ours. Restez calmes si un ours approche. Si vous pensez que la situation devient dangereuse, jetez au loin vos gants, chapeaux, écharpes ou tout ce qui s'en approche, l'ours peut s'arrêter et renifler les vêtements en vous laissant une chance de vous mettre en sécurité.

Visez la poitrine ou l'épaule plutôt que la tête qui est facile à manquer. L'attaque arrive souvent très rapidement. L'ours fonce droit sur sa proie à grands pas ou en bondissant. »

Je regardais Vaughn et Michel, l'un de nous, peut être bien moi, émit un gloussement nerveux.

Mats nous prit après le petit-déjeuner pour nous emmener au Polaria, le hall d'exposition du Norsk Polar Institutt où l'on avait accroché récemment un florilège de ses photographies. Il nous dit, qu'en fait, il gagnait mieux sa vie comme photographe que comme guide. Depuis la soirée d'hier, il semblait beaucoup s'être calmé. Son humeur de maniaque s'était envolée.

Les clichés, de larges agrandissements de scènes arctiques, étaient excellents. Mats avait lui-même rédigé les légendes qui accompagnaient ces photos, en norvégien et en anglais. Ces longs textes me donnèrent un aperçu de l'homme que nous avions rencontré hier. Une bande de morses allongés sur des rochers en bord de mer lui avait inspiré ceci : « sur la plage, ils passent leur temps à dormir, à se chamailler, à péter et à roter comme vous et moi. » Un homme, sans doute, Mats en personne, regardant la tour d'un iceberg, lui avait dicté cette réflexion philosophique : « un endroit où je réussis à me réaliser en dehors de la traditionnelle manière occidentale de penser et où j'ai la chance de glisser dans un état d'accomplissement. » « Sexe chez les ours blancs » – par ailleurs un vrai *coup* photographique, pensais-je – donnait une leçon d'humilité : « Ce fut une très tranquille approche et la séance a duré au moins une heure, je pense que nous, les hommes, avons beaucoup à apprendre des ours. »

Après le Polaria, nous visitâmes le musée polaire de la ville, doté de belles collections sur l'histoire de l'Arctique. Un grand nombre d'objets russes du dix-neuvième siècle étaient exposés, y compris une paire de rames aux grosses poignées, d'une *lodja* ou d'un *kotch*. Ce qui m'a le plus intéressé, fut un diorama illustrant la manière classique de piéger les renards, en usage dans l'Arctique. C'était d'une parfaite simplicité. Cela ressemblait à une caisse de bois d'un mètre carré dont on aurait relevé le couvercle à 45°, avec de grosses pierres posées dessus. Une simple baguette tenait le couvercle ouvert comme une mâchoire prête à mordre. Le renard allait chercher l'appât qui était fixé à la baguette par une ficelle ou par un clou. Quand il voulait repartir avec sa bouchée, la baguette tombait et le couvercle avec la grosse pierre l'écrasait ou au moins l'immobilisait.

Mats nous dit que des pièges comme celui-ci, certains très anciens, se trouvaient en abondance sur les rivages de l'archipel. Cela soulevait une question qui me travaillait depuis un moment : Le Roy ne fait aucune allusion à des pièges à renards, en revanche il insiste en disant que les marins sur Edgeøya se sont servis de leurs arcs et des flèches pour tuer « Pas moins de 250 Rennes en plus d'un grand nombre de Renards bleux et blancs »...

Les habitants de Mézen étaient certainement familiers de ces pièges de conception simple. Était-il possible qu'ils aient manqué de bois flotté et de clous pour fabriquer un dispositif aussi simple ? Ou bien était-ce une autre mauvaise interprétation de Le Roy ? Le fait que les pièges à renards furent d'un usage commun au Spitsberg jusqu'au vingtième siècle est un argument convaincant pour avancer que c'est un moyen de tuer cet animal, plus efficace que de l'abattre au fusil. Et c'est certainement encore plus vrai quand on ne dispose que d'un arc et des flèches. Si les marins avaient réellement chassé le renard avec cette arme, c'est qu'ils devaient manquer de matériel pour construire ces simples pièges — ce qui, étant donné l'habileté des Pomores, semblait peu vraisemblable. Mats indiqua que le renard bleu et le renard blanc étaient la même chose. Bleu désigne simplement la fourrure d'été de l'animal.

Pendant le repas, il nous en raconta un peu plus sur son passé. En 1982, il avait commencé à travailler sur un bateau de croisière, comme homme de pont. Ensuite, il avait été promu chef d'excursion pour les tours en Zodiac. Il était parfaitement autodidacte, non seulement comme naturaliste et historien, mais aussi comme photographe. Ce jour-là, l'humeur de Mats était à l'opposé de celle d'hier. Il semblait discret, presque effacé. L'agressivité du premier soir s'était évaporée.

« Je n'ai pas fait d'études, dit-il à un certain moment. Je ne suis rien, je suis juste Mats. Bon, d'accord, j'ai une bonne vie. » Je me suis alors demandé si emmener ces trois types diplômés, qui l'avaient engagé comme guide, ne le rendait pas anxieux. Le style tonitruant et incantatoire qu'il avait employé hier n'était peut-être que la réaction à la crainte de ne pas être à la hauteur — à la fois vis-à-vis de nous et devant les difficultés de notre recherche …

Bien que j'eusse expliqué la nature de cette recherche à Mats, dès le mois de janvier précédent, on aurait pu dire qu'il avait oublié de faire ses devoirs à la maison. Il y avait, par exemple, plusieurs éditions de Le Roy, y compris une en anglais, à la bibliothèque du North Polar Institutt. Cependant, quand nous sommes arrivés, Mats ne connaissait l'histoire que par le résumé inexact que Sir Martin Conway fait dans *No Man's Land*. Il a fallu attendre la moitié du voyage pour que Mats s'assoie et commence vraiment à lire la photocopie du récit de Le Roy que j'avais emportée avec moi.

Je ne crois pas que ce soit par paresse, j'avais le sentiment qu'il s'agissait davantage d'une méfiance à l'égard des livres. Pendant notre séjour sur Edgeøya, encore et encore, chaque fois que je commençais à lire tout haut un passage d'un de mes textes, Mats dirait : « Tout ça, c'est des conneries ». Dans de tels moments, sa colère enfouie remontait à la surface.

La première de ses explosions se produisit le second jour, à Tromsø. Tout d'un coup, Mats déclara : « David, je vais me disputer avec toi. Ces types étaient des Inuits. Je ne pense pas que de stupides chrétiens blancs puissent survivre aussi longtemps. »

J'étais anéanti. Des Inuits. Au nom de Dieu qu'est-ce que Mats voulait dire ? Les Inuits ou Eskimos ne s'étaient jamais approchés du Spitsberg.

Il semblait que, pour Mats, Inuit était le fourre-tout par lequel il désignait les indigènes. Il voulait dire, je suppose, que les Inkov, Sharapov, et Verigin devaient être des Samoyèdes. « Je ne pense pas comme toi, Mats », dis-je. Et je me lançai dans ce que j'avais appris en Russie. Je lui expliquai l'arbre généalogique de la famille de Nina qui reliait les Inkov à leurs origines à Novgorod.

— Un Inuit peut s'appeler Inkov, insista Mats. Ça arrive tout le temps.

Il ne voulait pas revenir sur son verdict.

— Des stupides chrétiens seraient morts, comme Franklin et Scott.

Je me demandais bien ce qu'il n'arrivait pas à digérer.

Tromsø semblait un bourg européen, charmant, civilisé, même s'il se situait à 3° au nord du cercle polaire. Michel, Vaughn et moi, avions même laissé derrière nous, à regret, notre hôtel coquet, les restaurants sophistiqués et l'excellente librairie (où j'avais trouvé l'édition de 1906 en fac simile du *No Man's Land* de Conway, épuisé et très précieux aux États-Unis).

D'une certaine manière, ce port Norvégien nous préparait à notre séjour dans le Grand Nord. Chaque rayonnage de l'hôtel et des boutiques, semblait une vitrine à la gloire de l'ours polaire. Michel avait pris la pose devant une brute empaillée, debout sur ses pattes arrière, dont les griffes semblaient menacer le malheureux Français. La tête de la bête dépassait celle de Michel de plus d'un mètre.

Dans l'avion pour Longyearbyen, Mats avait traduit à voix haute un article du journal local. Une vieille femelle, qu'un chercheur canadien avait marquée, avait élu résidence dans les parages de Longyearbyen où elle vivait en pillant les cabanes. Les habitants avaient appris à supporter ses nuisances, mais l'ourse avait donné naissance à deux bébés. « Ils devinrent des ours à cabane, rapportait le journaliste. Leur spécialité était de casser les huttes. Elle avait entraîné ses deux petits. » Donc, hier, les gardiens du parc leur avaient tiré dessus avec des balles hypodermiques pour les charger dans un hélicoptère et les transporter à Edgeøya où ils n'embêteraient plus personne.

« Ah ouais », dit Vaughn. Puis prenant cet accent traînant, que je connaissais bien depuis nos marches en Utah, typique des paysans suédois des plaines du Nebraska au milieu desquels il avait grandi : « ça va vraimmment la leur couper quand ils vont se réveiller ! »

En fin d'après-midi du 18 août, nous atterrîmes sur l'aéroport de Longyearbyen. À 78°15' cette ville était l'endroit le plus septentrional où je sois jamais allé. Pour Vaughn, c'était plus septentrional encore. Quant à Michel, il était allé au pôle nord à ski après s'être fait déposer en avion à une centaine de kilomètres, invité à se joindre à une expédition commerciale par son grand ami Christian de Marliave. Le paysage était nu et sévère, la ville se nichait au fond d'une vallée graveleuse d'où émergeaient des joncs et des étendues de toundra drue. À part ça, pas l'ombre d'un buisson. De sombres collines de schiste se découpaient au nord et au sud. Dans le taxi qui nous amenait en ville, je remarquai de jolies petites maisons entourées de clôtures aux couleurs vives qui égayaient la grisaille ambiante. En revanche notre hôtel, le Spitsbergen Funken, avec ses chambres et ses salons décorés à la scandinave, avec des cuivres et du bois blond, ressemblait à un petit bijou.

Avec 1400 habitants, Longyearbyen est la plus grande des cinq villes de l'archipel du Svalbard. En ajoutant la population dispersée des centres de recherche, il totalise 3300 âmes. Tous les résidents de l'archipel sont rassemblés sur l'île du Spitsberg proprement dite. Les trois autres grandes îles, Nordaustlandet, Barentsøya et Edgeøya, sont désertes.

Reposant au fond de Adventfjorden, un petit bras de l'immense Isfjorden (le fjord glacé), Longyearbyen est un havre très protégé, à 80 kilomètres de la côte ouest du Spitsberg, elle-même adoucie par les eaux du Gulf Stream. Il peut souvent y faire un temps atroce, mais à l'heure de notre arrivée, le soleil du nord se reflétait sur le fjord et la température de 10° était presque agréable.

Aux environs de 1920, Longyearbyen, alors à son apogée, produisait chaque année 10000 tonnes de charbon par an. Aujourd'hui, les mines sont presque toutes fermées et la *raison* *d'être** de la ville est un mélange de science et de tourisme. Ce dernier consiste surtout en des croisières qui font le tour de l'archipel. Nous monterions dans deux jours sur l'un de ces bateaux, un navire russe appelé *Professor Moltanovsky*. Entre-temps, nous sillonnerions Longyearbyen dans le break Toyota que Mats avait emprunté pour acheter ou louer le matériel. Quand le *Lance*, le bateau norvégien nous récupérerait deux semaines plus tard, tout ce que nous emporterions de Longyearbyen reviendrait directement avec nous à Tromsø.

Depuis des mois, Mats et moi avions révisé à la baisse mes très hautes ambitions initiales. Au début, j'espérais débarquer près de Hvalpynten, où Keilhau et Löwenigh avaient visité le grand établissement russe, en 1827. À partir de là, j'espérais fouiner le long de la côte sud d'Edgeøya, c'est-à-dire les côtes de Tjuvfjorden, faire un tour sur Negerpynten, visiter Halfmoon Island et finir par l'étroite bande de côte appelée Stone Forland, jusqu'au point où la calotte de glace tombe directement dans la mer de Barents. J'avais imaginé changer de camp tous les jours, en transportant notre matériel sur le Zodiac et en montant une tente.

Pour Mats, il était clair qu'un tel itinéraire était irréalisable. Première raison : la distance. Plus de 150 km quand on traçait sur la carte et certainement plus de 200 en réalité car la côte sud d'Edgeøya est extrêmement découpée et réserve une navigation pleine de traîtrise. Ensuite, cela demandait d'embarquer et de débarquer tout le matériel du Zodiac, ce qui nous prendrait, chaque jour, un temps considérable. Enfin, un camp de toile sur la côte d'Edgeøya était une provocation pour les ours et nous courrions à la catastrophe avec des risques d'être tués.

Nous élaborâmes un plan B. Mats avait fait un joli coup avec le Sysselmannen, en empochant l'autorisation d'utiliser deux huttes sur Edgeøya. Ces constructions historiques avaient été rénovées pour servir d'abris de secours. Normalement, les rares visiteurs d'Edgeøya n'étaient pas autorisés à s'en servir, mais Mats avait convaincu le Sysselmannen que notre recherche demandait cette aide exceptionnelle.

Les deux huttes se trouvaient à Andréetangen et sur Halfmoon Island. Mats me demanda celle que je préférais. Me souvenant de la prédiction de Keihlau, pour qui il fallait chercher la hutte des habitants de Mézen sur Halfmoon Island, je choisis celle-ci. Et c'était après tout une décision facile, puisque le *Lance* nous récupérerait le 3 septembre justement sur Halfmoon Island. Donc, à la place de l'expédition itinérante que j'avais d'abord imaginée, nous rayonnerions à partir de Bjørneborg (château des ours) comme se nommait la hutte. La seule faiblesse de ce plan était que, par épais brouillard ou grosse mer, nous serions condamnés à rester sur notre île en forme de croissant, de sept kilomètres sur deux.

Un autre paramètre facilita ma décision. À la fin du mois de juillet, juste avant de quitter la Russie, Masha Olmsted avait pu joindre Viktor Derzhavin, l'archéologue dont l'article nous avait mis sur la trace de l'énigmatique Vadim Starkov. Selon Derzhavin, la propre recherche de Starkov de la hutte des naufragés, il y a une quinzaine d'années, avait prévu de se concentrer sur la partie est de Edgeøya au sud de celle-ci. Le savant avait ajouté : « Starkov était convaincu que la hutte n'était pas là où il avait déjà cherché. Mais Starkov n'avait jamais voulu aller à terre. »

Je n'avais rien compris à ces curieuses remarques. Durant notre dernier jour à Saint-Pétersbourg, Masha avait enfin réussi à joindre Starkov à Moscou, finalement revenu de l'embouchure de la Lena et à la veille de partir lui-même pour le Spitsberg. Puisque Starkov et moi ne pourrions chercher la hutte ensemble, où devais-je regarder ? D'après Masha, la réponse de Starkov avait l'air d'être sincère (plus tard, j'en douterai). « Mon premier choix, dit-il, serait au nord-est de Halfmoon Island ». Il entendait par là, l'étroite bande côtière, Stones Forland, coincée entre la grande calotte glaciaire et la mer de Barents. « Mon second choix serait de remonter de Negerpynten jusqu'à l'embouchure ». Cela signifiait plus d'une cinquantaine de kilomètres sur la côte où se trouvait la hutte d'Andréetangen. « J'ai complètement fouillé la côte qui part d'en face d'Halfmoon Island jusqu'à Negerpynten, continua Starkov. La hutte n'est pas là-bas. David verra que ce n'est pas là-bas. Il n'y a pas de montagne de forme triangulaire. »

Que pouvait bien vouloir dire Starkov ? Le Roy n'a jamais fait allusion à une montagne triangulaire, mais seulement à « nombre de montagnes & de rochers escarpés, d'une hauteur étonnante », une description qui, si j'en croyais la carte, pouvait s'appliquer à n'importe quel endroit de la côte sud de Edgeøya. Quand donc Starkov avait-il cherché entre Halfmoon Island et Negerpynten ? L'article de Derzhavin affirmait à propos de la hutte perdue, « il y a plusieurs années, une expédition archéologique est partie de Moscou, pour entreprendre des recherches dans cette région de l'archipel. Elle dut faire demi-tour à quelques kilomètres de son but à cause d'un délai trop court pour explorer cet endroit. L'étude scientifique de la légendaire habitation des Pomores reste encore à faire. » Est-ce que Starkov essayait de m'éloigner de l'endroit où lui-même avait le plus envie de rechercher ?

Le 18 août, Starkov était à Barentsbourg, éloigné de Longyearbyen d'une trentaine de kilomètres à peine. Je l'appelai donc au téléphone, lui se faisant aider d'un traducteur à l'autre bout du fil. Ce fut donc ma seule conversation, (si c'en était une) avec le sibyllin Starkov. Après m'être excusé de ne pas pouvoir le rejoindre à Barentsbourg, je jouai franc-jeu.

— Je prévois d'explorer d'abord le rivage au nord est d'Halfmoon Island.

— OK, répondit-il à travers son interprète

— Puis si on a du temps au nord de Negerpynten

— OK

— Pensez-vous que c'est un bon plan ?

— Oui, excellent.

Avec le filtre de l'interprète, impossible de savoir si ses réponses étaient du lard ou du cochon. Je raccrochai plus perplexe que jamais.

Au supermarché de Longyearbyen, Mats rencontra un de ses vieux amis, Hallvar Holn, un professeur qui portait un grand intérêt à l'histoire du Spitsberg. Il connaissait bien les travaux de Starkov. Le grand but des recherches de l'archéologue, selon Holn, était de prouver (comme avant lui M. I. Belov avait songé à le faire) que les Russes avaient découvert l'archipel avant que Barents n'y arrive, en 1596. « Starkov a trouvé un morceau de bois, dit Holn, qui fut daté par dendrographie, de 1440. Mais vous connaissez le problème des vieux bouts de bois ». J'avais rencontré le problème des vieux bouts de bois dans les sites des Anasazi du Sud-Ouest. Une poutre charriée par bateau de Russie au Spitsberg, peut très bien montrer des anneaux prouvant que l'arbre avait vécu avant 1440, mais ça ne prouvait pas que le voyage eût lieu à la même époque. Les marins pouvaient très bien avoir récupéré une ancienne poutre. « Et Starkov dit avoir trouvé une inscription de 1592, continua Holn, mais ça peut très bien être une plaisanterie. Pas de Starkov certainement, expliqua-t-il mais de quelque marin anonyme ». Le chauvinisme de l'archéologue dont l'ami de Mats m'avait fourni quelques échantillons, me fit reconsidérer le personnage. Si l'homme était déterminé à démontrer que c'était ses compatriotes et non les

Hollandais ou les Islandais qui avaient découvert le Spitsberg, pourquoi voudrait-il aider un Américain qui ramasserait à sa barbe le prix de la découverte de la hutte perdue ?

Mats semblait connaître la moitié des résidents de Longyearbyen. Tous les deux pas, il rencontrait des gens avec lesquels il entamait de longues conversations en norvégien. Pendant une journée et demie, Michel, Vaughn et moi, avons joué les touristes. Nous montâmes visiter une mine de charbon abandonnée ; un nid d'aigle qui nous donnait une vue aérienne de la ville. Deux langues de glace, l'une partie du nord-est et l'autre du sud-est, devaient se rejoindre au niveau de Longyearbyen et la recouvrir au dernier âge glaciaire.

En ville, une grande partie des habitants portait le fusil à l'épaule, même pour aller boire un café à trois pâtés de maisons de chez eux. Bien qu'il y ait beaucoup moins d'ours sur l'île du Spitsberg que sur Edgeøya, ils constituent, pour ses habitants, une menace constante. L'envie de caresser ce monstre, pourtant sanguinaire, semble universellement partagée. Longyearbyen était remplie de ces figurines kitsch : le plus enthousiaste de tous était l'ours du blason de la bière locale, Mack Arctic, dont les camions sillonnaient la ville. Le supermarché était rempli de peluches et, à l'entrée, il y en avait un énorme affublé d'un chapeau de cow-boy, où l'on pouvait lire en norvégien, « Bonjour, je m'appelle Isaac et je voudrais vivre avec vous », son prix : 2 500 couronnes, soit presque 300 dollars ! Il tenait entre ses genoux, un bébé ours coiffé d'une casquette de base-ball.

Le temps restait magnifique. Conscients que nous étions arrivés au moment le plus chaud de l'année, j'ai demandé à une serveuse comment se passait le long hiver. « Les premiers rayons de soleil arrivent le 8 mars, répondit-elle, il y a une grande fête toute la semaine. Si vous vous tenez devant l'église le 8 mars, vous pouvez voir le soleil pendant 20 secondes ».

Michel et moi avons contemplé des débris sortant du sol, les ruines sinistres d'un grand bâtiment que les nazis avaient incendié durant la guerre. Je me demandai comment ce coin perdu pouvait se révéler stratégique. Nous effrayâmes notre premier renard, qui remonta en courant l'éboulis de la colline au-dessus de nous. Nous visitâmes avec Mats le cimetière, une petite forêt de croix blanches toutes simples. La moitié des morts avait été enterrée durant la grande épidémie de grippe, entre 1917-20. De ces tombes — des mineurs trop pauvres ou trop solitaires pour qu'on paye leur retour dans leur Norvège natale — des chercheurs américains avaient réussi le remarquable exploit d'isoler le virus encore actif qui avait déchaîné la plus grande peste du vingtième siècle.

Deux amis de Mats, âgés de 20 et 18 ans, étaient enterrés là. Ils avaient été tués par accident. Un des garçons, nous dit-il, revenait en Zodiac de Barentsbourg quand une vague l'avait retourné. Il portait une combinaison de survie mais comme le bateau tournait autour de lui, il avait essayé de remonter à bord. L'hélice déchira sa combinaison. L'eau s'engouffra dedans et il coula. L'autre était le dernier à avoir quitté une hutte après une fête. Son scooter des neiges tomba en panne non loin du rivage. Essayant de rejoindre la ville à pied, il s'enfonça dans de la neige fraîche. La marée arriva et le mouilla. Il batailla toute la nuit, rampant sous la pleine lune avant de s'effondrer, à 100 mètres à peine d'une fourrière. Son corps fut retrouvé le jour suivant.

En dépit de ces intermèdes touristiques, la tension était montée pendant ces deux jours à Longyearbyen. Le *Moltanovsky* embarquait le 20 août à 19 heures et tout serait bel et bien fichu si toute notre logistique n'était pas à bord. Cependant, d'heure en heure, alors que Mats parcourait toute la ville en essayant de rassembler le matériel, les doutes qu'il avait fait naître par sa prestation hystérique dans l'hôtel de Tromsø, grandissait.

Malgré toute son expérience sur les bateaux de croisière, il semblait plutôt désorganisé, confronté aux nécessités de notre expédition. J'accompagnai notre guide dans le bureau d'un certain Edwin, un vieil ami, qui était d'accord pour nous louer un Zodiac. Les pourparlers en norvégien, avec cette voix de gorge qui ressemble au ton d'un septuagénaire essayant d'attirer les pigeons, me parurent interminables. Le résumé du dialogue me fit frémir : le moteur du Zodiac qu'Edwin nous avait réservé ne marchait pas. Il avait travaillé dessus toute la nuit, mais ne pouvait pas le démarrer. Nous devions emprunter ou louer un moteur à quelqu'un du village.

Mats se baladait entre les rayons de l'excellent supermarché, empilant les poissons congelés et les tranches de pain dans son chariot, apparemment dans un parfait désordre. Je m'étais parfois enorgueilli d'être capable de rassembler les vivres d'une expédition sans liste, même pour cinq personnes et pour un mois en Alaska, mais quelque chose dans la nonchalance de Mats me troubla.

— Tu achètes pour combien de jours ? lui demandai-je.

— Neuf.

— Mais ne va-t-on pas rester treize jours sur Halfmoon ?

Mats s'arrêta semblant compter de tête :

— Je crois que tu as raison.

Il redoubla d'application pour faire son marché. Un peu plus tard, Vaughn accompagna Mats pour un second tour à l'épicerie et s'assurer qu'il achetait assez de nourriture. Il voulait aussi l'aider à choisir le matériel qui compléterait notre équipement. À lui non plus, cet exercice n'inspira pas confiance. Le voyant enfiler dans un sac quelques casseroles, Vaughn demanda :

— Et dans quoi mange-t-on ?

— Oui, c'est une bonne idée.

Ensuite Vaughn l'interrogea :

— On n'a pas besoin d'une hache et d'une scie ?

— T'inquiète pas, je les ai apportées.

En définitive, il les avait oubliées. Sur le bateau de croisière Vaughn surprendra Mats en train d'essayer d'emprunter une hache et une scie à un membre d'équipage.

Par goût, Vaughn préférait la bière et acheta plusieurs packs de Ringnes. Il revint à Michel et moi de sélectionner le vin. À notre surprise, le supermarché offrait un éventail d'assez bons vins français, au même prix qu'en France. Avec notre chariot écrasé sous le poids de trente bouteilles de Pinot noir, Mouton cadet, Graves, et Sancerre, nous approchions de la caisse, à deux doigts du désastre. Le couple de Japonais qui nous précédait, fit demi-tour, la mine déconfite, pour reposer leurs bouteilles sur les étagères. Nous en déduisîmes qu'il y avait une loi, ou au moins une règle, qui interdisait aux passagers des bateaux de croisières d'emporter leurs propres vins et liqueurs à bord ; certainement le moyen de s'assurer que les touristes ne dépenseraient pas leur argent ailleurs qu'au bar du bateau. Quand arriva notre tour, la dame derrière le comptoir regarda le chariot et demanda sévèrement :

— Vous n'allez pas sur un bateau de croisière ?

— Oh non ! dis-je.

— Vous êtes arrivés au Spitsberg en avion et vous le quitterez en avion ?

— Exactement.

Néanmoins, quelque chose lui paraissait louche.

— Je suis écrivain, ai-je expliqué, nous partons en expédition pour chercher une hutte du dix-huitième siècle…

Elle me coupa d'un geste impatient de la main,

— Les scientifiques sont toujours en train de faire les fous dans le coin.

Notre provision de vin était sauvée.

Il y avait un sacré contraste entre le style « pépère » de notre expédition et les horribles circonstances rencontrées par les marins de 1743. Certes, sur Halfmoon Island, nous serions complètement hors du monde. Aucun contact radio n'était possible. Le seul appareil que nous emporterions consistait en deux petits talkies-walkies incapables de porter à plus d'une douzaine de kilomètres. Mais nous aurions un signal de détresse en cas d'urgence qui, par satellite, avertirait Paris et (en théorie) Longyearbyen lancerait l'opération de secours. En dépit de toutes ces précautions, de notre vin, de notre bière (et de quelques bouteilles d'armagnac que Michel avait apportées de Paris, au lieu du Koniak que Mats avait réclamé), nous espérions du moins, au cours de ces deux semaines, avoir une impression de ce que les Pomores avaient affronté un siècle et demi avant.

Trois heures avant d'embarquer sur le *Moltanovsky*, tout le voyage se trouva remis en question. Pour une quelconque raison, les combinaisons de survie que Mats pensait nous réserver n'étaient pas disponibles. Il n'expliqua pas pourquoi, mais Vaughn apprit que l'ouverture imminente de la chasse aux rennes en avait épuisé les stocks. Nous fîmes, en auto, le tour des magasins de la ville et des administrations, demandant aussi humbles qu'un apprenti cherchant un premier travail, s'il n'en restait pas une, ou deux, ou trois… Et non, on était désolé, mais il n'y avait plus de combinaisons de survie, ni à louer, ni à emprunter.

Dans l'océan glacial Arctique, un gilet de sauvetage ne sert à rien, comme l'eau est à une température voisine de zéro, on meurt de froid en moins d'une heure. La combinaison de survie est un vêtement d'une pièce, lourd, inconfortable, d'une couleur orange visible de loin, qui enferme le corps dans un scaphandre d'astronaute. Une cagoule et de grosses bottes de caoutchouc sont soudées au vêtement. Une fois équipé de gros gants en caoutchouc, on ne voit plus du naufragé qu'un petit disque de chair autour des yeux, du nez et de la bouche. La combinaison a une grande capacité de flottaison. En principe, elle permet de récupérer quelqu'un encore en vie, au bout de 24 heures dans de l'eau à 0°. Ensuite, l'hypothermie prend forcément le dessus. Un bon nombre de victimes de retournements de Zodiac ou d'accidents, qui sans cet équipement seraient mortes, ont pu être récupérées par hélicoptère.

Nous ne pouvions envisager de passer deux semaines à naviguer entre Halfmoon Island et la côte d'Edgeøya sans combinaison. Avec Mats qui ne trouvait pas de solution et n'expliquait pas le problème, mon exaspération grandissait.

— Bon Dieu, ai-je dit, achetons s'il le faut ces maudites combinaisons. Elles coûtaient, je l'appris, plus de 1000 dollars chacune, mais j'avais déjà mis tellement de fric dans cette folle battue que je pouvais bien verser un supplément.

— Te fais pas de bile, David, plaidait Mats sans conviction, ça va marcher.

J'étais hors de moi. « Espèce de con ! Pourquoi ne les as-tu pas fait mettre de côté depuis des mois ? »

Mats ne répondit rien. Vaughn, dont le mutisme empêche de telles explosions, était aussi en colère que moi. Depuis son arrivée à Paris, il avait eu beaucoup de mal à dormir, sous l'effet combiné du décalage horaire et de l'agonie de son père. Maintenant que l'heure fatidique s'approchait à chaque minute, il avait l'estomac noué. Comme il me le dira plus tard, « quand je guide un voyage, le jour avant le départ, les clients de l'expédition n'ont rien d'autre à faire qu'à se balader ». Michel confia sombrement : « Je pense que Mats n'a jamais fait quelque chose d'aussi sérieux. Je crains le pire. »

Il semble qu'il est à l'opposé de la culture norvégienne

d'exprimer de la colère ou même de l'impatience. Ce qui explique qu'au lieu de faire irruption dans les bureaux en suppliant (comme je l'aurais fait) : « nous n'avons pas de combinaisons de survie », nous attendions patiemment, par exemple, que le proviseur du lycée local termine tranquillement sa conversation avec un élève, avant que Mats lui demande s'il en avait à nous prêter. Mats refusa que je l'accompagne, dès qu'il vit que je ne pouvais plus contenir mes fureurs de frustration.

Une heure avant notre départ, Mats revint avec un grand sourire tranquille :

— Nous avons les combinaisons.

— Qu'est-il arrivé ? demandai-je.

— Je ne me mets pas facilement en colère, dit Mats mystérieusement, mais cette fois j'y suis arrivé.

Dans un grand hangar, nous ramassâmes les premières combinaisons qui nous tombaient sous la main (si larges et informes fussent-elles, aucune ne nous allait). Puis nous sautâmes à bord du bateau.

Alors que le *Moltanovsky* cornait en s'éloignant du quai, nous éprouvâmes davantage de soulagement que d'allégresse du départ. Au cours des deux semaines suivantes, il m'arriverait d'admirer les nombreux talents de Mats mais, en un sens, l'ambiance du groupe ne se remettrait jamais du pénible suspens de Longyearbyen. Au cours du voyage, une sourde hostilité des trois autres à l'égard de Mats imprégna l'air. Il suffisait que nous nous retrouvions loin de ses oreilles pour que nous discutions de son caractère et de ses décisions.

Quelques années auparavant, envoyé en reportage pour un magazine, j'avais passé trois semaines à bord du Professor Molchanov, le « sistership » du *Moltanovsky*, qui emmenait des touristes en Antarctique, pour le compte d'une société américaine. Avec l'effondrement de l'Union Soviétique et de ses budgets de recherche en 1991, ces brise-glace, conçus pour la recherche scientifique en Arctique et Antarctique, devaient se résoudre aux croisières pour payer les frais. Maintenant, les deux bateaux (comme une petite flottille de semblables vaisseaux) passaient tout leur été boréal à tourner autour du Spitsberg et tout l'été austral à ramasser des touristes pour leur faire traverser le passage de Drake et descendre le long de la péninsule Antarctique. Les deux bateaux russes étaient tellement identiques que je parcourais les coursives du *Moltanovsky* comme si je m'étais retrouvé dans mon hôtel préféré. Comme lors de la croisière précédente, je me suis abonné aux copieux repas servis par de jolies serveuses au physique épanoui, en bas et en talons, aux bières servies à toute heure et aux vues royales de la passerelle. Contrairement au règlement de la plupart des croisières, les passagers y avaient un accès illimité.

J'avais néanmoins trouvé en Antarctique que le confort du bateau affadissait la sauvage splendeur du milieu. Le brise-glace était si sûr et si doux, que le paysage ressemblait à un grand écran vidéo. La croisière antarctique était vendue par l'agence de voyage comme « l'aventure de votre vie », mais il n'y avait absolument aucune aventure. À intervalles réguliers, on nous emmenait faire un tour en Zodiac et nous étions autorisés à photographier des pingouins ou à prendre le thé dans une station de recherche argentine. Il était interdit de se promener hors de portée de voix du leader paranoïaque du groupe, qui nous répétait que les vents catabatiques feraient tourner nos pique-niques à la catastrophe.

Le même ennui nous cloua à bord du *Moltanovsky*. La croisière s'était mal vendue et nous n'étions que 29 pour 60 couchettes. La plupart des clients venaient de Hollande.

L'équipage était russe, mais le chef de groupe était un petit coq écossais qui donnait des ordres au pilote de Zodiac et aux femmes de service, avec une arrogance colonialiste qu'il tenait sans doute de ses ancêtres. Le capitaine était un gros ours bourru qui refusait de nous accorder le moindre regard quand nous étions sur sa passerelle. Vaughn disait : « il ressemble à Kroutchev. On dirait qu'il boit beaucoup de vodka. »

Au bout de quelques heures, nous naviguâmes en vue de Barentsbourg, abrités dans l'embouchure de Grønfjorden. Je hurlai depuis le pont : « bye, bye, Vadim ! »

Dans leur description initiale de la croisière, aucun chef de groupe ne fit mention de notre projet, ni même que nous allions être déposés en mer le troisième jour. Les autres passagers, quand nous leur racontions à tour de rôle notre histoire, la trouvaient passionnante, mais les Écossais organisateurs du voyage semblaient gênés de nous avoir laissés monter à bord. Comme l'un me l'a bizarrement expliqué, nous devions nous préparer à quitter le bateau dans la plus grande hâte : « Il est important de ne pas ternir l'expérience des autres passagers. »

Depuis deux jours, nous n'avions rien d'autre à faire qu'à nous reposer ; un intermède bienvenu. Doucement, nous longions la côte ouest du Spitsberg, contemplant à travers les hublots les phoques allongés sur les glaçons, les vols de bernaches volant dans la lumière dorée du couchant. À Hornsund, un fjord profond vers l'extrémité sud de l'île, le capitaine nous joua le standard des croisières arctiques, approchant le nez de son bateau le plus près possible du mur d'un glacier qui tombait dans l'eau. Nous, les passagers, nous nous agglutinions sur le pont avant, fascinés par la glace qui accouchait des icebergs.

Le jour suivant, nous fîmes une randonnée de deux heures

et demie autour d'une station de recherche polonaise, à Isbjørnhamna. Pour le Spitsberg, il me semblait que le temps était exceptionnel : un ciel bleu, pommelé et une température avoisinant les 20°.

Derrière nous, de l'autre côté du fjord, s'élevait la masse élégante du Hornsundtind, le troisième plus haut sommet du Spitsberg qui culmine à 1 431 m. Notre guide, Jason, nous dit que ce pic avait rarement été gravi (lui-même avait échoué lors d'une tentative hivernale).

Depuis nos petits tours autour de Longyearbyen, c'était la première fois que nous marchions. Je craignais que le terrain ne ressemble aux horribles tourbières d'Alaska ; un mélange marécageux de touffes d'herbes, de boue et de flaques fétides, mais là, nous marchions tranquillement sur des éboulis recouverts de mousse verte. Des pingouins et des mouettes criardes se découpaient sur une crête, non loin de nous. Légèrement au-dessus d'eux, un renard était à l'affût des oiseaux. Nous traversâmes un torrent, puis nous vîmes trois rennes : une mère et deux petits, à une centaine de mètres. Curieux de nous, ils trottèrent un moment à distance et préférèrent ensuite s'enfuir au loin.

Je pensais que si le temps tenait et si c'était comme à Hornsund, alors l'archipel devait être un endroit idéal pour randonner. Mais le sceptique qui est en moi se souvint des données du guide de voyage : « en moyenne, une journée de ciel clair au mois d'août à Longyearbyen, un endroit plus clément comparé à Edgeøya ». Je décidai de me régaler de ces quelques heures de balade idyllique, comme si je sifflais les dernières gouttes d'un précieux nectar. Il serait bien temps de s'inquiéter, demain, quand nous serions lâchés au large de Halfmoon Island.

De retour sur le *Moltanovsky*, nous étudiâmes les textes et les cartes que j'avais apportées. J'avais photocopié les versions anglaises et françaises des premières éditions de Le Roy. Pour l'heure, Michel étudiait cette dernière avec le zèle d'un d'exégète.

Alors que nous descendions notre troisième canette de bière, accoudés au bar, Michel mit le doigt sur un paradoxe du texte de Le Roy qui depuis des mois flottait aux limites de ma conscience. Il me dit en français :

— Je pense que les marins devaient se trouver sur une petite île. Ils l'ont explorée, ils la connaissaient. Le pilote la baptisa de son nom Aleksei Island. Et ils trouvèrent de l'argile pour leur lampe vers le milieu*. Je ne pense pas qu'ils aient pu se rendre au centre d'Edgeøya.

— Mais alors que veulent dire « ces nombreuses montagnes et ces barres de rochers d'une hauteur stupéfiante » ? répliquai-je. Le sens de la phrase était le même dans l'édition française.

— C'est bien le problème...

En réexaminant les deux textes, pointa une lueur. Le Roy ne dit pas exactement dans cette phrase clé qu'il s'agit de l'île sur laquelle les marins s'étaient réfugiés. Il décrivait dans ce passage « l'isle de Ost-Spitz-bergen ». Les marins avaient très bien pu se trouver sur Halfmoon Island (où n'importe quelle petite île de la côte sud) d'où l'on voit parfaitement les hauteurs d'Edgeøya.

Michel ensuite souleva la question de ce que comprenait le chroniqueur de la langue russe.

— Si Le Roy comprend le russe aussi bien que je comprends l'anglais, plaisanta-t-il à moitié, alors ce livre est un roman.

Ce soir-là, nous veillâmes tard, sirotant notre précieux Armagnac, bien conscients que c'était la dernière occasion de profiter du confort du *Moltanovsky*. Aux environ de minuit, sous un ciel crépusculaire, le bateau arrondit le cap sud du Spitsberg pour traverser Storfjorden en direction d'Edgeøya.

Au matin du 22 août, nous nous éveillâmes dans un monde

bien différent. Le ciel avait pris une couleur de plomb et une bise aigre courait sur le pont. Nous approchâmes d'îles basses qui étaient en fait l'extrémité du groupe des « mille îles ».

Un pilote russe de Zodiac nous montra sur l'une d'elles notre premier ours polaire, mais la bête se glissa dans l'eau avant qu'il ne puisse alerter les autres passagers. Martin, l'Écossais, expliqua enfin au groupe qu'à l'heure du déjeuner, nous serions débarqués sur l'île de Halfmoon. Il avertit Mats en ajoutant : « Cette île est infestée de ces foutus ours ».

Cette remarque fit remonter mon anxiété assoupie par ces trois jours, si confortables, passés sur le bateau. À 14 h 45, il s'arrêta au large du cap ouest de Halfmoon. Comme nous pouvions le voir, l'île était un banc de basalte escarpé, couvert d'oiseaux. L'équipage russe se dépêcha d'accrocher un Zodiac. Mats prit place à l'intérieur et une grue le fit passer au-dessus de la rambarde pour le déposer sur la mer. Ensuite, il fallut charger le reste du matériel. L'équipage ne descendit pas un, mais deux Zodiac appartenant au Moltanovski. Nous n'avions pas loin d'une tonne de matériel, y compris un baril de 200 litres de carburant. Je fus de nouveau frappé par le contraste entre le lourd équipement de notre expédition et la pauvreté du matériel des Pomores. Nous enfilâmes nos combinaisons de survie pour la première fois, puis descendîmes l'échelle de coupée pour rejoindre Mats dans les Zodiac. Nous partîmes sans autre démonstration. Les passagers du Moltanovski nous regardaient depuis le bateau qui tanguait derrière nous.

Il nous fallut plus de 20 minutes pour parcourir les 6 miles nautiques entre le bateau et le mouillage au bord du croissant de Halfmoon. Les Russes fonçaient à toute allure, comme si nous faisions la course. Tout à coup, au détour d'un cap, nous aperçûmes devant nous un édifice de bois gris-vert : Bjørneborg. Nous prîmes pied sur le rivage et tirâmes les

Zodiac sur la plage de galets. Les pilotes russes nous aidèrent à débarquer notre matériel le plus rapidement possible. Martin les avait sans doute avertis du « risque de ternir l'expérience des autres passagers », en les faisant attendre. Après avoir donné 20 dollars à chacun, nous leur serrâmes la main et poussâmes leurs bateaux dans l'eau. Ils s'éloignèrent très vite et furent bientôt hors de notre vue. Soudain, nous étions seuls.

Nous nous sommes extirpés de nos combinaisons de survie avant de trimbaler tout notre bagage vers la hutte. Mats sortit de son logement le moteur hors bord du Zodiac, demanda à Vaughn et moi d'en soulever l'arrière pour y fixer une roue. Ainsi configuré, il nous fut facile de remonter le bateau bien au-dessus de la limite de la marée. Nous l'avons attaché à un gros tronc de bois flotté. Mats alla chercher, dans une caisse de matériel entreposé devant la cabane, du fil de fer. Il en entoura le Zodiac par un triangle dont chaque angle était cloué à d'autres bouts de bois flotté. Puis il attacha à cette clôture des cartouches de magnésium équipées d'un petit bras comme la goupille d'une grenade.

Ce dispositif était classique au pays des ours. Une morsure de ces bêtes curieuses aurait pu mettre notre Zodiac hors d'usage. Si un ours s'approchait trop, un feu d'artifice lui éclaterait à la figure et le découragerait. Bien sûr, une fois les alentours du Zodiac ainsi piégés, il nous faudrait ne pas être distraits et oublier ce fil pratiquement invisible !

Bjørneborg lui-même avait été protégé des ours par son dernier occupant. Mats s'empara maintenant d'un pied-de-biche et décloua les planches qui recouvraient les fenêtres et barraient la porte. D'autres protégeaient le trou de métal par lequel devrait passer la cheminée. De l'extérieur, la hutte ne payait pas de mine, mais je découvris avec plaisir comme ces deux petites pièces étaient propres et intelligemment agencées. Il y avait même un petit tas de bûches rangées contre la cloison intérieure. À notre grand soulagement, la hutte était équipée d'une hache et d'une scie. Deux heures après notre arrivée, le feu ronflait dans le poêle et nous cuisinions notre premier dîner. « Ici, la solitude semble tout dominer, » avais-je écrit dans mon carnet de notes, peu après avoir atterri sur la plage. Cependant, maintenant, avec ses deux fenêtres opposées qui laissaient couler une douce lumière arctique, sa porte intérieure fermée pour isoler la pièce à vivre (cuisine et salle à manger) où nous passerions la plupart de nos heures de repos, la hutte me semblait chaleureuse et confortable. On est bien mieux ici, réalisai-je d'un coup, que dans deux pauvres tentes plantées sur le rivage.

Mats, en tant que guide sur un bateau de croisière, avait abordé Halfmoon deux ou trois fois auparavant. Il y avait un livre d'or sur la table de la cuisine où s'étaient enregistrés les précédents visiteurs. Depuis 1997, dix-neuf équipes l'avaient signé. Il s'agissait uniquement de groupes de touristes guidés et d'inspecteurs du Sysselmannen. Tous étaient passés entre le 26 juillet et le 27 août. La brève période de la fin de l'été pendant laquelle les eaux autour de Halfmoon sont libres de glace. Depuis trente ans, une seule équipe y avait passé une nuit.

L'ensemble d'Edgeøya, Halfmoon Island incluse, était devenu une réserve naturelle depuis 1973, mettant fin pour de bon à la chasse à l'ours qui, avec le morse, le renard et le renne, avaient été la principale attraction de l'île depuis bientôt trois siècles. L'entrée la plus longue et la plus intéressante du livre avait été écrite par Per Johnson, un chasseur légendaire dont Mats nous avait déjà parlé. Dans sa note datée des 26 et 27 août 1997, Johnson avait écrit en norvégien : « Je suis ici avec une équipe de la Radio-télévision-danoise qui tourne un documentaire sur la vie des chasseurs, la préparation des peaux, les séjours dans les huttes… Nous avons parcouru toute l'île… C'est très intéressant de me retrouver là ». Pendant que Mats traduisait, nous réalisions que Johnson fut le dernier chasseur à habiter Bjørneborg.

« L'hiver 1970-71 fut la première année avec des quotas d'ours polaires. Et donc, quand j'ai attrapé mon vingt-cinquième j'ai quitté cet endroit. Ensuite la hutte fut laissée à elle-même jusqu'à ce que le département d'histoire et de culture de l'archipel la répare pendant l'été 1996…

Quand j'ai quitté l'île, le 15 février 1971, j'ai cloué la porte et barré les fenêtres et suis reparti avec mes chiens à Longyaerbyen, ce qui me prit quatorze jours. »

Ce résumé laconique du dernier hivernage sur Halfmoon Island, en solitaire de surcroît, me coupa le souffle. Mats et moi avons déroulé la carte et mesuré la distance que les chiens de traîneaux de Johnson avaient parcourue au cœur de l'hiver, traversant la banquise de Tjuvfjorden et de Storfjorden, remontant sur le glacier de Hayesbreen qui creuse le Spitsberg, redescendant le glacier de Von Postbreen et rejoignant la banquise via Templfjorden, Sassenfjorden, et Isfjorden pour atteindre sa destination. Une distance d'environ 250 kilomètres au moins, parcourue presque entièrement de nuit. Ces lignes sur le carnet remettaient à sa place notre timide sortie de Sybarites. Elles nous raccordaient aux exploits légendaires des traditions d'hivernage au Spitsberg, dont les Pomores, de 1743 à 1749, avaient écrit le plus incroyable chapitre.

Peu après notre arrivée, Mats insista pour que nous nous entraînions à tirer au Mauser et au pistolet à fusées éclairantes. J'avais tiré au 22 long rifle une seule fois, dans le cadre de la préparation d'une expédition dans la chaîne des Brooks, à la fin des années soixante. Michel était aussi inexpérimenté. Visant la mer vide, épaulant la crosse du fusil, je fis feu. Le bruit fut assourdissant et la petite éclaboussure à peine visible.

Les Mauser étaient l'arme du dernier recours, en cas de légitime défense. Si nous tuions un ours polaire, nous serions confrontés à une enquête et nous devrions revenir à Longyearbeen. Mats nous montra donc comment se servir du fusil à fusées éclairantes, notre première ligne de défense. C'était un pistolet à canon court, avec un gros chargeur qui contenait une cartouche de la taille d'une bougie de cire. Quand Mats tira, cela fit un bruit sourd. Sifflant dans les airs, la fusée parcourut une quarantaine de mètres, retombant au sol dans une nouvelle explosion qui fit éclater une flamme oranger. Nous pouvions tirer directement sur un ours sans le blesser, mais la tactique la plus humaine était d'essayer de tirer aux pieds de l'ours.

Épuisé par des semaines de préparation, je me glissai dans mon duvet et entrai dans le sommeil, bercé par le crépitement du poêle situé dans le coin opposé de la pièce. Les trois autres sortirent pour une balade sous la clarté de minuit, avec leurs Mauser et leurs pistolets. Une douce teinte rosée éclairait au nord les hauts plateaux de Edgeøya, séparés de Halfmoon par trois ou quatre kilomètres de mer. Ils étaient partis depuis moins de deux heures, quand ils me réveillèrent par leur retour. Une idée avait traversé l'esprit de Michel pendant qu'il s'était assis sur une crête, à quelques centaines de mètres derrière la hutte.

Parcourant du regard, dans une demi-lumière, cette étrange planète, Michel avait tenté de se représenter quelle expérience c'était de passer plus de six ans dans ce paysage. Réfléchissant à des épreuves comparables, il avait pensé au désespoir des déportés de la seconde guerre mondiale. Ce qui l'avait amené à un souvenir plus personnel. Le grand-père de Michel — le père de sa mère — avait été tué durant la guerre de 14. Âgée seulement d'un an à l'époque, la mère de Michel n'avait jamais connu son père. En grandissant cependant, elle fut de plus en plus curieuse de savoir qui était cet homme dont elle avait l'héritage. Elle commença à chercher d'autres anciens combattants de la Grande guerre et leur demanda de lui faire part de leurs propres expériences. « Elle m'a toujours dit, s'anima Michel, que ces hommes étaient presque incapables de parler de leur guerre. Par exemple, il lui fallut plus de vingt ans pour apprendre ce qu'ils entendaient par la phrase "nettoyer les tranchées ennemies". Ce qui signifie, achever tout le monde à coup de bêches et de baïonnettes ».

« Je crois que la *Relation* de Le Roy est aussi frustrante pour le même genre de raison. Peut-être que ces marins russes, qui ont vécu aussi durement, qui sont devenus plus proches des animaux que des gens, ont trouvé très difficile de raconter ce qui leur était arrivé, surtout quatre mois à peine après leur sauvetage. Si Le Roy nous énerve par ses carences, ce n'est peut-être pas de sa faute. Pour les marins, ce n'était pas une aventure, c'était une torture. Comment raconter ça ? »

Je fus intrigué par cette réflexion. Le style contourné de Le Roy avait certainement du mal à reproduire les paroles de ces gens. Les digressions qui m'avaient rendu fou à chaque lecture de son texte, n'étaient peut-être que le reflet de ses efforts pour masquer la pauvreté de leur témoignage. On peut imaginer que le 8 janvier 1850, quand l'académicien avait reçu les Inkov à Saint-Pétersbourg, les marins étaient dans un état qu'à la mode de notre époque, on appellerait « choc post-traumatique ». Après tout, le « choc psychologique » avait été découvert pendant la guerre qui avait tué le grand-père de Michel. Il était possible que les Inkov aient été presque muets devant les questions de Le Roy.

Toute Halfmoon Island est composée de basalte, comme

nous le constaterons pendant nos randonnées. Le plus haut point de l'île dépasse à peine de trente mètres le niveau de la mer. En regardant par la fenêtre sud de notre cabane, nous ne voyions que des plateaux humides bordés par de petites falaises. Les « nombreuses montagnes... de stupéfiante hauteur », que Le Roy enregistre, ne peuvent s'imaginer ici.

Mais encadré par l'autre fenêtre, on voyait par-delà l'océan, sur Edgeøya, un tableau qui pouvait correspondre : une succession d'éperons gris dont les sommets s'élevaient à plusieurs centaines de mètres au-dessus de la mer, découpés par des doigts blancs qui descendaient de la calotte du glacier de Kvitkåpa, qu'on devinait au-dessus des profondes vallées. La phrase de Le Roy colle parfaitement à cette vue qui ne nous quitterait pas, sauf les jours où le brouillard envahirait notre univers. On observe de très beaux paysages au Spitsberg. Par exemple le Hornsund, qui nous avait dominés durant notre randonnée avec les passagers de la croisière, mais il n'y avait rien de beau de ce côté-ci d'Edgeøya. « Austère », « désolé », « vide », étaient les adjectifs qui revenaient sous ma plume, à chaque fois que j'essayais de décrire l'atmosphère de ce lieu dans mon journal.

Le matin du 23 août, un vent mordant soufflait du nord-est. La houle prenait de l'ampleur et des vagues ourlées d'écumes déferlaient sur les cailloux polis de notre havre. Nous espérions faire notre première incursion sur l'île principale, mais Vaughn et moi avions maintenant des doutes. D'abord, il me faut faire une confession. Bien que j'aie barboté dans de nombreuses piscines durant mon enfance, bien que ce soit une épreuve facultative qui fasse gagner des points pour être diplômé d'Harvard, je n'ai jamais appris à nager. Ce n'est qu'en m'obstinant contre cette phobie que j'ai réussi à participer, blanc de peur, à deux premières descentes en raft comme passager.

Mais une peur primale de l'eau continue à me réveiller la nuit.

À cet égard, Vaughn est un peu plus gâté. Je l'ai vu nager comme un petit chien dans des eaux calmes, mais les bateaux et les mers ont tendance à le terrifier. Quelques années auparavant, par une chaude journée de mai, j'avais convaincu Vaughn de louer avec moi un bateau sur le Lac Powel, afin d'éviter une longue journée de voiture, pour atteindre un canyon secondaire de l'Escalante River. Entourés d'étudiants faisant du ski nautique et de belles en bikini, buvant de la bière sur le pont de leur bateau, nous naviguions avec lenteur et vigilance, seuls marins du lac à porter nos gilets de sauvetage boutonnés jusqu'au col.

Michel de son côté n'avait pas de telles appréhensions à propos de la mer et sur un Zodiac, Mats était dans son élément. Ainsi, quand Vaughn et moi avions demandé si la houle n'était pas un peu trop forte pour notre première traversée vers Edgeøya, Mats avait rigolé de nos bêlements peureux et assuré que ce serait du gâteau.

En fait, c'était tellement du gâteau, qu'il ne daigna nous délivrer aucune instruction claire pour la manœuvre. À midi, nous faisions rouler le bateau jusqu'au bord de l'eau. Le Zodiac fut chargé avec le matériel pour la journée, comprenant une tente et un réchaud, au cas où le mauvais temps nous bloquerait sur Edgeøya. « Attendez une plus petite vague, cria Mats au-dessus du bruit des flots, puis courez et sautez dans le bateau ! ». Nous avions de l'eau jusqu'aux genoux. Dans ma combinaison de survie, je me sentais extrêmement maladroit. Les vagues déferlaient devant nous, puis Mats hurla : « maintenant ! »

Très chargé, le bateau voulut à peine bouger. Devant, chacun de son côté, Vaughn et moi tentions de courir en tirant dur sur les cordes qui bordaient les boudins du Zodiac. Quand j'eus de l'eau à la taille, j'y grimpai maladroitement, comme un enfant obèse tentant un rétablissement. Plus tard, Mats nous dira que j'avais sauté trop tôt. Soudain, nous fûmes tous les quatre à bord et Mats cria : « pagayez ! »

L'ordre n'avait jamais été évoqué dans le briefing de mise à l'eau. Le temps que Vaughn et moi localisions les rames enfouies sous un moteur de rechange et des sacs pleins de matériel, les vagues qui déferlaient avaient rempli le Zodiac. Nous y mettions la meilleure volonté, mais nous pouvions à peine soulever l'équipement submergé. Une grosse vague nous frappa et mit l'embarcation en travers. Nous avions perdu le contrôle. La panique m'envahit quand j'imaginai qu'il faudrait abandonner le Zodiac dans une mer en colère.

« Sortez ! gueula Mats. On revient sur la côte ». Quand nous sautâmes, nous avions de l'eau à la poitrine. Saisissant les cordes nous essayâmes de traîner ce raft récalcitrant vers la plage.

La bagarre fut désordonnée. Chaque vague poussait violemment le bateau vers le rivage et le retour de vague nous faisait faire la même manœuvre en sens inverse. Lentement cependant, la terre s'approchait. Vaughn s'était arrangé pour se tenir devant cette bête de caoutchouc avec laquelle nous luttions. En appui sur son pied gauche, il se préparait à tirer quand le Zodiac se souleva avec une grosse vague. Il poussa un cri et s'effondra de douleur. Le poids mort du bateau rempli d'eau venait de frapper latéralement son genou. Son pied était maintenu prisonnier entre deux cailloux. Le choc lui fit plier l'articulation dans le mauvais sens.

Enfin, le bateau fut sauvé. Assis, nos poumons cherchaient l'air avec avidité. Vaughn essaya de se relever et s'effondra en gémissant. Dans la panique, il s'était blessé comme un joueur de football qui se fait tacler au genou sur sa jambe d'appui. Il s'était peut-être déchiré les ligaments. Au mieux, il avait une méchante entorse. En tout cas, il devra attendre plusieurs semaines pour apprendre le diagnostic. Nous pensions tous les deux au mauvais scénario. Par analogie avec le joueur de football, je pensais à la « blessure mettant fin à sa carrière » qu'on entend à la télé. Celle de Vaughn consistait à être capable de marcher et de porter des sacs dans les canyons de l'Utah.

Nos premiers efforts sur Halfmoon Island s'étaient terminés par un complet fiasco. Epuisés, nous ancrâmes à nouveau le Zodiac à son tronc de bois flotté et il fut déchargé. Mats remit en place le triangle en fil de fer. Nous regagnâmes notre cabane pour un triste déjeuner.

Mats était d'une humeur étrange. Il n'arrivait pas tout à fait à cacher son mécontentement et même son dégoût pour notre incapacité : Ça devait être, comme il le disait ce matin, « facile » de partir vers Edgeøya dans ce qu'il appelait une mer à peine formée. Parfois, il semblait reconnaître qu'il était à blâmer. Alors que nous étions abattus sur le rivage, j'avais donné un instant libre cours à ma colère. « Mats, tu devrais préparer les choses bien plus soigneusement avant qu'elles ne tournent mal ! ». Maintenant, il s'agitait dans la cuisine pour compenser cette minable mise à l'eau en nous préparant un plat chaud.

Michel, comme toujours, jouait les philosophes : « ne pleurons pas, prononça-t-il en anglais, sur le lait renversé ». Vaughn, lui, restait assis à tâter et à plier son genou. Une grimace de douleur creusait les rides de son visage. Bien que le vent demeurât fort et la mer agitée, petit à petit, la journée s'éclaira d'un soleil timide, filtré par une couche de nuages. Au milieu de l'après-midi, nous décidâmes qu'il fallait sauver ce qui pouvait l'être de notre première journée sur Halfmoon et nous partîmes marcher. Nous prîmes la direction du cap sud-ouest, celui devant lequel le *Moltanovsky* avait mouillé pour descendre les Zodiac. Vaughn savait qu'il ferait mieux de rester dans notre refuge et de soigner sa jambe blessée, mais il ne supportait pas l'idée. « Peut-être que je peux y aller », se justifia-t-il, en laçant ses chaussures de marche.

Cette balade de cinq heures s'avéra sans doute le meilleur des moments que nous ayons vécu pendant les quinze jours où nous fûmes sur le terrain. Je décidai de laisser mon Mauser dans la hutte et portai seulement le pistolet : l'encombrant fusil devait peser cinq kilos et si quelqu'un devait tuer un ours polaire Vaughn ou Mats étaient plus aptes que moi. Pour cette raison, je marchai avec Michel, en prenant la précaution de ne pas nous laisser distancer par les tireurs. Je n'avais qu'à observer la manière dont mon ami français portait son arme, comme un cantonnier sa pelle, pour en déduire qu'en cas de rencontre avec un ours, il valait mieux compter sur nos jambes que sur son tir pour rester en vie. Une image d'un roman français que j'avais lu à l'adolescence, me revint à l'esprit. « Tu ressembles à un *zouave** », lui dis-je. Michel éclata du rire qui le caractérise, un rictus d'oreille à oreille qui lui secoue la tête de haut en bas sans que le moindre son ne sorte de sa gorge. Il me révéla que « zouave » ne désignait pas seulement un soldat français doté d'un étrange uniforme, mais par extension, un clown. « Durant toute mon enfance, raconte Michel, mon père m'a dit, "ne fais pas le zouave !"» (« arrête de faire l'idiot », dirait un père américain au jeune « branleur » qu'il aurait eu le malheur d'engendrer.)

Le terrain basaltique était recouvert de *lichen ombilicaire* (lichen des régions polaires et des hautes montagnes) sec. Il craquait sous la semelle, mais détrempé par la pluie, nous allions vite l'apprendre, c'était un tapis plein de traîtrise. Dans les cuvettes humides, la roche laissait place au gravier d'où sortaient des touffes de mousse grise. Nous trouvions de petites pousses d'un genre de pavot jaune pâle, dont la corolle tournait avec le soleil laiteux qui se montrait à l'Ouest. C'est pratiquement les seules fleurs que nous verrons en deux semaines.

Ici et là, nous tombions sur des bois de rennes dont les débris étaient recouverts de lichen vert-de-gris. Nous avons trouvé notre premier piège à renards, le couvercle rabattu avec les pierres toujours à leur place. Commençant à se confondre avec la Toundra elle-même, il semblait très ancien. Au bout d'un kilomètre, nous aperçûmes nos premiers os de baleine. D'énormes côtes courbes et des mâchoires massives. « Ce ne sont pas les restes d'une chasse à la baleine, mais les restes d'une baleine échouée naturellement à une époque reculée, nous expliqua Mats ».

Certains de ces os se trouvaient à un kilomètre du rivage, à une hauteur de quinze mètres au-dessus de la mer. En observant ces ossements, je demandai à Mats : « comment des baleines ont-elles pu finir ici ? »

Un éclat passa dans son regard. « C'est une bonne question, David, ces os sont très vieux, ils datent de la période de réchauffement après la dernière glaciation quand le niveau de la mer était beaucoup plus haut. »

J'étais enclin à prendre l'explication de Mats avec des pincettes – encore un mythe sortit de son cerveau d'autodidacte amateur de légendes… Mais plus tard, je rencontrerai un scientifique allemand qui avait étudié ce même type d'os trouvé sur la côte nord de la Norvège. Mats avait tout à fait raison. L'Allemand les avait datés au carbone 14 et les squelettes étaient âgés de trois à six mille ans. Il supputait que d'autres pouvaient avoir quarante mille ans ! Ces côtes et ces vertèbres étaient si bien conservées qu'il était difficile d'imaginer qu'elles fussent si anciennes.

Près de la côte, nous vîmes le premier des nombreux pièges à ours que nous trouverions sur Halfmoon Island. La conception en était très simple. En haut d'un chevalet de bois, était fixée une boîte en forme de parallélépipède, séparée en deux par une cloison. Celle-ci était munie d'un petit trou destiné à loger le bout d'un canon de fusil. L'avant de la boîte était ouvert et se trouvait environ à la hauteur de la tête d'un ours. On laissait un morceau de viande dans la partie ouverte de la boîte rattachée par une ficelle à la gâchette du fusil. L'ours saisissait la bouchée entre ses mâchoires et en l'emportant, déclenchait le tir qu'il prenait en pleine gueule.

Alors que le soleil descendait, il éclaira d'une lumière dramatique les lignes sombres de Negrpynten, le cap le plus au sud d'Edgeøya, à environ une douzaine de kilomètres de nous. Des falaises noires s'élevaient directement au-dessus de l'eau à plus de 300 mètres. Nous marchions sur des éboulis de rochers gris en photographiant des squelettes de baleines et des bois de rennes. Vaughn boitait derrière, ses jumelles lui battant la poitrine. Toutes les trois ou quatre minutes, il scrutait l'horizon en chasseur dont la vigilance est une seconde nature. Michel et moi allions et venions comme des « zouaves » inconscients.

Mats regardait par-dessus la mer les falaises grises d'Edgeøya. Il leva alors la main et demanda le silence.

« Quoi ? », demandais-je.

Sa figure avait une expression que je connaissais bien ; celle du guide qui découvre quelque chose qui épate ses clients. « Un ours », chuchota Mats.

Il était si familier de ces créatures, que cette tache blanche qui apparaissait sur l'écran morne de l'univers du Spitsberg, d'une blancheur subtilement différente de la neige, lui avait sauté aux yeux. Distante de cinq ou six kilomètres, Mats avait repéré l'animal à l'œil nu. Nous passâmes dix minutes à étudier l'ours à l'aide de nos jumelles pendant qu'il fouillait dans la mousse. Ensuite, il se dandina le long d'un ravin couvert d'éboulis. « Beau spectacle Mats », murmurai-je.

Malgré la mer qui nous séparait de l'énorme bête et bien qu'il me fût évident que l'ours n'avait aucune idée de notre présence, je ressentis un frisson où la peur se mêlait à la curiosité. L'animal semblait tellement à son aise dans ce domaine sur lequel il régnait en maître que je me disais que les intrus avaient du souci à se faire.

Nous retrouvâmes notre refuge autour de 8 heures du soir. Il n'avait jamais fait aussi chaud, au moins 10°. Nous avions ôté nos chaussures et nous reposions à l'abri du vent, le dos appuyé sur la façade ouest de Bjørneborg, buvant des canettes de bière. La vie paraissait tout simplement délicieuse. Si nous avions su que c'était le dernier instant de tout notre séjour où brillerait le soleil, nous aurions essayé de profiter davantage de la clarté et du plaisir de ses rayons dorés.

Au matin du 24 août, le bruit de la pluie sur le toit nous réveilla. Le vent s'était remis à souffler du nord. À chaque fois que l'un d'entre nous sortait, ne serait-ce que le temps de se soulager, il prenait un pistolet et parfois un Mauser avec lui. Ensuite, la pluie tourna à la neige dont les flocons étaient poussés par le blizzard. Les vagues qui déferlaient sur le rivage étaient plus grosses que celles qui nous avaient obligés au pitoyable demi-tour du jour précédent.

Le temps nous ordonnait une journée de repos. Le poêle fut allumé et on mit des céréales à chauffer. Vaughn se repentait maintenant de la folie de sa randonnée. Sa jambe était bloquée par la douleur. En clopinant dans la cabane exiguë, il se sentit plus mal que jamais. « Ce sont les ligaments, dit-il tranquillement. J'espère qu'ils ne sont qu'étirés ». Puis en un souffle : « Il ne m'était jamais arrivé de me faire un truc comme ça ».

Si confortable qu'elle nous ait paru, rester confinés dans la hutte, sous la tempête, nous rendait dingues. Je m'habillai de tout de ce que je possédais de plus chaud et d'imperméable et me portai volontaire pour remplir notre seau d'eau. Notre réservoir était un petit lac à quelques centaines de mètres à l'intérieur des terres. Ici sur Halfmoon, on n'avait besoin, ni de la traiter, ni de la filtrer ce qui ne m'était pas arrivé depuis des décennies ; sans doute depuis ma dernière expédition en Alaska. Nulle part ailleurs, je n'avais bu de l'eau sans y mettre des cachets ou sans la filtrer.

Le sol tout autour de notre hutte était jonché par plusieurs générations de débris : des clous, des bouts de fil de fer, des douilles de cartouches… Un autre édifice, plus proche de la plage, avait servi d'abri à bateaux. À l'intérieur, se trouvaient les morceaux brisés d'un traîneau, peut-être celui de Per Johnson. La coque retournée d'une barque gisait à côté de l'abri. C'était comme si elle se moquait de notre bateau à moteur et qu'elle nous comparait à ces hommes endurcis qui abordaient régulièrement ces rivages, avant l'époque des Zodiac et des combinaisons de survie. Il y avait aussi une caisse faite de planches ajourées, dont Mats nous dit que c'était un piège pour attraper vivants les bébés ours (les chasseurs les rapportaient en Norvège pour les vendre aux zoos).

Il y avait plus de bois flotté sur la plage que notre poêle n'aurait pu en brûler dans une année. En faisant provision de bois, j'essayais d'imaginer leur trajet depuis les rives des fleuves russes. Parmi le bois flotté, il y avait des détritus plus modernes, jetés des bateaux : des flotteurs métalliques pour filets de pêcheurs, des bouteilles en plastique, des bouts de polystyrène… Ces saletés éparpillées tout autour, nous montraient un étrange paradoxe. Comme le disait Mats, nous étions là, dans un des endroits de la terre les plus inaccessibles. Aujourd'hui, il était sali par les produits les plus sordides de notre civilisation moderne. Cela nous rappelait comme il est difficile de tourner le dos à la civilisation matérialiste qui règle notre vie de tous les jours.

Un peu avant midi, nous sortîmes avec Mats, en dépit du blizzard, pour aller voir les ruines d'une ancienne construction en pierre que nous avions remarquées à quelques centaines de mètres à peine de Bjørneborg. Dans cette ruine, située à peine plus haut que la ligne supérieure des marées, nous vîmes des planches dépasser des pierres qui s'étaient effondrées au cours des années. Sans aucun doute, cela avait été une hutte. Mais quand nous avons pris ses mesures — l'intérieur devait mesurer 3 mètres sur 6 —, nous comprîmes à quel point cet abri devait engendrer la claustrophobie. Quelques tristes objets témoignaient d'une présence humaine : le cuir pourri d'une botte bien trop fine pour l'hiver, une boîte de graisse à corde, (une sorte de cire dont on se servait pour les assouplir)... J'avais apporté la photocopie des pages de l'ouvrage de Gustav Rossnes, *Norsk Overvintringsfangst På Svalbard, 1895-1940*, le seul guide à peu près intelligible de l'histoire des hivernages norvégiens dans l'archipel. Mats y découvrit les clés de l'identification de la hutte. Il traduisit la note laconique de Rossnes :

« En 1898-99, quatre hommes Karl Møller, d'Hammerfest, Ibenhart Jensen Fladseth, O. Engvik, Enrik (nom inconnu) avaient construit une station... où Møller et Fladseth hivernèrent et moururent pendant l'hiver. Ils furent enterrés dans le voisinage. Les deux autres hivernèrent sur Kong Ludwig Øyana [un groupe d'îles à une cinquantaine de kilomètres à l'Ouest]. »

Plus tard, je trouverai sur cette affreuse histoire, des renseignements plus complets où étaient cités plusieurs passages du journal de Fladseth que Engvik et Enrik avaient découvert, au mois de juillet 1899, avec les cadavres de leurs compagnons qu'ils avaient voulu rejoindre. Møller et Fladseth furent apparemment les premiers Norvégiens à tenter d'hiverner sur Halfmoon et quelque chose était fatalement allé de travers. Les deux avaient été débarqués le 31 août 1898.

Le 20 septembre Fladseth écrivait déjà : « Karl est malade ». Le 17 décembre : « Je suis malade et il fait -20° dehors ». Sur un bout de papier, les compagnons trouvèrent une note un peu plus longue datée du 26 janvier 1899 : « La lumière est revenue. Quatre heures de lueur pour chasser. Froid très sévère de -20° à -27°, atmosphère lourde et désespérante. Le temps passe très lentement. Sortie pour la première fois depuis dix semaines, depuis le 16 novembre, jour où nous avons tué deux ours ».

Ce passage me fit entrevoir une image qui me fit prendre conscience de l'horreur de leur situation. Je me les représentai au milieu de leurs excréments, à l'intérieur de cette minuscule cabane construite à la hâte. Le 6 février, les deux invalides firent une tentative pour abattre du gibier : « Partis à pied, faillis être dévorés par un ours polaire à cause du fusil qui ne marchait pas. Au dernier moment, ai attrapé un fusil qui fonctionnait et tué l'ours polaire. » La viande a peut-être brièvement ragaillardi les deux hommes, bien que le 9 février, Fladseth écrivît : « Mal de tête et brûlures d'estomac, tenté de me tenir debout. » Le 18, ils voulurent partir à ski à Kong Ludwig Øyana mais ils abandonnèrent très vite. Quelques semaines plus tard, se doutant probablement que les choses allaient mal, les compagnons des deux moribonds tentèrent de rejoindre Halfmoon en ski, mais ils furent arrêtés par de l'eau libre.

Le 27 mars, Fladseth écrivit : « Tous les deux malades et je me sens très mal ». Le 30 mars : « Nous souffrons de plein de maux. » Le 4 avril : « Bonne journée aujourd'hui, -12° », mais le jour suivant : « Très mauvaises conditions à nouveau ».

Le journal de Fladseth ne fait curieusement qu'une seule allusion au scorbut auquel les deux hommes imputèrent leur agonie. La dernière entrée fut rédigée le 6 avril : « Brouillard glacé. Vent d'ouest. -14° ou -15°. » Écrivain et spécialiste de l'Arctique, Lawrence Millman me désignera le trichinosis comme cause de la mort probable des deux hommes. Le trichinosis se contracte quand on mange de la viande d'ours mal cuite : « Le trichinosis présente les mêmes symptômes que le scorbut, m'expliqua Millman. En fait, on attribue beaucoup de morts dans l'Arctique au scorbut qui sont l'effet du trichinosis. » Engvik et Enrik, tantôt à ski, tantôt en bateau, finirent par arriver, en juillet, sur Halfmoon Island et découvrirent les corps de leurs compagnons. « On les a trouvés tous les deux dans leur lit », écrivit ensuite Engvik. Le spectacle était horrible. Quelques semaines plus tard, les Norvégiens revinrent avec d'autres chasseurs et les enterrèrent dans un simple trou.

Mats circulait parmi les blocs situés au-dessus des ruines de la hutte de 1898. Il appela. Je le rejoignis et vis, enserrée dans une fissure naturelle du basalte, une caisse en bois couverte de mousse sous un tas de galets. Mats se tenait à quatre pattes, glissant un œil par le seul angle qui n'était pas recouvert de pierres. « Regarde ça David », chuchota-t-il.

Je pris sa place, et dus attendre une minute, que mes yeux s'habituent à l'obscurité et à cet instant, rampant misérablement dans la neige fondue, l'horreur de la scène me sauta au visage. Je vis, couché sur le côté, le crâne décoloré de Karl Møller, ou d'Ibenhart Jensen Fladseth, m'adressant une grimace.

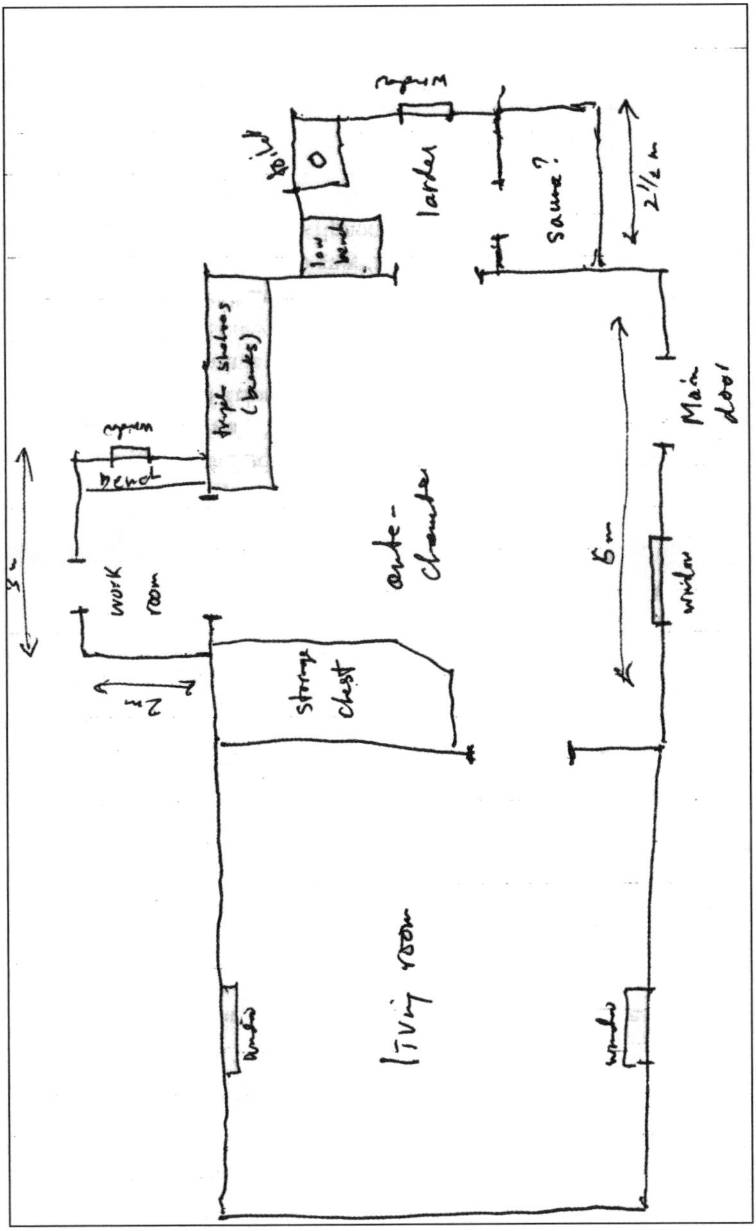


*Le plan de Bjørneborg, tracé par l'auteur.*

EDGEØYA ET HALFMOON
Edgeøyjøkulen
Andréetangen
EDGEØYA
Stones Forland
Knock-
dowodden
Dianabukta
Tjuvfjorden
77°20'
Notre hutte
Dianahamna
Bjørneborg
Tombe GTS
Tombes russes
Hutte russe du XVIII$^{e}$
HALFMOON ISLAND
(HALVMÅNEØYA)
Negerpynten
Mer de Barents
0 Miles 5
0 Kilometers 5
22°40'
23°
23°20'
© 2003 Jeffrey L. Ward

# Recherche trempée

En 1898, les marins et les chasseurs qui hivernaient au Spitsberg auraient dû en savoir bien davantage que ce que les Pomores avaient enregistré un siècle et demi avant. En particulier, on savait très bien à cette époque que les citrons étaient un efficace traitement préventif du scorbut. Et pourtant, Møller et Fladseth avaient succombé à la maladie dès leur premier hiver sur Halfmoon Island. Le premier des deux était tombé malade à peine un mois après avoir mis le pied sur l'île.

La maladie qui emporta Feodor Verigin après qu'il eut « passé presque six ans dans les plus grandes souffrances », était vraisemblablement quelque chose d'autre que le scorbut. Qu'est-ce qui pouvait expliquer que les habitants de Mézen aient connu une telle réussite pour éviter ces carences en vitamines qui prirent tellement de vie en Arctique ? Est-ce que suivre un régime d'herbe à scorbut et de sang de renne, avait pu les garder en bonne santé, mois après mois ?

Pour diverses raisons, il fallut attendre 1795 pour voir les chasseurs norvégiens fréquenter l'archipel, soit au moins un siècle après les premières incursions russes. Les premiers Norvégiens à oser hiverner, ne le firent pas avant 1820. Dans les écrits d'historiens tels que Rudmose Brown et Sir Martin Conway, j'avais lu bien des descriptions de tragédies souvent fatales. La conclusion était claire : les Russes étaient tout simplement meilleurs pour hiverner que les Norvégiens, bien que ceux-ci aient eu le loisir de tirer les leçons des échecs de leurs prédécesseurs. Parmi les chasseurs russes, le meilleur de tous les temps fut un dénommé Staratschin, décrit comme « un petit homme costaud aux cheveux blancs et à l'apparence d'un patriarche ». Suivant les données, il avait passé entre 22 et 29 hivers au Spitsberg, entre la fin du dix-huitième siècle et le début du dix-neuvième. Et même la résistance de ce vétéran endurci ne pouvait se comparer à celle des Pomores, de 1743 à 1749. En effet, chacun des hivers de Staratschin fut passé dans une cabane installée à Grønfjorden ; un site proche de Barentsbourg au climat plus clément, avec des réserves de matériel et de nourriture entièrement constituées à l'automne.

Écrivant en 1920, Rudmose Brown conclut que « le ressort des trappeurs Russes était l'expérience acquise depuis plus d'un siècle pendant lequel ils avaient probablement toujours hiverné sur la côte sud-est. » Cependant, malgré les connaissances accumulées lors des campagnes annuelles, les Pomores ne réussirent pas à faire mieux que survivre une seule année. James Lamont, un chasseur anglais qui naviguait le long des côtes d'Edgeøya en 1858 et qui fut sans doute le premier touriste du Spitsberg, écrivit dans ses délicieuses mémoires, *Yaching in the Arctic Seas* :

« Toutefois beaucoup de ces audacieux marins succombèrent au scorbut et bien des centaines ont dû mourir misérablement. Ainsi, quand on voyage dans cette terre de solitude, on rencontre souvent les ruines de petites cabanes en bois aux côtés desquelles se trouvent deux ou trois monticules de pierres ; et on trouve fréquemment des squelettes de Russes allongés à côté de ceux des ours et des rennes qu'ils avaient tués et mangés. »

Lamont apprit, d'informateurs locaux, qu'une colonie de dix-huit chasseurs russes avait péri en masse près de Hvalpynten, le cap sud-ouest d'Edgeøya. D'après ce que

Lamont retint, les hommes avaient hiverné avec succès et attendaient qu'un bateau les ramène à Arkhangelsk, mais le vaisseau s'était perdu en route. Les autres équipes dans les parages ne savaient rien des Pomores bloqués à Hvalpynten et, même s'ils avaient su, la mer d'habitude gelée à cette époque, les aurait empêchés d'approcher. Ce n'est pas avant le mois d'août qu'un bateau à l'équipage norvégien approcha de l'établissement russe. Lamont écrit : « En atteignant la hutte, ils furent frappés d'horreur en découvrant tous ces morts. Quatorze de ces malheureux avaient été récemment enterrés dans des tombes creusées devant leur hutte. Deux étaient couchés raides morts devant l'entrée, et les deux derniers gisaient à l'intérieur, l'un au sol et l'autre dans un lit. » Le dernier à mourir avait tenu son journal, dans lequel il avait décrit crûment les détails de leur terrible agonie. Les corps reposant devant la porte avaient été tirés là par les survivants, trop faibles pour les enterrer. Ces deux-là étaient revenus dans la hutte, résignés à subir le même sort. « Quand l'un d'entre eux mourut, le dernier homme, le rédacteur du journal, n'avait eu que la force de sortir son compagnon mort du lit et de le laisser par terre, et il expira à son tour, seulement quelques jours avant que n'arrive l'équipage norvégien. »

Après 1852, les Pomores arrêtèrent de venir au Spitsberg, en grande partie à cause de l'industrie du bois qui fleurissait autour d'Arkhangelsk et Mézen. Après leur départ, dans la seconde moitié du dix-neuvième, les Norvégiens envahirent l'archipel. L'échec de quelques-uns de leurs hivernages laisse des témoignages aussi horribles que ceux des Russes.

Écrivant trois années à peine après les faits, Lamont résume le destin d'une équipe de treize Norvégiens qui n'avaient pas l'intention d'hiverner, mais se trouva piégée par les glaces à Mitra Hook, un cap au nord-ouest du Spitsberg, en septembre 1872. Un autre bateau norvégien, dépêché l'été suivant au secours de ces hommes, les trouva tous morts. Cinq étaient couchés sur la plage, recouverts d'un tissu. Ces hommes avaient une hutte, construite probablement par des prédécesseurs, qu'ils avaient améliorée. Six corps furent trouvés à l'intérieur, horriblement défigurés par les ravages du scorbut : « à côté des corps, les sauveteurs (si c'est le mot) trouvèrent un dernier repas non terminé : « trois biscuits, cinq morceaux de sucre, une part de légumes séchés » (qui devait contenir quelques doses antiscorbutiques). Les deux autres marins ne furent jamais trouvés.

Cette fois encore, le dernier à mourir avait tenu son journal. En octobre, les hommes avaient réussi à tuer deux ours, deux renards et quelques rennes, mais quand la nuit de l'hiver fut tombée, ils ne firent plus du tout l'effort de chasser. Le 21 décembre, les treize hommes furent tous atteints du scorbut. Les deux premiers moururent le 10 janvier, les autres suivirent peu après. Le 13 février, le diariste se désespérait : « Il n'y a plus qu'un homme valide pour nous veiller. Puisse le seigneur avoir pitié de nous ». L'avant dernier mort date du 19 avril. Lamont écrit : « Le dernier survivant laissa comme seul témoignage de sa mort, son corps frappé de la soudaine agonie par laquelle se termine souvent la terrible maladie. »

En dépit des superstitions qui, encore au vingtième siècle, entourent cette maladie, le scorbut n'est pas une affaire de chance, de manque d'exercice, d'impossibilité de rester réveillé dix-neuf heures sur vingt-quatre (comme de nombreux Russes essayaient chaque hiver), de faiblesse morale, ni d'absence de foi dans la divine providence. Quelle que soit la recette qui permit aux Inkov, Sharapov et Verigin d'échapper à la maladie qui avait condamné tant de chasseurs (même amplement approvisionnés), dès leur premier hiver au Spitsberg, ce qui permit à tous — sauf à Verigin — de rester en bonne santé pendant plus de six ans, reste le mystère central de l'aventure extraordinaire des Pomores.

Toute la journée du 24 août, passèrent des bourrasques de neige fondue. Nous tournions en rond dans la hutte, tuant le temps. Vaughn massait inlassablement son genou abîmé comme si, par magie, cela pouvait le rétablir. Il nous dit qu'il s'était rendu compte qu'hier, le jour de l'accident, était celui de l'anniversaire de sa femme. Cela rappela à sa mémoire un souvenir de ses errances dans le Sud-Ouest. « C'était il y a cinq ans, le jour de notre vingtième anniversaire de mariage avec Marcia. J'emmenais dans Grand Gulch un groupe d'amateurs d'art rupestre. Je me trouvais à cinquante mètres du sol, entre Colins Canyon et Balistair Ruins. Je marchais tranquille sur cette étroite vire quand un bloc céda sous moi. Mes deux pieds s'enfoncèrent dans le vide et je tombai sur les genoux, à peine en équilibre, Vaughn fit une grimace horrible, quand je me remis sur mes pieds, je faillis vomir. »

Ainsi Vaughn comme la plupart d'entre nous, comme ceux qui hivernaient au Spitsberg, n'échappait pas à certaines superstitions. Mais quelle leçon en tirer ? Rester au lit les jours d'anniversaire ? Faire un vœu quand vous soufflez les bougies ?

Michel et moi discutions indéfiniment de Le Roy. Plus ou moins par accident, il nous vint quelques *jeux de mots** bilingues. À propos de ma très longue quête de l'histoire perdue des marins, j'essayais de traduire l'expression Wild-goose chase, *La chasse à l'oie sauvage*, expression qui ne semblait pas avoir d'équivalent en français. « *Je vois**, répondit Michel, la chasse au Le Roy sauvage ».

De la même manière, nous parlions de Verigin, (Wériguin, comme l'appelait Le Roy), indubitablement le *branleur* du groupe des quatre Pomores. Michel le surnomma aussitôt *le vrai Guérin*. Après ça, « le vrai Guérin » devint un qualificatif richement chargé. Parfois, il désignait le « très lourd et très paresseux » marin, qui aimait rester couché dans la cabane et ne pouvait avaler de sang de renne, parfois il désignait Michel dans ce qu'il a de plus fantaisiste.

Je me demandais comment, en général, les chasseurs du Spitsberg s'y prenaient pour tuer l'ennui pendant le long hiver ? L'informateur russe de Conway, Charitonow, insiste sur l'obsédant rite antiscorbutique « destiné à éviter le sommeil », qui consiste à faire et défaire des nœuds. « Comme des automates, chacun noue sur une corde un nombre sans fin de nœuds et les dénoue à nouveau, et ainsi à les faire et défaire, ils y passaient la moitié de l'hiver. » Je pensais bien que les hivernants n'occupaient pas leur temps à lire des livres, si tant est qu'ils en aient, et qu'ils ne fussent pas illettrés. Sans doute, comme les pêcheurs de Terre-Neuve ou d'Islande, qui passaient l'hiver à réparer leurs filets, les Pomores employaient de nombreuses heures à recoudre leurs vêtements, à renforcer leurs bottes en peau de renne ou à sculpter de jolies figurines dans le bois flotté.

James Lamont trouva parmi les débris d'une colonie russe sur Edgeøya, une batte avec une collection de balles en bois, dont Rudmose Brown spécula plus tard que c'était un jeu athlétique, destiné à prévenir du scorbut. Dans le grand établissement russe au nord de Hvalpynten, Keilhau trouva, en 1827, un jeu de cartes et un damier parmi les ruines.

Apprenant que Michel et Mats étaient des joueurs d'échec — Vaughn n'avait jamais appris la marche des pièces — je décidai de fabriquer un jeu. Equipé de tous mes vêtements, armé de mon pistolet, je commençai à rassembler du matériel avec tout ce qui traînait autour de la cabane. D'abord, je trouvai une planche en bois de la taille appropriée, j'emplis mes poches de saletés sombres et de saletés claires qui, une fois remodelées fourniraient les pièces noires et blanches.

On traça les soixante-quatre cases sur la planche et, en une heure, l'échiquier était prêt. Les rois et les reines étaient des douilles de cuivre de différentes longueurs, des plumes en donnaient la couleur. Pareil pour les fous : quatre socles en bois avec des plumes. Des fils de fer tordus figurèrent les cavaliers. Des vertèbres de morses pour les tours blanches, du charbon pour les noires, les pions étaient faits également de charbon et d'éclats d'os.

Comme Mats, Michel et moi étions à peu près du même niveau, nos parties me surprirent par leur extrême sérieux. Penchés sur l'échiquier, tandis que la neige mouillée tambourinait, monotone, sur le toit, nous voulions gagner avec une plus grande fébrilité que si nous avions joué dans un endroit plus civilisé. Était-ce la claustrophobie ? Essayant de transformer un milieu de partie équilibré en une finale gagnante, je m'étonnai de sentir mon cœur battre sous l'effet de l'adrénaline. À plusieurs reprises, Michel se révéla bien mauvais perdant. Il lui semblait qu'en tombant dans les pièges que je lui avais tendus, il trahissait son maître, son ami d'enfance, Christian de Marliave (un maître des échecs comme des régions polaires), qui l'avait initié à ce jeu.

Ce n'était que notre troisième jour sur Halfmoon Island et une simple tempête nous confinant dans Bjørneborg faisait monter la fièvre de la promiscuité. L'intensité de nos parties d'échec, ce besoin désespéré de vaincre, n'était pas seulement dus à nos tempéraments. C'était un réflexe instinctif contre la promiscuité.

Durant l'une de mes expéditions, un marathon de cinquante-deux jours dans la chaîne de la Révélation, alors inexplorée, mes compagnons et moi avions enduré le pire temps que j'aie jamais connu en Alaska. Aux environs du trentième jour, quatre d'entre nous avaient joué « à la balle chaude ». Un jeu agressif que j'avais inventé, avec deux hommes par équipe, un joueur et un goal, sur un terrain d'une trentaine de mètres tracés sur le glacier. Cette compétition tourna vite au pire. Nous attaquions vicieusement et violemment les adversaires qui faisaient partie de nos meilleurs amis et nous nous disputions comme des chiffonniers sur l'interprétation des règles. Mon équipe l'emporta 23 à 22. Cette victoire me rendit odieux, puis si honteux que je quittais le camp pendant de nombreuses heures pour aller faire la première ascension d'une montagne facile. C'était une folie à cause des crevasses du glacier et des avalanches qui descendaient de partout, mais il me semblait devoir chasser le poison violent que « la balle chaude » avait instillé.

Au bout de trois jours de notre tranquille expédition au Spitsberg, nous commencions, d'une manière certes assez polie, à nous taper sur les nerfs. Pour les deux pièces de la cabane, il n'existait qu'une seule couchette. La première nuit, je m'y étais allongé dans mon sac de couchage. Mats avait dormi sur le sol près du poêle pendant que Michel et Vaughn avaient déroulé leur duvet dans la pièce bien plus froide du vestibule, devant la porte. Évidemment, après la première nuit, j'avais offert aux autres de changer, mais ils refusèrent. Cette curieuse inertie fit que les places ne changèrent pas pendant tout le voyage, comme s'il s'agissait de quartiers choisis sur un navire, en fonction du grade.

Cet arrangement n'était pas sans inconvénient. Si Mats et moi devions sortir dans la nuit pour uriner, nous devions enjamber les corps de Vaughn et de Michel, et souvent nous les réveillions. Les petits coins, étant donné que nous étions au pays des ours, se trouvaient dans la cabane. Ils consistaient en fait en un simple trou dans une planche, posée dans un appendice de l'antichambre où dormaient Vaughn et Michel. En arrivant, Mats avait suspendu en double épaisseur, des sacs-poubelle cloués sous la planche. Comme le demandait le Sysselmannen, il faudrait rembarquer nos excréments et le papier toilette en partant de Halfmoon Island. Le volume de nos déjections devint progressivement considérable. Une porte séparait ce cabinet du vestibule, mais par moments, l'odeur envahissait le reste de la cabane.

Une autre nuisance venait du fait que Mats et Michel étaient des Hercules du ronflement, ce que Vaughn et moi n'étions pas. Il aurait donc été logique de regrouper les ronfleurs dans une pièce et les dormeurs silencieux dans l'autre, mais, sans jamais avoir évoqué le sujet, Vaughn et moi gardâmes nos places et nous battîmes des nuits entières pour retrouver nos rêves en dépit du bruit de chaîne qu'on tire d'un sceau métallique qui sortait régulièrement de la poitrine de nos compagnons.

Est-ce que ça suffisait à me donner une idée des tensions qui avaient dû affliger les deux Inkov, Sharapov, et Verigin, reclus dans leur hutte non pas pour deux semaines, mais pour plus de six ans ? Le Roy ne dit pas un mot sur le sujet, si ce n'est qu'il mentionne l'indéfectible sollicitude dont les trois marins en bonne santé firent preuve à l'égard de Verigin, le nourrissant comme un nouveau né quand il n'eut plus la force de porter la main à sa bouche. Cette absence de commentaire n'est pas une surprise, car « le mal de la promiscuité » ne fut pas, pour ainsi dire, inventé avant le milieu du dix-neuvième siècle. En fait, dans les textes sur l'histoire de l'exploration, c'est peut-être le plus négligé des sujets qui concernent les épreuves psychologiques dont souffrirent les aventuriers forcés à la réclusion dans de misérables conditions durant des mois.

Sur Paulet Island, en Antarctique, j'avais visité les ruines d'une cabane montée par des Suédois en 1903. Après que leur bateau eut été piégé par les glaces et coulé, l'équipage avait ramé vers une île à une centaine de kilomètres; la première terre ferme des parages. Sachant qu'ils auraient à hiverner ici, ils rassemblèrent des pierres plates et bâtirent une cabane grossière en une semaine. Sur Paulet, on trouvait en abondance, comme aujourd'hui, des pingouins. Les Suédois savaient que les oiseaux allaient tous migrer au nord dans les deux semaines. Pour s'approvisionner pour l'hiver, les marins firent un massacre et réussirent à stocker onze cents carcasses à côté de leur hutte, dont les os leur serviraient de bois de chauffage.

Pendant huit mois d'obscurité presque totale et de froid intense, vingt hommes restèrent dans une pièce de six mètres sur sept. Le plafond fait de toile et de peaux de phoque était si bas que le seul endroit où un homme pouvait se tenir debout était à côté du mât central. En essayant de me représenter leur situation dans la lugubre ambiance de la hutte, je vis d'abord vingt hommes coudes à coudes pendant huit mois, réveillant les autres chaque fois qu'ils se levaient ou se retournaient, inhalant la buée produite par tous les autres. Les pierres de la hutte étaient cimentées par du guano et les matelas faits de peaux de pingouins qui pourrissaient.

Par miracle, un seul homme mourut. Le compte rendu de cette épreuve fut écrit par un dénommé C. J. Skottsberg, qui mentionne à peine les relations interpersonnelles. « Si quelqu'un s'avisait de remuer le tapis de peaux de pingouins, décrit Skottsberg, dans un de ses rares tableaux, une horrible odeur emplissait d'un coup la pièce. »

Le mal de la promiscuité est une chose sérieuse. La NASA, réfléchissant aux voyages sur Mars, a commencé à examiner la question de savoir (comme le formula le *Boston Globe* dans son titre) : « Comment les hommes peuvent-ils coloniser l'espace sans s'entre-tuer pendant les voyage ». Selon *le Globe*, le cosmonaute russe, Valery Ryumin, vieux routier des longs séjours à bord de Mir, témoignait qu'un voyage de deux mois seulement avec deux astronautes dans la station, réunissait « toutes les conditions nécessaires à un assassinat ».

Pourquoi la littérature d'aventure est-elle silencieuse sur ce phénomène universel ? Je connais une partie de la réponse depuis ma pire expérience de la promiscuité. Avec mon meilleur ami, Don Jensen, j'avais échoué dans une tentative pour faire la première ascension de l'arête Est du mont Deborah, en 1964. Pendant plus de la moitié de nos quarante-deux jours, nous fûmes bloqués par la tempête, à l'intérieur de la tente de Don, qu'il avait conçue dans le souci de l'alléger. Bientôt, le moindre geste de l'un rendait l'autre fou. J'avais besoin de beaucoup parler alors que Don passait des heures dans le cocon d'un tranquille silence. Pendant les repas, les bruits de mastication de Don me faisaient bondir. Si, dans nos sacs de couchage, nos pieds se touchaient par accident, je le ressentais comme une agression physique. Fatigué de sortir dans la tempête pour pisser, je commençai à remplir d'urine des sacs en plastique que je jetais par l'ouverture. Il fallut plusieurs jours à Don pour qu'il se plaigne tout haut de l'odeur d'urine qui envahissait l'air. À la fin, chaque mot que nous échangions était chargé de tacites accusations.

Ce malaise faillit ruiner notre amitié. Quand j'entrepris ensuite d'écrire sur cette expérience, il me fallut des mois pour voir que cette amertume, ces ressentiments, cette méfiance muette, ces maniaqueries qui firent monter une sourde hostilité, faisaient partie de l'histoire au même titre que les longueurs de cordes parcourues ou les portages du matériel. Longtemps après être retournés à la civilisation, Don et moi sommes restés honteux de nos mesquineries. Nous étions comme un couple marié se réveillant après une nuit de cuite et de dispute, nous rappelant avec incrédulité la trivialité des sujets qui avaient entretenu le combat toute la nuit précédente.

Je soupçonne que tous les explorateurs ayant difficilement supporté le confinement, se sentent profondément honteux de leur comportement. C'était comme s'ils avouaient que c'était leur faiblesse de caractère, leurs enfantillages, leur agressivité, leur pusillanimité qui avaient produit ces tensions, et pas les tempêtes. Le mythe est celui d'une équipe parfaite, l'égoïsme de chacun s'effaçant devant le but commun : « la fraternité de la cordée ».

À propos de ce qu'ont souffert les Pomores de 1743 à 1749, je ne peux que conjecturer. Le seul aperçu qu'on puisse avoir, se situe autour du long déclin de Verigin. Comme nous, peut-être sont-ils rentrés dans le jeu du « trois contre un », qui commençait à affecter notre solidarité sur Halfmoon Island. Les trois marins devaient être dépités de voir que, malgré leurs conseils, Verigin refusait de boire du sang de renne chaud. Et comme Le Roy l'établit, la crainte des ours faisait que les hommes n'osaient jamais sortir seuls. Et quand l'indolent Verigin refusa, avant même de tomber malade, de quitter la hutte pour ramasser du bois flotté, cela a dû mettre la patience des autres à rude épreuve. La logistique devint alors certainement très compliquée (ainsi dans un quatuor en pleine forme, deux peuvent aller chercher des rennes et deux de l'herbe à scorbut).

À l'intérieur de notre groupe de quatre, la tension se cristallisa autour des plaisirs ineffables du tabac. Si chaque goutte de vin ou d'Armagnac me semble renforcer mon élan vital, j'ai eu la grande chance de ne jamais succomber au démon de la nicotine. Il n'en allait pas de même des trois autres. L'année précédente, Vaughn avait abandonné cette habitude, qui l'avait réjoui pendant 25 ans, de chiquer du tabac. Pendant sa période d'abstinence, il avait pris du poids et son humeur, toujours égale en temps normal, avait été affectée par des poussées de colère et d'agressivité. Il confessait n'avoir passé aucun jour sans que surgisse un sentiment aigu de manque. Hélas, depuis que son père était tombé gravement malade, il avait repris cette habitude. Il avait apporté au Spitsberg plusieurs boîtes de Skoal et, pour plus de sûreté, il avait fait provision, à Longyearbyen, de tabac à chiquer norvégien, bon marché. Maintenant, il retrouvait sa ligne et sa sérénité. Même la douleur de sa jambe gauche tordue le laissait imperturbable.

Mats et Michel, d'un autre côté, se sentaient à cran. Tous deux, gros fumeurs de cigarettes, avaient fait, sans se concerter, le vœu d'arrêter pendant notre voyage. Michel portait un patch mais à Longyearbyen, pris d'un remords impulsif, il avait acheté ses quatre derniers paquets de Marlboro pour atténuer les affres du sevrage. Dans l'espoir de trouver un réconfort dans la littérature, il lisait la traduction française du texte d'Italo Svevo : *Dernières cigarettes*.

Mats ne s'était pas construit ce genre de barrière contre la privation. Même sur le Moltanovski, il s'était révélé un tapeur acharné de cigarettes, priant chaque personne qu'il voyait fumer de partager son plaisir. Maintenant, sur Halfmoon, il s'adressait régulièrement et sans honte à notre « branleur », lui demandant : « Michel, (il prononçait Mitchell), t'as une cigarette ? » La générosité de Michel était indéfectible, à tel point que Mats finit par fumer les dernières précieuses Marlboro. À la fin du dernier paquet, Michel éclata en anglais : « Mats, tu vas t'arrêter avant moi ! » Pour moi, l'attitude de Mats n'était guère plus qu'une peccadille, ennuyeuse par sa répétition. Pour Vaughn, qui jugeait cela à l'aune des plaisirs de cette drogue, le chapardage de Mats était la moins pardonnable de toutes ses fautes. Hors de portée de celui-ci, il murmura à mon oreille : « Je ne supporte pas la manière dont il mendie les cigarettes de Michel, c'est incroyable ! »

Ce drame de pacotille qui se jouait quotidiennement à Bjørneborg, avait un lien avec celui des Pomores en 1743. Lorsqu'ils partirent à la recherche de la cabane de leurs prédécesseurs de Mézen, les marins avaient à peine emporté le minimum, mais n'avaient pas oublié, comme le dit Le Roy, « une vessie pleine de tabac à fumer, & chacun sa pipe de bois. » Le tabac s'était sans doute vite épuisé, autre cruelle privation qui affectait les naufragés.

La littérature polaire est pleine d'hymnes au tabac et, par conséquent, de lamentations quand il manque. On trouve par exemple, dans le journal d'Alexandre Konrad, le seul compagnon d'Albanov qui ait survécu à l'épopée racontée dans *Au pays de la mort blanche*, cette complainte nostalgique alors que les hommes luttent désespérément pour atteindre la terre François-Joseph : « Je pense que mener le genre de vie qu'on mène en zone polaire, est assez embêtant, j'ai en effet 15 roubles sur moi que je ne peux pas dépenser, même pas pour du tabac dont je souffre de l'absence depuis bientôt un an. »

Le 24 août, alors que les flocons se collaient aux carreaux, Mats commença enfin à lire la version anglaise de Le Roy. À Michel, Vaughn et moi, ce texte inspirait une fièvre qui ne retombait pas. Mats quant à lui, conserva un certain détachement. Il éprouvait des sentiments mélangés. Comme il nous l'avait dit à Tromsø, cette histoire de survie lui paraissait si extraordinaire qu'il ne pouvait croire qu'elle fût le fait de « stupides chrétiens ». Au contraire, ce devait être des Inuits. D'un autre côté, il prétendait que n'importe qui aurait pu se tirer des pièges tendus aux Pomores, à condition d'être habitué à la vie sauvage.

Pour démontrer cela, Mats voulut allumer un feu à l'aide d'un archer et d'une mèche de sa fabrication selon le mode des cultures primitives. Il avait fallu plusieurs heures pour confectionner un arc avec du bambou et une ficelle trouvée à l'intérieur de la hutte. La mèche était constituée d'une petite branche récupérée sur un pin échoué sur la plage et il prit une planche dans laquelle il creusa une petite encoche. Il y plaça la mèche, la maintenant en bas d'une main, et de l'autre côté, avec la bouche. Puis, par de vigoureux mouvements de l'arc, dont la ficelle faisait un tour mort sur la mèche, il commença à la faire tourner au fond de la petite dépression. Avant qu'il ne puisse produire la moindre fumée, la mèche d'un coup se brisa en deux. Cela me fit éclater de rire. Pour la défense de Mats, le bon dispositif nécessite du bois dur pour la mèche et tendre pour la planche. Le pin était simplement trop tendre.

L'année précédente, parmi tous les amis et connaissances à qui je retraçais l'histoire des marins, il n'y en eut qu'un seul qui ne fut pas épaté par leur survie. Comme Mats, ce camarade était un autodidacte et aussi un alpiniste de niveau mondial, féroce compétiteur. « C'est quoi ta grande affaire ? dit-il quand j'eus fini. Un Inuit fait ce genre de chose tout le temps. Qu'il minorât ainsi cet exploit me troubla pendant des mois. Dans mon enthousiasme spontané pour ce que je croyais être la plus incroyable histoire de survie jamais entendue, avais-je inconsciemment fait preuve de dédain à l'égard de la culture des indigènes dont l'habileté à survivre garantit l'existence ? (J'avais écrit un livre sur les Apaches Chiricahua, emmenés par Cochise et Geronimo entre 1861 et 1886. Pour ces guerriers, il était routinier de courir en un jour, entre 150 et 200 kilomètres, record que jamais un soldat blanc ne put égaler). Les six ans de survie des Pomores sur Edgeøya était-elle seulement « plutôt bien pour des Européens ? » En définitive, je conclus que la provocation de mon ami tombait à côté de la plaque. Dans le Mato Grosso, j'avais observé des Indiens Suya pêcher à l'arc des poissons que je ne voyais même pas dans l'eau trouble. Tout est affaire de culture. Un Suya plongé au milieu de Manhattan, trouvera très difficile de traverser la 42e rue. (Un ancien de la tribu venait d'être tué par une voiture en essayant de traverser la rue à son premier séjour dans une grande ville : Guyana). Les six années de survie des quatre habitants de Mézen étaient certes un miracle, mais il n'aurait pas été possible sans le savoir-faire de générations de marins et de chasseurs de la Russie du nord, qu'ils avaient emportés dans leur tête et dans leur cœur. La preuve tient au fait qu'aucun autre Européen n'est arrivé à reproduire leur exploit ; et aujourd'hui encore, les Pomores détiennent toujours le record de la plus longue période vécue par des naufragés dans l'océan glacial Arctique. Ils battirent de deux ans leurs plus proches rivaux, l'équipage de Sir John Franklin, perdu lors d'une expédition au nord du Canada dans les années mille huit cent cinquante. Leurs bateaux avaient été coincés par la glace, mais ils eurent l'inestimable avantage de profiter des tonnes de vivre et de matériel qu'ils avaient pu sauver et de l'aide d'autres équipes qui vinrent à leur secours.

Dans l'esprit de faire une autre expérience archéologique que la tentative de Mats de démarrer un feu, Vaughn sortit dans la tempête et revint avec un peu d'argile. Il façonna entre ses doigts une petite coupe qu'il posa sur le poêle. Quelques heures après, il s'en saisit, dubitatif. « C'est limite, dit-il. Peut-être qu'en ajoutant de la farine... » Ce n'est qu'après avoir fait cuire la farine pour en enduire leurs récipients que les Pomores avaient réussi à fabriquer une lampe qui fonctionnait. Vaughn replaça sa création sur le poêle. « Ça peut marcher si ça n'éclate pas... »

Malgré la faible visibilité, Mats, à l'occasion d'un petit tour, avait pu apercevoir un autre ours sur les falaises d'Edgeøya, de l'autre côté de la mer. C'était peut-être le même que celui du jour précédent, qui s'était déplacé de quelques kilomètres à l'ouest. À notre soulagement, il n'avait décelé aucune trace d'ours sur l'île d'Halfmoon elle-même. Pas d'empreintes récentes, pas d'excréments frais.

Mettant de l'ordre dans un réduit, Mats trouva plusieurs sacs de charbon, qui venaient évidemment d'un autre endroit de l'archipel. Il était presque sûr que ce combustible datait du dernier hivernage de Per Johnson, en 1970-1971. Le mélange de bois et de charbon dans notre poêle dégageait une bonne chaleur et brûlait lentement.

« Il y a dix ans, affirma Mats, le Sysselmannen ne nous aurait jamais donné la permission de rester ici. Il croyait que les vieilles huttes seraient dégradées ou brûlées. » Une fois de plus, je nous représentai, campant dans de misérables tentes, encerclés par des fils de fer, à l'écoute du pas lourd d'un ours nous flairant. Même si Mats n'avait rien fait d'autre, il faudrait lui accorder tout notre crédit pour avoir convaincu le Sysselmannen de nous laisser Bjørneborg comme base et pas seulement comme un abri d'urgence.

Quoique tardive, la lecture de Le Roy par Mats eut des avantages. Un autre exemple du principe fécond que j'avais découvert en Russie : plutôt que de chercher d'autres sources primaires de cette histoire ancienne, je tirais profit des différentes expertises de nombreux lecteurs. Michel et moi avions été tarabustés par la question sur la manière dont Klingstedt et Le Roy avaient interrogé les marins. Était-ce dans l'esprit d'une instruction judiciaire ou avec une curiosité admirative ? Le Roy admet qu'il avait d'abord douté de la véracité des dires des trois marins et, à propos de l'interrogatoire de Klingstedt, il emploie cette phrase : « Monsieur de Klingstedt Auditeur supérieur de l'Amirauté de cette ville les fit comparoitre devant lui ».

Mats mit le doigt sur un détail qui nous avait échappé. « L'an 1743, un habitant de la ville de Mézen situé dans la Jugorie, et faisant partie du Gouvernement d'Archangel : cet habitant nommé Jérémy Okladmkof, crut devoir équiper un bâtiment sur lequel il mit quatorze hommes pour l'envoyer au Spitz-Bergen. » Furieux que Le Roy ne cite jamais les noms du bateau ou de son capitaine, je n'avais guère fait attention au propriétaire. J'avais appris dans les Archives de la région d'Arkhangelsk, que ce nom était très commun dans la Russie du nord. Hugh et moi avions parcouru les registres à la recherche d'un autre bateau armé par ce marchand mais n'en avions trouvé aucun. Le Roy ne fait par la suite plus aucune mention d'Okladmkof.

Mats, nous fit part de son intuition :

— Ce type, Okladmkof, dit-il, pourquoi aurait-il laissé tomber ? C'est l'homme qui paye l'expédition, alors quand les marins reviennent avec leur butin, leurs fourrures, leur graisse de renne et qu'ils donnent tout ça à… quel est le nom du pilote qui les repêche ?

— Kornilof, précisai-je

— Oui, Kornilof. Et ils vont en donner encore plus à Chuvalov. Si je suis Okladmkof, j'en ai plutôt quelque chose à foutre ! Peut-être que je demande à la justice de s'en mêler.

Cette conjecture me fascina. Comme de nombreux points de cette histoire, relégués dans l'obscurité, l'hypothèse était invérifiable, mais dans mon imagination, ce scénario était crédible. Le bateau d'Okladmkof avait disparu sans laisser de trace. Les Pomores étaient partis si longtemps que le recensement de 1748 à Mézen les avait officiellement considérés comme morts. Puis soudain, trois reviennent — pas comme des naufragés morts de faim — mais comme des chasseurs dont la chasse vaut beaucoup de roubles. De surcroît, il n'y a pas, dans la mémoire collective des Pomores, un seul exemple de plusieurs hivernages d'affilée au Spitsberg. Et personne ou presque n'avait non plus survécu à un naufrage. Oui, si j'étais Okladmkof, il se peut très bien que j'aie demandé une enquête. De là sans doute, le style accusateur employé par Klingstedt et Le Roy.

À 4 heures de l'après-midi le 24 août, un brouillard si dense nous recouvrit que nous ne pouvions plus rien voir d'Edgeøya au-delà de la mer écumante. Nous restions assis à lire dans la hutte, écoutant le murmure des lourds flocons s'écrasant sur le toit, scandé toutes les cinq ou six secondes par le déferlement sonore d'une vague sur le rivage. Quand enfin nous allâmes dormir, j'étais convaincu que le lendemain serait encore un jour de repos. Si heureux que je fusse de me glisser dans un duvet bien sec à l'intérieur d'une pièce réchauffée au charbon, j'avais le sombre pressentiment que le temps allait entraver nos mouvements et ferait ressembler nos deux semaines, plutôt à une veille qu'à une recherche véritable. Dans une note de bas de page du *No Man's Land* de Conway, j'avais trouvé une citation en accord avec mon humeur, écrite par un pilote anglais du début du dix-septième siècle : « C'est la pire et la plus froide région du monde, partout des falaises, des montagnes et des rochers, l'épaisseur de la glace est énorme et les montagnes glacées si nombreuses, qu'elles semblent s'être accumulées avant la naissance du Christ. L'abondance de neige dépasse l'imagination. »

Au matin cependant, la pluie s'était arrêtée, bien qu'un plafond de lourds nuages coupât les falaises d'Edgeøya en deux ; le vent avait tourné à l'Est et la houle faiblissait. Mats pensa que nous pourrions aller sur l'île principale. Pour Vaughn et moi, la peur de l'eau semait le doute. La douleur à la jambe de Vaughn, avait empiré depuis hier, lui prouvant qu'il ne se l'était pas seulement tordue : ses ligaments étaient abîmés. Même à l'intérieur de la hutte, il ne pouvait s'arrêter de boiter.

Peu après 10 heures, la porte et les fenêtres de notre hutte furent clouées comme chaque fois que nous sortions, même pour une marche d'une demi-heure. Ensuite, nous fîmes rouler notre Zodiac jusqu'à la plage. Pour rendre le bateau plus manœuvrable nous le chargeâmes de bien moins de matériel que deux jours auparavant, laissant là la tente, les sacs de couchage et les provisions supplémentaires. À notre grand soulagement, la mise à l'eau se fit sans encombre, Mats démarra le moteur hors-bord et nous mîmes le cap droit sur Edgeøya, nos combinaisons de survie fermées jusqu'au menton. Nous arrivâmes dans un abri protégé par une jetée naturelle de blocs, appelé Skotteneset sur la carte. Nous étions environ 10 km au plein nord de Bjørneborg.

Mats amena le bateau sur le bord d'une plage de cailloux. Nous sautâmes du bateau et prîmes pied sur le rivage en tirant le Zodiac. Pour la première fois, nous nous tenions sur Edgeøya.

Nous avions choisi cette destination, en partie à cause de sa forme sur la carte. La côte d'Edgeøya, au nord-est d'Halfmoon (là où Starkov nous avait invités à chercher d'abord la hutte perdue), nous semblait moins commode. Il s'agit d'une ligne presque droite où la bande de plage est coincée entre la mer et la calotte glaciaire d'Edgeøya. Ce n'est qu'autour de Skotteneset, là où la côte est bordée par de petites îles qui forment une baie de trois kilomètres de large appelées Dianabukta, qu'il sembla facile à Mats de trouver un abordage tranquille.

De plus, dans le livre de Gustav Rossnes sur les hivernages au Spitsberg entre 1895 et 1940, Mats avait trouvé l'indication de deux huttes norvégiennes localisées à Dianabukta, l'une construite en 1906 et l'autre en 1936. Il était donc parfaitement logique de chercher à cet endroit des vestiges d'hivernage, même s'ils étaient plus récents que ceux des Russes.

Après avoir piégé notre Zodiac avec du fil de fer, nous partîmes au nord-est. Nous nous étions déployés sur plusieurs centaines de mètres pour fouiller les environs, Michel et moi près du rivage, Vaughn et Mats sur le bord d'un plateau situé cinquante mètres au-dessus du niveau de la mer. Chacun de nous portait à la fois un Mauser et un pistolet, sauf Mats, équipé d'un 357 Magnum.

Curieusement, nous ne trouvâmes rien d'humain, excepté des morceaux de flotteurs délavés, déposés par la marée.

Je croisai tout à coup une empreinte fraîche de renne sur le sable. Elle ressemblait beaucoup à celle d'un daim, mais avec un point d'appui supplémentaire à l'arrière du sabot qui, apparemment, aide l'animal à progresser. Je marchais, pistant le renne. Michel avait rejoint Mats et Vaughn au sommet d'un promontoire dominant la vaste embouchure du Dianadalen où une grosse rivière, descendue de la calotte glaciaire, coulait à l'abri d'une profonde vallée, si bien que cette remarque de Le Roy me revint à l'esprit : « L'île de l'exil des marins, disait-il, on n'y voit aucune rivière mais cependant l'eau n'y manque point, grand nombre de ruisseaux découlant de tout temps des rochers et des montagnes, qui abondent en sources. »

Alors que je marchais en dessous et en avant de mes trois compagnons, je m'arrêtai à la vue de cinq rennes broutant la mousse à deux cents mètres de moi environ. Pendant vingt minutes de magie, j'avançai très doucement en direction des animaux qui m'avaient bien repéré. Je voulais voir jusqu'où je pouvais les approcher sans les effrayer. Toutes les minutes, tous les cinq ensemble tournaient la tête vers l'intrus qui les pistait à quelques mètres, avant de se remettre à leur festin de mousse. Je m'arrêtais, puis repartais pour les suivre. Je réussis ainsi à les approcher à vingt mètres à peine, avant qu'ils ne détalent vers le haut de la vallée.

Du haut de son promontoire, Vaughn avait observé mon

approche aux jumelles. Après l'avoir rejoint, je lui demandai :

— Est-ce très difficile de tirer à l'arc un renne à vingt mètres ?

— Cela dépend si l'arc est bon ou pas, répondit Vaughn. J'ai vu des tas de chasseurs à l'arc se louper à vingt mètres.

Ce serait ma plus proche rencontre avec les rennes de tout notre voyage. Comme l'espèce que l'on trouve au Spitsberg (Rangifer tarandus platyrhynchus) et en Nouvelle-Zemble est unique et comme il ressemble davantage au caribou du Canada qu'au renne de Russie ou de Scandinavie, nous savons que ces animaux ont dû migrer vers leur habitat actuel depuis très longtemps. En 1920, ils étaient menacés d'extinction sur l'archipel à cause de la chasse, mais ils furent déclarés espèce protégée en 1925. Depuis lors, ils se sont épanouis et multipliés. Les zoologues estiment que la population totale comprend entre dix et douze mille individus. Deux mille cinq cents de ceux-ci vivent sur Edgeøya et l'île voisine Barentsoya. Sur Edgeøya, ils continuent à être protégés bien que, depuis 1983, la chasse aux rennes ait été réautorisée sur l'île principale du Spitsberg, avec un quota de cent à cent cinquante par an.

La raison pour laquelle les cinq rennes m'ont autorisé à les approcher, je l'apprendrai plus tard, est qu'ils n'ont pas une bonne vue et doivent compter sur leur odorat pour reconnaître un intrus. Malgré ce handicap, ces animaux sont très bien adaptés aux rudes conditions du Haut Arctique. Broutant sans arrêt les mousses et les plantes qui poussent en été, ils stockent des réserves de graisse qui leur permettent de passer l'hiver. Ils franchissent facilement les glaciers et nagent dans la mer sur de courtes distances. Curieusement, la cause principale du décès des rennes est qu'ils meurent de faim après avoir usé leurs dents sur des pousses pleines de sable et de gravier.

Contrairement au caribou du nord de l'Amérique, les rennes

du Spitsberg ne forment jamais de grandes hardes. Il est difficile d'en trouver plus de cinq à la fois. Cette caractéristique est peut-être la preuve du mécanisme de son adaptation, les animaux se dispersent le plus possible pour éviter le surpeuplement.

Du promontoire, à l'aide de nos jumelles, nous les regardions trotter doucement vers l'intérieur des terres. La rivière sans nom, au nord-est de notre position, paraissait difficile à traverser. Nous en aurions au-dessus du genou. Avec une température à peine au-dessus de 0° et un vent établi venant de l'Est, nous étions peu enclins à risquer l'hypothermie.

Et où donc étaient les huttes norvégiennes que signalait Rossnes sur les rivages de Dianaboukta ? Vaughn, dont le regard est exercé, n'aperçut rien vers l'embouchure nue de la rivière, malgré de longs moments passés avec ses puissantes jumelles. « Je ne vois absolument rien », murmura-t-il.

Nous décidâmes de pénétrer à l'intérieur pour vérifier l'affirmation de Le Roy à propos de l'emplacement de la hutte des habitants de Mézen, située à plus d'un kilomètre de la mer. Mats désigna une petite falaise qui dominait un ravin : si vous deviez construire une hutte, cet endroit paraît logique, avec de l'eau dans les environs, une vue dégagée sur le sud et la montagne qui vous protège du vent du nord.

Nous parcourûmes une vaste étendue de plaines grises où jaillissaient, entre gravier et sable, des touffes de plantes marécageuses. Le ciel était sombre, le plafond de nuages nous dominait d'une centaine de mètres et un vent cru soufflait. Même en marchant d'un bon pas, je n'arrivais pas à me réchauffer, quoi qu'ayant revêtu tous mes vêtements, en plus des gants et d'un bonnet, un anorak en goretex, des caleçons longs et un surpantalon. Je formulais le sentiment vague que je gardais depuis deux jours dans un coin de mon esprit : *c'est l'endroit le plus éloigné du paradis que je connaisse.*

Nous commençâmes à grimper une pente douce qui menait à la falaise. Pendant tout ce temps, les cinq rennes nous accompagnaient, à plusieurs centaines de mètres sur une ligne parallèle à la nôtre. Michel s'éloignait sur la droite pour les admirer.

Mats s'arrêta soudain et leva la main. Il parla d'une voix basse mais impérieuse : « Mitchell, viens là. »

Qu'y avait-il ? À l'instant suivant, j'obtins la réponse. Surgissant de derrière la falaise, à une distance de cinquante mètres, un ours polaire nous marchait droit dessus. Mats avait compris la situation quelques secondes avant que nous n'ayons vu la bête.

Aussitôt, Vaughn ôta la sécurité de son Mauser et fit monter une balle dans le magasin. Michel et moi ne bougions pas. Mats sortit son pistolet et tira. Deux secondes plus tard, une flamme orangée éclatait sur les rochers, juste devant l'ours polaire. L'animal fit demi-tour et remonta en courant puis ralentit et marcha en fixant notre direction avant de disparaître derrière la falaise.

La rencontre décida que notre tour à l'intérieur des terres se terminerait là. Il est difficile de dire que nous avions couru un réel danger, même si ma salive avait un drôle de goût. Michel fit une pauvre grimace et déclara : « *formidable !* ».

Nous grimpâmes au sommet d'une proue rocheuse et nous assîmes, fixant attentivement le dernier endroit où nous avions vu l'ours. Tout à coup, il réapparut de l'autre côté de la falaise, traversant un petit névé. « C'est une femelle, dit Mats sans quitter ses jumelles, et elle est grosse. »

Pendant la demi-heure qui suivit, nous ne pûmes ôter nos jumelles de la scène qui nous offrit une inimitable démonstration. L'ourse continuait à nous braquer des yeux, mais elle n'approchait pas. Ce n'est pas par peur que l'ourse se tenait sur la tache de neige, mais à cause d'une autre occupation. Dans ce climat où nous avions besoin de tous nos vêtements pour ne pas nous geler, l'ourse avec sa fourrure et sa masse, était en état de surchauffe. Se rouler dans la neige était l'un des rares moyens qui pouvait la rafraîchir dans la tiédeur de l'été arctique.

Elle était seule et cela ressemblait à une partie de plaisir : l'ourse se couchait sur le dos, levait les pattes et descendait le névé puis se redressait et remontait. Elle se roulait encore et encore, jouissant des bienfaits du froid. Le névé était imprégné de poussière rougeâtre (un phénomène habituel dans les régions polaires et alpines). Petit à petit, le blanc pur de la fourrure de son manteau blanc se teintait nettement d'une couleur entre la pêche et la framboise ; une ourse rouge orangée. Vaughn, Michel et moi n'avions jamais vu ce genre de spectacle, mais Mats plusieurs fois. Mon angoisse s'évapora dans ce délice partagé et, depuis une demi-heure, Edgeøya ne me semblait plus si loin du paradis.

Il n'existe pas de comptage exact des ours polaires de l'archipel. Les estimations les plus fines donnent entre trois mille et cinq mille individus. Depuis 1973, partout dans l'archipel, l'animal est protégé, mais il se reproduit si lentement que la population n'a recommencé à croître que depuis deux dizaines d'années. Nulle part au Spitsberg, les ours ne sont plus nombreux que sur la côte sud d'Edgeøya.

Le plus gros ours jamais tué dans l'archipel pesait presque huit cents kilos. Le poids moyen d'une femelle à la fin de l'été, s'élève à quatre cents kilos. La moyenne du mâle se situe entre cinq et six cents kilos. Les ours polaires sont de prodigieux voyageurs qui couvrent habituellement un territoire de plus de mille kilomètres de diamètre en une seule année. Un ours endormi et tatoué au Spitsberg à la fin des années soixante, fut retrouvé une année après dans le sud-ouest du Groenland, ayant parcouru presque quatre mille kilomètres. Ils parcourent couramment cinquante kilomètres par jour ; ils se laissent porter sur les glaçons comme sur des bateaux de plaisance et, parmi les mammifères terriens, ils sont champions olympiques de natation. Ils se nourrissent presque exclusivement de phoques (phoques marbrés ou phoques barbus) qu'ils attrapent depuis la glace. La fin du mois d'août, quand la glace a disparu, est la période où ils sont le plus affamés. Effectivement, pendant que nous regardions notre ourse se refroidissant sur son névé, elle nous avait paru bien efflanquée.

Les ours polaires vivent entre vingt et trente ans. Ils s'accouplent entre avril et mai, mais un processus appelé insémination retardée fait que la gestation ne commence à se développer qu'en septembre ou en octobre. La femelle enceinte aménage sa tanière à la fin de l'automne, dans laquelle, en décembre, elle donne naissance à ses petits (entre un et quatre). Elle ressort en mars ou en avril de l'année suivante. Les petits suivent leur mère pendant deux ans et demi, période durant laquelle l'ourse ne s'accouple pas.

Au milieu des années quatre-vingt-dix, un scientifique canadien appelé Andrew Derocher, fit une étude remarquable qui produisit un résultat inattendu et alarmant. Il travaillait sur Edgeøya et Open Island, située plus au sud dans la mer de Barents et il découvrit, en 1996, que deux des ours qu'il avait endormis, avaient deux organes génitaux et pas de chromosomes Y. C'était, selon les mots de Derocher, « des femelles pseudo-hermaphrodites. » On en avait déjà eu des exemples mais ils étaient excessivement rares, alors qu'en deux ans, Derocher trouvera encore six autres ours possédant les mêmes aberrations sexuelles. Par extrapolation, il estima à 4 % de la population les individus affligés par cette anomalie. À la recherche d'une cause probable, Derocher et ses collègues conclurent que le PCB* devait être le coupable. Hormis la Russie, les pays d'Europe occidentale ont interdit le PCB depuis 1970, mais ces molécules mettent longtemps à s'éliminer et ont la capacité malfaisante d'être stockées dans la graisse des animaux, y compris les phoques. Le régime alimentaire des ours de l'archipel leur fit ingurgiter du PCB pendant vingt ans, détruisant l'appareil de reproduction d'un certain nombre d'entre eux. Avec le trou dans la couche d'ozone qui croît au-dessus de l'Antarctique, voilà deux exemples de l'impact lointain de la prolifération industrielle. Bien qu'Edgeøya soit un des lieux les plus intacts du monde, l'invisible PCB a laissé, il y a un quart de siècle, des traces qui menacent la survie de l'un des plus nobles et plus forts animaux de la terre.

Bien que le spectacle que nous offrit l'ourse pendant une demi-heure fût sublime, nous avions gardé nos Mauser à portée de la main, une balle engagée dans le canon. Je n'avais aucun mal à imaginer Sharapov et les Inkov chassant le renne et apercevant un ours au détour de la falaise. Dans un tel moment, ils devaient se saisir de leurs deux lances et prier. Parfois les prières ne marchaient pas et l'ours chargeait. J'essayais de m'imaginer à leur place, mais je ne pensais pas être assez fort pour tuer un ours ainsi, sans être grièvement blessé par un pareil combat.

Ce n'est qu'au vingtième siècle que les chasseurs de l'archipel furent capables, grâce à la technologie, d'inverser le rapport de force entre l'homme et l'ours polaire. Et c'eût été un drame si on n'avait pas interdit la chasse à l'ours en 1973, quand les fusils à répétitions et les scooters des neiges avaient fait apparaître le spectre de l'extinction pour l'*Ursus maritimus*. Cela ne m'empêchait pas d'éprouver une profonde admiration pour le courage et la débrouillardise des derniers chasseurs hivernants ; des hommes comme Per Johnson.

* *(PolyChloroBiphényles : hydrocarbures commercialisés sous la forme Pyralène utilisés, entre autres comme fluides isolants depuis 1930, interdits au milieu des années soixante-dix)*

À mon retour fin septembre, je joignis Johnson au téléphone. Je lui exprimai mon étonnement pour son hiver passé seul, en 1970-1971, sa réussite pour avoir tué 25 ours et son voyage en traîneau tiré par des chiens pour revenir à Longyearbyen, en février.

— Oh, mais c'était une année à quotas, dit-il, j'ai aussi hiverné en 1969-1970. Nous étions trois : deux vivaient sur Halfmoon et moi, seul, à Andréetangen. Cette année-là, il n'y avait pas de limite pour les ours.

— Vous en avez eu combien ? demandai-je.

— Je ne suis pas certain de devoir vous le dire, exprima Johnson.

— Je vous en prie.

— J'en ai tué cent quarante.

J'ai cru déceler dans la voix du vieil homme un mélange de fierté et d'embarras, mais la première l'emporta quand Johnson commença avec un zeste de nostalgie à décrire l'énorme travail de la chasse.

— Pour préserver les peaux pendant l'hiver, nous creusions dans la neige, sur le côté qui était au vent de la hutte, dit-il. La neige s'accumulait toujours plus haut et nous conservions les nouvelles peaux dedans. Au printemps, nous sortions les peaux par dix à la fois. Nous les mélangions à la glace pour garder la fourrure intacte.

C'était curieux d'entendre Johnson utiliser la première personne du pluriel pour décrire son hivernage en solo.

— Oh, pour découper la graisse il fallait un couteau spécial. Nous la tranchions en petites bandes et nous les mettions dans des barils d'essence de deux cents litres. Nous ramenions vingt tonnes de graisse à Tromsø, ils nous payaient 2 couronnes par kilo.

Repensant aux minces parois de la hutte de Bjørneborg, je lui demandai quelle température il faisait à l'intérieur en hiver.

— Non, il ne faisait pas chaud, rigola Johnson. La hutte n'était pas isolée.

Je l'interrogeai sur les Pomores en 1743.

— C'est la première histoire que j'ai entendue quand je suis arrivé au Spitsberg, dans les années soixante. Mais où est-ce que ça s'est passé ... Aujourd'hui, c'est impossible à dire.

Le récit de notre propre séjour sur Halfmoon réveilla les souvenirs de Johnson.

— Oh, j'ai bien fait de ne pas venir avec vous, dit-il pour conclure. Sinon je n'aurais pas arrêté de parler !

Un autre ancien, Odd Lønø, avait évolué et, de chasseur, il était passé à historien de la nature. En 1970, Lønø, dont le premier hivernage sur Edgeøya est daté de 1946-1947, publia une monographie qui reste l'ouvrage définitif sur l'histoire de la chasse au Spitsberg et sur le comportement des ours polaires sur l'archipel. Après notre voyage, j'en trouvai une copie à Harvard. Dieu merci, elle était en anglais.

Lønø avait rassemblé toutes les sources norvégiennes qu'il avait trouvées (comme Rudmose Brown le regrettait, les sources antérieures russes de l'histoire de la chasse dans cette région n'ont jamais été recueillies). Comme les Norvégiens ne sont pas venus sur l'archipel avant 1795, les témoignages précoces sont maigres. Un capitaine écrit en 1828 : « On tue les ours quand on les voit, mais ils ne sont pas spécialement chassés. » À Hammerfest, qui est avec Tromsø l'un des deux ports principaux du nord de la Norvège, Lønø trouva qu'on avait tué des ours au Spitsberg entre 1824 et 1829. En comptant toute la flotte norvégienne, on ramena vingt-deux peaux, ce qui fut l'année record et inversement, une année, on n'en rapporta qu'une seule.

Ce n'est qu'à la fin du dix-neuvième siècle que les Norvégiens commencèrent à chasser systématiquement les ours. L'événement clé fut l'invention du « piège à fusil », dont les origines restent obscures, mais que Lønø pense dater des années mille huit cent quatre-vingt-dix. À l'origine, le piège était un grand mur de pierres ou de troncs derrière lequel on disposait un fusil, son canon passant à travers le mur et sa gâchette reliée par une ficelle à un appât, en général de la graisse de phoque. « Ces premiers pièges à fusil n'étaient pas très efficaces, écrivait Lønø. S'il y avait de la neige accumulée contre le mur, l'ours se tenait trop haut et la balle ne le frappait pas au bon endroit, et si l'appât était recouvert de neige, l'ours n'actionnait pas le piège. »

En 1920, un chasseur nommé Gustav Lundquist inventa un dispositif de piège à fusil très efficace ; le parallélépipède monté sur un chevalet dissimulant le fusil et protégeant l'appât. On en trouve des restes dispersés sur tout Halfmoon Island. Après la guerre de 1904 (indépendance de la Norvège), on trouvait partout des Remington à bon marché dans les surplus de l'armée. Ce fut donc l'âge d'or de ce type de pièges. Durant le premier hivernage de Lønø, en 1946-1947, son équipe avait tué 87 ours avec le piège à fusil et ils en abattirent encore cinquante et un en leur tirant dessus. Aussi Lønø estime-t-il que 75 % à 85 % des ours polaires furent tués grâce à l'ingénieuse invention de Lundquist. Au début du vingtième siècle, on avait aussi tenté de les empoisonner à la strychnine, en attachant les appâts à un grand mat. L'inconvénient était que l'ours mettait 5 à 10 minutes pour mourir, pendant lesquelles il se précipitait régulièrement vers la banquise où il était impossible de retrouver sa carcasse. Parfois, certains ours vomissaient le poison, signalait Lønø. D'autres marchaient des kilomètres après avoir avalé leur bouchée, la vomissaient puis se remettaient à marcher sans aucun effet. Le poison fut interdit par la loi en 1927, mais son usage se perpétua longtemps sur l'archipel.

La monographie de Lønø donnait l'explication d'un autre

dispositif que nous avions trouvé sur Halfmoon. Non loin de notre hutte, un mât de cinq mètres de haut avait été monté sur un trépied, calé par des blocs. Mats nous avait expliqué que les ours sont naturellement attirés par tous les objets de haute taille : ce mât et d'autres, que nous observerions pendant nos balades sur l'île, avait l'effet inverse d'un épouvantail. Mais Lønø signalait qu'un appât pendait, relié à la hutte par une ficelle à laquelle était suspendue une timbale. Se saisissant de la viande, l'ours faisait tinter le récipient et alertait le chasseur, « qui alors tirait sur lui à travers un trou dans la porte ».

C'est sur Halfmoon qu'on voit le plus grand nombre d'ours morts. L'apogée de la chasse se situe pendant l'hiver 1964-65, quand une simple paire de chasseurs tua en un seul hivernage cent quarante-cinq ours. Lønø pense qu'après soixante ans de chasse intense, la population des ours avait été réduite à 25 % en 1970. Mais avant que le Sysselmannen déclarât la chasse hors la loi, le scooter des neiges avait commencé à révolutionner la chasse. Deux ours avaient même été tirés d'un hélicoptère avant que le gouvernement n'interdise de telles pratiques.

En lisant entre les lignes de Lønø, je réalisai que, même si l'on pouvait déplorer le massacre du magnifique *Ursus maritimus*, ces trois quarts de siècle d'hivernage à la recherche de la fourrure blanche, avait produit des campagnes aux faits héroïques dont des chasseurs comme Odd Lønø et Per Johnson étaient des figures de légende. Il faudrait l'équivalent norvégien d'Hermann Melville pour chanter leurs exploits avant qu'ils ne s'effacent de la mémoire humaine. Comme Mats me l'avait dit un jour, « il n'y a que cinq ou six hommes comme Per Johnson qui soient encore vivants et qui connaissent bien cette histoire. Ils connaissent ce pays comme personne – les endroits où les phoques font leurs petits, où trouver telle sorte de canards, où les rennes pâturent... Quand ces hommes seront morts, toutes ces connaissances s'en iront. »

Dans la monographie de Lønø, je trouvai des histoires d'épopées inédites : le témoignage de première main, par exemple, de chasseurs qui, un siècle auparavant, avaient observé une femelle arranger sa tanière et qui s'y étaient introduits dès que la mère et les petits l'avaient quittée. Je trouvai des faits surprenants que ces observateurs avaient enregistrés. On dit communément que l'ours polaire n'a pas de prédateur naturel, mais selon Lønø, on sait que des morses ont tué des ours dans l'eau et aussi que, « les ours adultes se tuent parfois entre eux, se battant par exemple, pour un morse mort. » Je me suis demandé pourquoi les rennes avaient si peu de crainte des ours polaires. Peut-être parce qu'ils peuvent s'échapper en courant, mais d'après Lønø, « l'ours polaire ne montre aucun intérêt pour le renne ». Une question peut-être, de qualité de viande.

Pour moi, l'affirmation la plus étrange que Lønø répétait souvent dans son texte était que « en été on trouve rarement des ours sur la terre ferme ». Étant donné que tous les ours que nous vîmes pendant deux semaines étaient sur la terre et aucun dans l'eau, je commençai à me demander si le comportement de l'animal avait changé depuis trente ans que Lønø avait écrit son texte. Dans l'Arctique canadien, je savais que les ours étaient confrontés à un problème qui menaçait leur existence : la diminution de l'épaisseur de la banquise, probablement due au réchauffement global. Si la glace qui entoure Edgeøya avait beaucoup régressé dans les années récentes, c'était peut-être à leur corps défendant que les ours étaient forcés d'aller à terre pour chercher désespérément leur nourriture. Peut-être, la femelle rouge orangée, dont le spectacle nous avait réjouis quand elle se roulait dans la neige, avait-elle atteint les limites de l'inanition.

De notre proue de rochers, nous retournâmes tranquillement au Zodiac et nous nous écroulâmes à l'abri des rochers, pendant que Mats faisait cuire un déjeuner fait de nouilles collées et de soupe aux poireaux. Puisque nous étions là, nous sentîmes le besoin de pousser notre reconnaissance de Dianaboukta et remîmes le bateau à l'eau. Puis nous filâmes au nord-est pendant trois kilomètres, jusqu'à un autre promontoire appelé Knockdowodden. Nous fîmes là une petite erreur de calcul. Après avoir tiré notre Zodiac sur le rivage et l'avoir entouré une fois de plus avec les fils de fer et les fusées, nous découvrîmes qu'un petit chenal séparait cette butte de la terre principale. Il n'y avait pas d'autre solution que de le traverser dans nos combinaisons de survie. Pour Vaughn et moi, ce furent de très pénibles moments quand l'eau nous arriva jusqu'aux épaules et que nous trébuchâmes sur des rochers invisibles et glissants. De toute la journée, Vaughn ne s'était jamais plaint de sa jambe blessée, mais je voyais qu'il souffrait constamment.

Le plafond de nuages gris avait commencé à descendre et au large, il touchait la mer. Quand je vis qu'on ne pouvait plus apercevoir Halfmoon Island, je m'alarmai. Mats restait imperturbable. Il avait relevé le point GPS de Bjørneborg et, grâce à son appareil, il se faisait fort de nous ramener à la maison.

Ni Vaughn, ni moi, n'avions jamais utilisé un GPS. Dans le Sud-Ouest, cet appareil avait engendré une nouvelle forme de tourisme. Comme de plus en plus de topo-guides donnent les coordonnées des principaux chemins, pics et même sites archéologiques, les débutants qui ne savent pas lire une carte entrent ces nombres dans l'appareil et marchent droit sur l'objectif. Pour Vaughn et moi, ce système nous paraissait non seulement réducteur, mais le GPS était aussi bien connu pour jeter ces novices dans des culs de sac que le sens commun et la navigation à l'estime leur aurait fait autrement éviter.

Dans les mers autour de l'archipel, tout le monde se sert de cet instrument, mais Vaughn et moi trouvions dérangeant de faire confiance aveuglément à un gadget électronique. Que se passerait-il si ses piles tombaient en panne, si Mats passait à l'eau avec le GPS ? Il ne nous resterait alors que la chance pour retrouver Halfmoon et ne pas nous diriger en pleine mer de Barents. Mats n'avait même pas emporté une boussole. Moi, oui.

Avec le temps qui se détériorait, nous ne fîmes qu'une brève reconnaissance autour de Knockdowodden. Le rivage était d'une nudité extrême. Des strates de gravier et de boue s'étendaient à l'infini, dont la monotonie était rompue par de rares touffes de saxifrages aux fleurs jaunes frémissant dans le vent. Une fois de plus, nous ne trouvâmes aucun signe de présence humaine, à part les habituels débris jetés par les bateaux échoués par là. Si des huttes avaient été construites à Dianaboukta en 1906, il n'en restait aucune trace.

Marchant le long de la plage, nous croisâmes les traces d'un ours blanc. Là où nos bottes s'enfonçaient à peine dans la boue, les griffes de l'ours avaient laissé des traces de profondes morsures ovales, dont quelques-unes étaient remplies d'eau.

En revenant vers le Zodiac, nous tombâmes sur une boue particulièrement fine et glissante. « Tiens, de l'argile », murmura Vaughn. Je sortis un sac en plastique, pris quelques poignées de cette matière et les remisai dans mon sac.

Durant tout le retour, alors que Mats pilotait le hors-bord et que nous étions plongés dans le brouillard, une profonde anxiété m'envahit. Vaughn était aussi muet que moi et nous essayions de percer le brouillard, espérant capter la vue d'une basse terre qui signifierait que nous n'avions pas loupé Halfmoon Island. Mats apparaissait complètement détendu, sûr que son GPS marchait. Ce n'est qu'à une centaine de mètres qu'apparut la terre. Nous étions pile en face de notre hutte bien aimée.

Au bout d'un moment, nous nous retrouvâmes blottis dans notre sanctuaire, préparant le dîner pendant que nous enveloppait le plus épais brouillard que nous avions vu sur Halfmoon. Fatigués mais heureux après cette journée de huit heures sur Edgeøya, nous nous installâmes dans la pièce à vivre, buvant de la bière pendant que ronronnait le poêle bourré de charbon et de bois flotté. Vaughn prit les mottes d'argile que j'avais ramassées et les malaxa en un petit bol creux, puis il plaça le récipient sur le réchaud. « C'est une bien meilleure matière que celle de l'autre jour qui n'a pas fonctionné », dit-il.

Michel avait fumé sa dernière cigarette. Pour lutter contre le manque, il nettoya une énorme pile d'assiettes, cuisina trois fois plus de plats que nous n'en pouvions manger puis sortit dans le crachin pour scier du bois flotté pendant une bonne heure.

J'avais été étonné de notre absence de découverte sur Dianaboukta. Si cette anse semblait l'endroit le plus commode à coloniser sur le rivage de Edgeøya et si cependant on n'y trouvait aucun signe d'occupation, il se pouvait que le rivage entre Halfmoon et la grande calotte glaciaire, celui que Starkov m'avait justement incité à fouiller, fût vide. D'un autre côté, en huit heures, nous n'avions pas exactement effectué une recherche soigneuse. En particulier, nous n'avions fait qu'une seule incursion à l'intérieur des terres où, selon Le Roy, la hutte des habitants de Mézen se situait. Et encore, cette tentative avait été perturbée par l'apparition de l'ourse. Je me remis à penser au plan idiot que j'avais conçu pendant mes recherches à Cambridge, qui consistait à couvrir la côte sud d'Edgeøya par une série de randonnées ravitaillées par des portages en Zodiac. Chercher sur ces rivages était dix fois plus difficile que je ne l'avais imaginé.

Le lendemain matin, je fus réveillé à 6 h 30 par un bruit soudain. Endormi, je me figurais que c'était Mats qui rallumait le poêle. Il me sembla qu'il était sorti uriner, pour une fois sans oublier ses fusées et son revolver. En fait, il était tombé sur un ours, à une quinzaine de mètres qui se tenait entre lui et l'abri à bateau décrépit. « Pas un gros, dit-il plus tard, mais pas un jeune non plus. » L'ours avançait sur Mats, mais quand il cria, l'autre s'arrêta. Mats rentra à la hâte dans Bjørneborg, se saisit du pistolet à fusées et en tira une en direction du hangar à bateaux. Cela ne fit qu'inciter l'ours à s'approcher de la cabane. Un deuxième tir, presque à bout portant, fit que la bête se sauva en courant, mais droit dans la direction de notre Zodiac. Mats lui courut après en criant jusqu'à ce que l'ours s'éloigne et disparaisse derrière les rochers au sud de notre cabane.

Encore à moitié dans nos sacs de couchage, Michel et moi n'avions pas vu l'ours mais Vaughn avait bondi pour le regarder alors qu'il s'enfuyait le long de la mer. « Je ne serais pas surpris s'il revenait, dit Mats. Il est affamé ».

Une question était tranchée. Nous avions espéré que les ours étaient confinés sur Edgeøya, eh bien l'espoir avait disparu. Non seulement ils parcouraient Halfmoon, mais ils n'avaient apparemment aucune crainte d'approcher notre hutte, attirés par les odeurs qui en émanaient, en dépit de tous nos efforts pour cacher nos ordures et enlever toute trace humaine.

Ce matin, le brouillard était toujours très épais et le vent d'est soufflait fort. Plutôt que de nous forcer à un nouveau tour en Zodiac dans des conditions précaires, nous décidâmes de marcher jusqu'à la pointe nord-est d'Halfmoon Island. En particulier, nous étions impatients de chercher une autre baie appelée Dianahamna, en apparence un port naturel plus idéal encore que celui de Dianaboukta sur Edgeøya. En effet, il était protégé à l'intérieur du croissant de Halfmoon. Le guide de Gustav Rossnes sur les hivernages norvégiens, indique que des huttes avaient été construites à Dianahamna. Bien qu'il assure que l'une d'elles était l'habitation sommaire dans laquelle Karl Møller et Ibenhart Jensen Fladseth étaient morts du scorbut durant l'hiver 1898-99, cette hutte, se trouvait à une cinquantaine de mètres à peine de Bjørneborg et pas du tout à Dianahamna. Entre nous, nous suspections que les données de Rosness n'étaient pas très précises et qu'il avait, entre autres, fait la confusion entre Dianaboukta et Dianahamna.

Une autre raison nous poussait à visiter ce dernier havre. À Longyearbyen, quelques heures avant d'embarquer, nous avions rendu visite à un scientifique du nom de Kolbein Dahle, dans les bureaux du Sysselmannen. À notre surprise, Dahle révéla que peu de mois auparavant, une équipe gouvernementale avait fait un inventaire archéologique très soigneux de la côte sud d'Edgeøya, incluant Halfmoon Island. J'avais copié à toute vitesse les notes de terrain que Dahle avait dans son ordinateur et qu'il me traduisait rapidement en anglais. Sur ma carte annotée, j'avais entouré le point qui forme le bras gauche de Dianahamna avec la note : tombe 7+4.

La bruine des deux derniers jours avait trempé les lichens qui recouvraient les blocs de basalte sur lesquels nous progressions. Nous marchions d'un pas méfiant, craignant de nous tordre les chevilles ou les genoux et de subir le même sort que Vaughn. Entre des arrêts constants pour scruter l'horizon de nos jumelles et le soin tout particulier que nous prenions depuis l'ours visiteur du matin, nous avancions à peine, à deux kilomètres à l'heure.

Partout, nous observions des mats pour attirer les ours, certains encore debout, certains couchés dans les éboulis. Chacun avait à ses côtés un piège à fusil entouré par une profusion d'os.

Mats nous appela pour examiner une plante à ses pieds. Une petite tige indistincte, ornée de feuilles gris vert, surmontée d'une fleur d'un blanc étincelant, attira notre regard. « C'est de l'herbe à scorbut, dit Mats. *Cochleria officinalis*. Goûtez là. »

Je me saisis de quelques fleurs et boutons, et les portai à la bouche. La plante, en fait, avait le goût d'une pastille de vitamine C. « Pousse en terrain humide ou pas trop sec », était le commentaire du livre sur les plantes que je consulterai de retour à la hutte. « Très répandue au Spitsberg. » Donc c'était ça, songeais-je, qui avait sauvé les Pomores. Mais pourquoi alors tous, comme les Norvégiens, Møller et Flatseth, n'avaient-ils pas récolté suffisamment de cette plante pour éviter le scorbut ?

Nous avions presque atteint Dianahamna quand Mats s'arrêta, prit ses jumelles et tendit la main gauche. « Il y en a un autre, siffla-t-il. Le plus gros jusqu'à maintenant. »

Pour la première fois, je ressentis chez Vaughn de la frustration. Lui-même, tranquillement, était fier de son œil que j'avais vanté à Michel. Malgré tout, il n'avait pu en apercevoir un seul. Les cinq que nous avions vus avaient été repérés par Mats. L'ours se tenait à deux cents bons mètres devant nous, couché sur le flanc sur une pile de rochers. Pendant cinq minutes, il ne fit pas un mouvement, ce qui amena Mats à se demander s'il était mort ou plutôt assoupi. Personne ne se pressa pour aller vérifier. Par malchance, l'ours était couché pile au-dessus de la plage, au centre du port de Dianahamna. Notre piste nous ferait passer juste devant lui.

Nous fîmes un prudent détour sur la pointe des pieds, ne quittant jamais de nos jumelles la tache blanche plus d'une minute ou deux. Bientôt, nous découvrîmes l'endroit que nous cherchions. Il suffisait pour s'en assurer, d'observer, couchés parmi les débris de pièges à fusils, des empilements nets de rochers, chacun de deux mètres de long sur soixante centimètres de large. Les tombes étaient réparties sur deux lieux, quatre d'entre elles étaient sur une petite butte ; les autres, se situaient à l'ouest – j'en ai compté huit plutôt que sept – alignées sur un éperon orienté vers la pointe de l'anse. Anxieux à cause de l'ours, nous les examinâmes d'une manière superficielle. Nous gardions pour le retour des observations plus poussées.

Avec Mats et Vaughn portant leur fusil chargé, nous longeâmes la plage, sans un mot. L'ours ne bougea pas. Au bout du site de Dianahamna, nous trouvâmes, à l'est, d'autres traces humaines. Le crâne d'une baleine échouée ; un morceau de plus d'un mètre d'os poreux et blanc taché de mousse. Des chasseurs avaient gravé leurs initiales. Ça ressemblait à « ALJ » et « IPSS », « LK » et « AS ». C'étaient des caractères latins plutôt que cyrilliques qui avaient été écrits par des visiteurs norvégiens. Non loin de ces marques, nous arrivâmes à une tombe isolée sur laquelle était couchée une vieille planche marquée des initiales « RGTS ». Encore un malheureux Norvégien, mais ces initiales ne collaient avec aucun des hivernants enregistrés par Rossnes.

Moins d'un kilomètre plus loin, je fis une excitante découverte. Couchée dans l'herbe, une grande pièce en bois, taillée de manière curieuse avait attiré mon regard. Alors que je m'approchai, je vis qu'elle avait été taillée avec beaucoup de soin, apparemment à la hache. Elle était renforcée par des bandes et des boulons de fer. Soudain, grâce au musée maritime d'Arkhangelsk, je sus exactement ce que c'était. Il s'agissait du gouvernail d'un *kotch* ou d'une lodjia russe. Vaughn et moi le dressâmes en position verticale, celle qu'il avait sur le bateau qu'il guidait autrefois. Le gouvernail était extrêmement lourd et dépassait nos têtes.

Mats arriva pour voir. Comme je l'analyserai plus tard, son sens de la compétition reléguait son rôle de guide au second plan. Il n'était pas particulièrement heureux quand quelqu'un d'autre découvrait quelque chose d'intéressant. Un peu à contrecœur, il reconnut ma trouvaille et fut d'accord avec Vaughn pour dater le gouvernail du dix-huitième siècle. C'était indéniablement le premier objet russe sur lequel nous tombions.

Un peu plus loin, nous eûmes la confirmation d'une ancienne présence russe. Une bande de mousse s'étirait à côté de la mer, couverte d'os. « Des crânes de morse, dit Mats, en poussant l'un d'eux avec son pied. C'est le signe réel d'un vieux territoire de chasse pomore. » Mats en avait vu de semblables sur d'autres parties de l'archipel. Comme Sergei Terent'v, l'historien de la marine que j'avais rencontré par accident à Arkhangelsk, l'avait astucieusement deviné, les quatre naufragés étaient bien venus, en 1743, chasser des morses et non des baleines, comme l'affirme Le Roy.

Après quatre heures, nous revînmes sur nos pas. L'ours était exactement à la même place que lorsque nous l'avions découvert. Encore une fois, nous le contournâmes sans le déranger. Mats avança l'opinion que l'ours pouvait bien être mort, mais plusieurs jours plus tard, lors d'une autre balade dans le nord-est de l'île, nous constatâmes qu'il était parti. À l'évidence, au moment de ce premier passage, l'énorme bête s'accordait simplement une profonde sieste.

De retour sur la pointe ouest de Dianahamna, je m'arrêtai une demi-heure pour étudier les tombes. La loi nous interdisait de bouger ne serait-ce que la moindre pierre entassée (et cela est vrai pour n'importe quel site archéologique). En regardant de près, je crois que j'ai pu voir dans deux tombes des restes de bois – des croix ! -. Il était aussi possible que ce soit des bouts de planches de cercueil. Mais je savais que souvent au Spitsberg, on enterrait les corps sans cercueil, creusant jusqu'au permafrost, puis les recouvrant de pierres pour empêcher les ours de les mettre en pièce.

Qui pouvaient être ces deux hommes ? Le guide de Rossnes ne fait pas mention des tombes, mais cite un ancien historien, Arvid Moberg, qui affirmait, « sur halvmâneøya [Halfmoon Island], il y a des tombes russes. »

Le plus étrange de ce tableau, l'image la plus morne que je garderai de tout notre voyage, était qu'il n'existait aucune trace de hutte ou d'une autre structure au voisinage des tombes. Les douze étaient sans doute morts du scorbut, au cours d'un hivernage tragique. Mais alors, où donc avaient-ils vécu ?

Durant le tout dernier hivernage russe, entre 1851 et 1852, douze parmi dix-huit chasseurs étaient morts. J'étais tenté de me demander si les tombes que nous avions trouvées étaient le témoignage muet de ce désastre. Mais Conway et Rudmose Brown s'accordent pour dire qu'il a eu lieu à Red Bay, qui est loin d'Edgeøya. Étant donné, que tout ce qui fait autorité n'attribue aucun hivernage sur Halfmoon aux Norvégiens avant 1898, j'étais persuadé que ces tombes étaient russes, sinon un désastre de cette ampleur aurait attiré l'attention d'un observateur aussi perspicace que Sir Martin Conway.

Tant qu'il n'y aura pas de fouilles archéologiques de ce cimetière isolé, le mystère de l'identité de ces hommes morts demeurera.

*Bjørneborg. Au premier plan : le réservoir d'eau douce ; en arrière plan, Edgeøya.*

# Chapitre X

# La limite des glaces

Comme toujours, nous étions heureux de revenir à Bjørneborg, déclouer les planches qui protégeaient les fenêtres, démarrer un feu dans le poêle, nous sécher et nous réchauffer. Vaughn trouva que le récipient d'argile avait bien durci, même si la terre n'avait pas été, à proprement parler, cuite. Dehors, le brouillard se dissipait lentement, bien que le vent continuât à souffler fort.

En dépit du temps lugubre, en dépit de la désolation de notre rivage arctique, je dormis sur Halfmoon plus profondément que n'importe où ; cette nuit, neuf heures et demie sans me réveiller ni être dérangé par les sifflements et les raclements des ronfleurs. Le 27 août se leva sur les pires conditions que nous ayons vues depuis ces six premiers jours. Une bise coupante, venue du nord-est, poussait à l'horizontale une fine pluie, la température était proche de 0° et le brouillard restait plaqué au sol. Edgeøya était invisible et pour la première fois on voyait la houle ornée de véritables crêtes blanches. Même Mats, marin endurci, dit, « C'est pas le moment de sortir sur un bateau en caoutchouc. »

Ce n'était pas le jour, décidions-nous, d'aller où que ce soit. Nous traînions dans la cabane, lisant, jouant aux échecs, comptant les minutes qui nous séparaient du prochain repas. Mats traversait une de ses périodes d'amertume et d'agressivité. Quand je lus à voix haute une remarque de Charitonow, citée par Conway, selon laquelle « les ours ont peur de croiser des traces de raquettes », il protesta. « C'est une idée complètement idiote, celui qui a écrit ça ne sait pas de quoi il parle. » Notre discussion se porta sur la *Jeannette,* un désastre qui eut lieu en 1881, quand un bateau américain fut pris par la banquise au nord de la Sibérie. Mats déclara de manière catégorique que « c'était une expédition idiote. » Bien qu'il ait perdu beaucoup plus de partie d'échecs que Michel ou moi, Mats me rendait fou par ses commentaires à voix haute, quand Michel et moi, nous nous affrontions.

Réfléchissant aux douze tombes que nous avions examinées le jour précédent, je relevai un intrigant passage dans Conway, qui m'avait échappé à la première lecture. Il y résumait le tragique dernier hivernage russe, en 1851-52, lorsque douze des dix-huit chasseurs étaient morts du scorbut à Red Bay, proche du nord-ouest du Spitsberg. Conway écrit qu'il a lui-même visité les ruines de la hutte des chasseurs en 1896 et ensuite, il ajoute : « mais la tragédie qui s'y déroula était presque oubliée par les marins norvégiens qui m'accompagnaient. Ils me parlèrent d'une histoire assez proche, mais il l'associait non à Red Bay mais à Keilhau Bay sur l'île d'Edge. » Keilhau Bay (ce n'est pas un nom officiel) se trouve proche de Hvalpynten, sur la côte sud de Edgeøya, donc pas très loin de Halfmoon. Je ne pouvais pas m'empêcher de me demander si les équipiers norvégiens de Conway, n'avaient pas retenu un écho lointain d'une tragédie russe sur Halfmoon. Il se pouvait que les douze tombes que nous avions découvertes hier soient celles des Russes.

Vaughn avait relu Le Roy. Tout à trac, presque involontairement, il dit : « Comment tu stockes une tonne de graisse de renne ? » C'est la provision que selon Le Roy, les marins avaient à leur disposition quand ils furent sauvés par Kornilov, en 1749. « Comment tu les conserves ? Ce n'est pas comme s'ils avaient eu des barils d'essence de 200 litres. Comment tu les protèges des ours ? Est-ce que tu les gardes tous à l'intérieur de la hutte ? » Je ne pouvais qu'opiner avec étonnement.

Quelques minutes plus tard, Vaughn dit :

« Pourquoi Kornilov change-t-il de but et revient à Arckangelsk pour seulement quatre-vingts roubles ? Pourquoi n'est-il pas resté pour hiverner comme il le prévoyait ? » Il était trop difficile de répondre à ça aussi.

Plus tard, nous discutâmes du bois flotté. Mats insistait sur le fait que les troncs flottaient seulement une semaine et demie, avant de s'imbiber et de couler. Vaughn fit part de ses conclusions :

— Ainsi, les bois flottés sont apportés sur Edgeøya par la glace ?

Mats approuva.

— Donc, quand les marins trouvèrent le bois flotté avec la cheville et les clous, continua-t-il, juste après avoir mangé le dernier de leurs douze rennes, ils devaient venir de la banquise.

— Combien de temps quatre hommes mettent-ils pour manger un renne ? demandai-je.

Vaughn calcula de tête :

— C'est un peu approximatif, mais disons qu'il y a cinquante kilos de viande dans un renne, ça fait dix jours par renne, s'ils mangent un peu plus d'un kilo de viande par homme et par jour. Douze rennes, ça fait cent vingt jours, quatre mois...

— Ainsi, s'ils furent naufragés en mai 1743, avançai-je, ils trouvèrent le bois flotté qui les sauva en septembre environ.

— C'est probable, c'est la période où la glace est fondue.

Nous n'avions pas vu le soleil pendant quinze jours, mais en dépit de la pluie et du brouillard presque constants, en moins d'une semaine, il devint évident que chaque nuit était plus longue et plus sombre que la précédente. Nous nous trouvions aux environs de cette période de l'année qui culmine à l'équinoxe d'automne, où les jours décroissent le plus rapidement. Nous ressentions une appréhension instinctive, un pressentiment que l'hiver arrivait, qui nous saisissait au plus profond de nous.

En un sens, le moment était parfaitement choisi pour visiter Edgeøya, car c'était à cette période-là — entre fin août et début septembre — que les Pomores voyaient s'envoler leurs espoirs d'être secourus. À chaque mois de septembre, la banquise se reformait, reportant d'une année la chance d'être délivré. L'obscurité croissante signifiait qu'il faudrait endurer un autre terrible hiver. Se mettant à la place de son presque homonyme Feodor Weriguin, Michel composa une balade mélancolique :

*Le pauvre vrai Guérin :*
*Qui ne voit plus rien,*
*Qui ne pourra pas lir'*
*Et qui voudra mourir.*

Mats, dont l'allure personnelle était plutôt négligée, avait arrangé notre demeure par quelques touches coquettes. Il avait apporté de longues nappes en papier pour notre table. En la changeant, je découvris gravé sur le plateau le prénom « Odd », suivi certainement par : « Le roi des tueurs est venu ici ». Il s'agissait sans doute du maître chasseur devenu naturaliste, Odd Lønø. Sous les deux fenêtres, Mats avait placé des petites chandelles chargées de désembuer les vitres qui donnaient un air de fête à la pièce. Pour les chaises, il avait utilisé « des pièges à fusil » que nous avions trouvé devant la cabane : de parfaits tabourets.

En partie pour tuer le temps, je dressai le plan détaillé de Bjørneborg. À côté des deux pièces principales, il y avait deux annexes : l'une donnait à l'Ouest et l'autre au Sud. À l'Ouest, c'étaient les toilettes et une sorte d'atelier, avec une ouverture qui devait permettre aux chasseurs de tirer les ours, car le mât à appâts se trouvait juste en face. Je calculai que la surface au sol représentait environ soixante mètres carrés, dont la pièce à vivre occupait environ un tiers. La hutte avait été évidemment remodelée au gré des ans.

D'après Gustav Rossnes, Bjørneborg avait été construit en 1935 par deux chasseurs appelés Henry Rudy et Gunnar Knoph, qui avaient déménagé une cabane de Nordaustlandet (la plus septentrionale des îles de l'archipel presque entièrement recouverte de glaciers). Ils l'avaient transportée en bateau jusqu'à Halfmoon Island, puis reconstruite pour y passer l'hiver. Per Johnson me dira plus tard que Rossnes se trompait complètement. Pour me convaincre, il m'envoya la photocopie des mémoires de l'un des pionniers norvégiens, le chasseur Arthur Oxaas. Ses mémoires étaient intitulées : « *Svalbard Var Min Verden* ».

Je fis traduire le chapitre en anglais et le lus passionnément. Le mieux est de citer longuement Oxaas car son texte ne donne pas seulement une description détaillée de Bjørneborg, c'est aussi l'un des plus vivant compte rendu sur lequel je sois tombé traitant des hivernages au Spitsberg.

En août 1906, Oxaas partit de Tromsø comme membre d'un équipage de huit, sous les ordres du capitaine Trondsen. Trondsen semble avoir été d'un tempérament versatile et indécis. En effet, il avait fait décharger des caisses de sel et de charbon à Negerdalen, sur Edgeøya, environ à cinq kilomètres à l'est du cap sud d'Halfmoon, quand il changea d'avis. Le bateau fit route à l'Est vers Dianaboukta, à l'endroit où nous avions cherché en vain des vestiges de vieilles constructions. Ils avaient déchargé tout leur matériel à Dianaboukta, avant que Trondsen ne change à nouveau d'avis et décide de s'établir sur Halfmoon Island. Le malheureux équipage rechargea le bateau avant de filer au sud.

Jetant l'ancre dans le havre proche du centre du croissant d'Halfmoon, les Norvégiens partirent explorer le rivage. D'abord, ils trouvèrent « les restes couverts de mousse » de la petite cabane dans laquelle Karl Møller et Ibenhart Jensen Flatseth avaient agonisé quelques années auparavant. Oxaas devait avoir des renseignements de la part de camarades qui avaient découvert les corps, car il donnait des détails inédits :

« À cause du peu d'espace de la petite pièce et pour utiliser la chaleur humaine, ils partageaient le même lit. C'était comme si celui qui couchait contre le mur était mort le premier, car l'autre reposait sur sa poitrine et était couché de tout son long, les doigts dans une boîte de beurre placée sur l'étagère à côté du lit. Ils furent enterrés sous un gros cairn à quelques pas de la hutte. »

Trondsen choisit un site peu éloigné de l'abri fatal. En partie à cause de l'existence d'eau douce, là où nous prenions la nôtre. Comme les habitants de Mézen deux siècles auparavant, les Norvégiens avaient apporté leur propre bois pour construire leur hutte. Ils dressèrent rapidement un cadre et le recouvrirent avec des planches épaisses de cinq centimètres environ. Selon Oxaas, le Bjørneborg d'origine mesurait vingt-quatre mètres carrés, soit un peu plus que notre actuelle pièce à vivre. Accolée à un mur extérieur, une resserre de quinze mètres carrés servait aux rangements. À l'intérieur de la hutte, les hommes installèrent quatre bat-flancs, une table, deux bancs, un coin pour cuisiner avec un poêle. Pour isoler la hutte, les hommes élevèrent des rangées de pierres autour des murs extérieurs, colmatant les fentes avec de la mousse et du bois (aujourd'hui Bjørneborg est toujours entouré d'une ceinture de pierre montant à mi-hauteur de ses murs). Ils couvrirent le toit d'écorces de bouleau (apportées de Norvège). Oxaas dit que les hommes, en récupérant la mousse, avaient découvert des squelettes de poissons et de morses, preuve évidente d'une ancienne implantation russe.

Septembre était alors bien avancé et le bateau qui les avait emmenés rentra au pays. C'est alors que Trondsen changea encore ses plans. Il lui était peut-être apparu que la hutte était trop petite pour huit hommes. Revenant en barque à rames à Dianaboukta, éloignée de dix kilomètres, les hommes se dépêchèrent de construire une deuxième hutte sur la terre principale de Edgeøya. (Ainsi Rossnes avait quand même raison quand il parlait d'une hutte qui avait été construite en 1906, dont nous n'avons jamais trouvé la trace.) Oxaas et deux autres furent désignés pour hiverner dans cette deuxième construction, pour chasser le renard et l'ours. Aucun des trois n'avait jamais hiverné auparavant et Trondsen leur donna rapidement quelques leçons.

Si Oxaas fut irrité par les plans hasardeux de son capitaine, il garda ses sentiments pour lui. Une des conséquences pénibles des hésitations de Trondsen fut que les trois hommes furent obligés de faire presque trente kilomètres à pied pour rechercher le sel et le charbon qui restaient dans les caisses déposées en août sur le rivage. La perspective de passer l'hiver qui arrivait dans une hutte dressée à la hâte était inquiétante. Oxaas écrit dans sa manière très mesurée :

« D'abord, il fallait ramasser le plus de bois flotté possible, mais nous n'en trouvions pas beaucoup. En conséquence, notre réserve de bois fut plus maigre que nous l'espérions. Nous n'avions pas de bateau et donc tout devait être porté soit sur le dos soit tiré sur une luge. »

Les hommes fabriquèrent des pièges à renard avec du bois flotté et montèrent une sorte de piège à ours primitif (pré-Lundquist). Au lieu des fusils Remington des surplus de l'armée, ils installèrent « des canons en cul de bouteilles » derrière des murs de pierre. Ces espèces de tromblons tiraient quinze billes de métal par charge. Les hommes n'avaient pas eu le temps de chasser le phoque et utilisèrent donc, pour leurs appâts, « des morceaux bouillis de graisse de porc », assez peu efficaces bien qu'ils les eussent trempés dans la strychnine. Ils accrochèrent aussi un appât à un mât, relié par une corde à l'intérieur de la hutte où une timbale, en bougeant, les alerterait.

Pendant un mois entier, ils demeurèrent bredouilles. « Les jours passaient sans le moindre signe d'ours, écrit Oxaas. Nous avions installé des pièges à renards et nous les inspections quotidiennement marchant souvent jusqu'à Negerpynten mais il n'y avait pas non plus la trace d'un renard. »

Ils durent attendre le 17 octobre pour voir leurs premiers ours. Oxaas raconte ce coup en rendant merveilleusement bien l'éternelle ambivalence de la chasse.

« À neuf heures du matin, le petit récipient de métal tinta sur le sol... Nous marchâmes sur la pointe des pieds pour aller ouvrir la trappe. Nous vîmes une femelle récupérant l'appât pour le distribuer à son petit à côté d'elle. Nous n'eûmes pas le cœur de tirer et restâmes à admirer cette touchante démonstration d'amour maternel. Il fallut se secouer pour finir par tirer. Trois tirs retentirent et deux vies finirent. Il semble que les êtres humains soient ainsi, capables de tout pour de l'argent, mais nous avions la viande fraîche dont nous rêvions depuis si longtemps. Elle était à la fois tendre et agréable au goût, car la femelle était relativement jeune. »

En novembre, la mer était complètement prise par la glace. Le trio de Dianaboukta n'avait cependant réussi à tuer qu'un seul ours de plus. En allant à Negerpynten, ils trouvèrent des empreintes d'ours en abondance près de l'extrême pointe au sud. Et aussi « des traces fraîches qui venaient de Halfmoon Island. Une fois de plus, nous songeâmes que l'emplacement de notre hutte était mal choisi. »

Dans l'épaisse pénombre de la fin du mois de novembre, ils connurent un amer triomphe. Un petit ours s'était saisi d'un appât empoisonné et il marcha trois cents mètres sur la glace, les hommes le pistèrent, les fusils chauffèrent.

« Il commençait à faire sombre et nous nous attendions à rencontrer une ourse en colère à chaque instant. Nous entendions des grognements, pas trop proches, mais aussitôt après nous vîmes une sombre et immense ombre. En suivant les traces nous avons trouvé le petit, mort sur la glace. La mère resta à côté de lui puis s'éloigna en grognant. Nous la suivîmes pour l'approcher et la tirer, mais elle disparut en direction du sud ».

En plus de trois mois de chasse, le trio n'avait attrapé que neuf ours et trois renards « pas exactement un résultat dont on peut être fier », commentait Oxaas.

Comme Noël approchait, les hommes firent de la pâtisserie pour se réconforter. « Les gâteaux étaient plutôt simples, note le chroniqueur, mais l'important était qu'ils avaient bon goût. »

Les hommes mangeaient à peine à leur faim. La ration hebdomadaire était de 250 g de margarine par homme et de 100 g de sucre. Leur menu était composé de lait en boîte, de cacao, d'abricots, de prunes, de raisins secs et de pain cuit sur place. « Nous pouvions seulement étaler sur notre pain une couche de margarine si fine qu'on pouvait à peine la voir. » Les hommes buvaient du café noir. Le dîner était un mélange de porridge, de viande d'ours et de poisson salé. « Cependant, dit Oxaas, nous nous étions si bien habitués à ce simple et pauvre menu que nous ne désirions rien d'autre. »

Comme la glace s'épaississait encore, les hommes passaient des heures à l'écouter « craquer et exploser » sous la pression des courants. Trois jours après Noël, Peter Trondsen leur fit une visite surprise après avoir traversé à pied les dix kilomètres de glace qui les séparaient de Halfmoon. C'était la première fois que les deux équipes rentraient en contact depuis plus de trois mois. Trondsen révéla que sa propre équipe de cinq n'avait réussi à tuer que quinze ours. Oxaas se consola un peu en calculant que leur propre prise, trois ours par homme, était identique à celle du groupe d'Halfmoon.

Trondsen invita le trio à Bjørneborg pour fêter Noël avec un peu de retard. Il leur fallut trois heures pour traverser sur la banquise et retrouver les autres pour une « joyeuse réunion ». Trondsen sortit « une sorte de friandise de Noël ». Après la vaisselle, ils burent des grogs et bavardèrent tard dans la nuit.

« Étant les invités, nous nous devions bien sûr de dormir sur le plancher. Les jours passaient trop vite. C'était le genre de repos qui redonnait de l'énergie et nous l'avons vraiment apprécié… Nous jouions aux cartes, aux dominos et aux dames en y prenant beaucoup de plaisir. Deux types se débrouillaient bien à l'accordéon et à la guitare, nous ne manquions donc pas de distractions. »

La conséquence de la visite fut que Oxaas intervertit sa place avec l'un des hommes de Bjørneborg. Le 3 janvier, Oxaas retourna à pied à Dianaboukta, rassembla ses effets personnels et revint à Halfmoon, seul, « en pleine nuit ».

L'un des nouveaux compagnons d'Oxaas, Hilbert Henriksen, un « vieil habitué des régions polaires » qui avait précédemment hiverné à Bellsund, frappait les autres par différents traits de caractère.

« Assez étrangement, il n'a jamais aimé sortir seul et était vraiment effrayé de le faire… Bien avant de quitter Tromsø, il s'était réservé sa propre paire de skis… Comme c'est la règle, Hilbert gardait ses skis pour sortir chasser mais quand il revenait, il les attachait ensemble et les suspendait au bout d'une corde…

Il avait aussi apporté avec lui une grande boîte peinte en rouge où il rangeait ses affaires. Elle était placée dehors, le long du mur, et il saupoudrait de neige chacun des vêtements.

— Pourquoi tu les ranges avec de la neige ? Demandions-nous.

— Eh bien, dit Hilbert, l'expérience m'a appris que c'était la meilleure manière de ranger ses vêtements.

Oxaas en conclut qu'Henriksen était « un garçon très soigneux ». Chaque fois qu'il approchait un ours, à l'évidence tué par un piège à fusil, « il tirait toujours trois ou quatre coups, "juste pour être sûr" disait-il. » Henriksen avait aussi tendance à tirer sur une mâchoire de baleine qui sortait de la neige et qui était devenue un repère pour les hivernants, parce que, quand il s'approchait, il pensait toujours qu'il voyait un ours polaire. »

En janvier, le froid fut très intense. Comme Oxaas l'explique dans ses écrits de 1955, « nous ignorions les vêtements coupe-vent, et nous n'avions même jamais entendu parler d'un "anorak" . Pour nous protéger du froid, nous doublions les couches les jours de vent. » Se protéger le visage du vent coupant et des bourrasques de neige leur posait les plus grands problèmes.

Tromsen chargea Oxaas de la chasse à l'ours de l'extrémité sud-ouest de Halfmoon Island. Un jour de mars, sorti seul, Oxaas découvrit deux petits ours jouant près d'un piège à fusil. Inévitablement la mère s'approcha aussitôt. Oxaas se coucha sur le sol, la tira à 20 m et la manqua. Un second tir toucha au but. Espérant capturer les petits vivants, Oxaas les paniqua et les fit fuir.

Quelques heures plus tard, Oxaas revint accompagné de plusieurs compagnons, dont Trondsen. Les petits étaient encore dans les parages, mais de nouveau, « ils disparurent comme la plume au vent ». De rage, Trondsen tira, blessant l'un des petits au pied. Ce qui permit aux hommes de les capturer tous les deux. Revenus à l'intérieur de la hutte, les chasseurs tentèrent de soigner le petit ours blessé, mais abandonnèrent et abrégèrent ses souffrances. « L'autre ourson, écrit Oxaas, fut autorisé à séjourner à l'intérieur de la cabane et s'y trouva bien. Il fut baptisé Prikken. »

En avril, Oxaas et un autre homme découvrirent une ourse empoisonnée, proche de la mort, à l'extrémité est de l'île. Ils la tuèrent et aperçurent alors deux petits sous son corps, essayant encore de téter. Maintenant, les hommes avaient trois oursons. Ils attachèrent Prikken à une chaîne, en dehors de la cabane (où il avait bien plus de place pour jouer), et installèrent les deux nouveau-nés dans une caisse, à l'intérieur de la hutte. « Nous devions leur apprendre à boire à la bouteille, écrit Oxaas. C'était une agréable rupture dans notre routine que de soigner ces oursons câlins et tout doux. »

Pendant ce mois, les trois hommes de la hutte de Dianaboukta se trouvèrent démunis de bois flotté pour leur réchaud. Ils furent forcés d'abandonner leur abri pour marcher sur la mer glacée et rejoindre leurs compagnons, sur Halfmoon. Huit hommes devaient alors dormir, manger et travailler à l'intérieur d'une hutte qui, avec cinq personnes, semblait déjà bondée. (Notre propre pièce à vivre, plus petite de quelques mètres carrés que la hutte originale, nous semblait suffisamment pleine avec seulement quatre personnes. Pour faire la cuisine ou garnir le poêle, nous nous cognions constamment aux autres et nous excusions chaque fois que nous nous levions de table pour nous tourner vers la cuisine.)

Un des hommes de Dianaboukta, Imbert Olsen, avait attrapé le scorbut et gardait le lit. « Comment est-il tombé malade est un mystère, nota Oxaas, car nous mangions tous le même genre de nourriture et par ailleurs, Imbert était un gars plein de vie et d'enthousiasme. »

Le mal de la promiscuité tomba alors sur Bjørneborg, exacerbé comme ce fut le cas pour notre propre quatuor, malgré la brièveté de notre séjour, par le manque de nicotine. Oxaas évoque ainsi l'ambiance :

« Nous n'avions plus de tabac, une véritable tragédie. Nous cherchions dans toutes nos poches et ramassions toutes les miettes que nous pouvions trouver mais au total elles ne représentaient pas grand-chose. Nous essayâmes tout ce qui paraissait « fumable » : thé, café et mousse, mais ça ne marchait pas. Et avec le manque de tabac arriva l'irritabilité. Notre moral tomba à partir de ce moment, et pour éviter les confrontations, nous sortions faire un petit tour solitaire sur la glace. »

Le scorbut d'Imbert Olson alarmait ses compagnons.

« Je changeais son linge et faisais son lit tous les matins et essayais de le réconforter mais il se sentait abattu et regardait seulement le mauvais côté des choses. Nous le nourrissions d'une boisson à l'orange et de tout ce que nous avions conservé pour les mauvais jours mais malheureusement nous n'avions pas de légumes. »

La boisson à l'orange était probablement une préparation à base de poudre comme notre « Tang » d'aujourd'hui. Et donc, d'un maigre apport en vitamines C. Cependant, la bonne santé des autres laisse penser qu'ils ingurgitaient la vitamine cruciale, peut-être prise dans la viande d'ours et la graisse qu'ils servaient au dîner.

Fin mai, ils ne virent plus d'ours polaires. Les hommes se préoccupaient chaque jour davantage, comme les Pomores ont dû le faire à la fin de chaque printemps dans les années mille sept cent quarante, du dégel de la banquise.

« Le désœuvrement affectait notre humeur. Tous les jours nous grimpions sur le point culminant de l'île et regardions la glace aux jumelles. Après un temps, cette excursion devint notre seule occupation et parfois nous la faisions plusieurs fois par jour. Nous y allions toujours avec de l'espoir mais nous revenions toujours sans rien avoir découvert d'intéressant. »

Trondsen s'était arrangé avec le bateau qui les avait déposés au mois d'août de l'année précédente, pour qu'il revienne dès que la glace se briserait autour d'Edgeøya. Les hommes assurèrent leur veille pendant tout le mois de juin et de juillet. « Ce n'était vraiment pas drôle d'attendre ainsi, se rappelait Oxaas. Spécialement quand les réserves de farine et de margarine s'épuisèrent. »

Août arriva sans aucun signe du bateau. « Ce fut alors que la farine manqua et que nous n'eûmes plus que de la viande à manger, écrit Oxaas. Je ne sais pas si l'un de vous a essayé un régime sans pain, ce fut l'une de mes pires expériences et je puis sincèrement dire que je ne voudrais pas revivre une telle période. » « Dis ça aux Pomores ! » avais-je envie de dire à Oxaas pendant que je lisais ce passage.

L'équipe se préparait à l'horrible possibilité d'un second hivernage, ramassant du bois flotté, tirant sur les Eiders pour faire provision. La glace s'était alors suffisamment brisée pour que les hommes puissent manœuvrer leur bateau à rame le long des chenaux libres qui serpentaient à travers les glaçons. Les hommes grimpaient à trois ou quatre dans le bateau pour chasser le renne. Oxaas décrit une mission désespérée durant laquelle lui et trois camarades, ramant contre le vent, réussirent à arrondir le cap de Negerpynten et à atteindre ce qu'il appelle « l'ultime fond du fjord » (peut-être la large baie où se jette dans Tjuvfjorden l'énorme rivière, la Dyrdaselva).

Immédiatement après avoir abordé, un homme se tordit si violemment le dos qu'il ne put plus bouger. Les quatre chasseurs bivouaquèrent sous leur bateau retourné. En allant faire un tour, l'un des hommes, Kalle Finspong, tua un renne dont il ramena la moitié de la carcasse sur son dos. « Nous fîmes cuire une grande gamelle de viande de renne, écrit Oxaas, qui redonna vie à nos corps fatigués et refroidis. Kalle avait tué un gros père bien gras et plusieurs centimètres de graisse flottaient sur la soupe. Nous trempions dedans nos bols et bûmes tant de graisse et mangeâmes tant de viande que nous pouvions à peine marcher. »

Cette étape improvisée se révéla vitale pour la survie des hommes, car durant les trois jours suivants, les trois chasseurs valides réussirent à tuer neuf nouveaux rennes. Pour donner une idée de la vigueur de ces Norvégiens, malgré leur état de dénutrition, Oxaas livre cette remarque au passage. « Nous nous mîmes chacun une carcasse de renne sur le dos et revînmes au rivage, ce qui fut un long et dur voyage. » À cette époque de l'année, un renne de l'archipel pèse entre 60 et 100 kg. Certes, les hommes avaient dû se débarrasser des têtes et des bois, mais l'exploit de charrier, sans clé de portage, ces carcasses à travers un terrain boueux et mal commode, en traversant des petites rivières, ne doit pas être sous-estimé.

Après un nouvel effort herculéen à la rame, les hommes rapportèrent leur gibier sur Halfmoon Island. « Nous fîmes une grande fête dans la cabane cet après-midi », note sobrement Oxaas.

Les eaux autour de Halfmoon et de la côte sud d'Edgeøya étaient maintenant presque dégagées, mais de leur observatoire, les hommes pouvaient contempler un épais pack de glace au sud. Ils apprendraient plus tard que cet été 1907 était une anomalie. En effet, dans Storfjorden, le pack ne s'est jamais brisé complètement, isolant Edgeøya du reste du monde. Nombre de bateaux, y compris le navire qui devait secourir Trondsen, avaient essayé de trouver un chemin, zigzagant à travers les eaux libres, mais s'étaient retrouvés bloqués par un pack impénétrable.

Durant ces jours d'angoisse, Oxaas eut une dernière et mémorable rencontre avec un ours polaire. Sorti sans son fusil pour observer l'Ouest, il avait été surpris de voir un ours se tenir sur un glaçon, mangeant un phoque non loin du rivage. Oxaas revint en courant à Bjørneborg pour chercher son fusil et de l'aide. Quand les deux chasseurs furent de retour, l'ours était toujours en train de manger sa proie. Ils se cachèrent derrière un gros tronc de bois flotté et attendirent que l'ours regagne la terre.

« Quand il fut finalement rassasié, il balança le reste du phoque dans l'eau. Il semblait ne pas vouloir que les autres profitent de ce qu'il avait laissé. Entre la grosse plaque de glace sur laquelle il se tenait et la côte, s'était formé une couche de nouvelle glace, trop mince pour supporter le poids de l'ours, mais trop épaisse pour lui permettre de nager. Il plongea et commença à nager sous la glace. Chaque fois qu'il avait besoin de respirer, il surgissait en la crevant de la tête. Il sortit de la mer à cent mètres à peine de notre cachette.

Nous étions presque gelés maintenant, mais il prenait son temps et marchait en reniflant toutes les petites choses... Nous tirâmes tous deux en même temps. Mais les balles sifflèrent à côté de l'ours et frappèrent le sol dans une giclée de sable. Il tourna sur lui-même et se dirigea sur nous. Nos doigts étaient si froids que nous mîmes très longtemps pour recharger la chambre et l'ours arriva très près de nous, à deux mètres.

Je me dressai d'un coup et criai stop de tous mes poumons. Et l'ours s'arrêta ! Il se tenait là, regardant l'étrange créature debout devant lui mais maintenant que la cartouche était en place, je visai. Bang ! Et il tomba. Nous passâmes le reste de la journée à transporter la viande et la peau à la cabane. »

À la fin du mois d'août avec deux compagnons, lors d'une expédition de chasse dans le bateau à rame, Trondsen, presque par accident rencontra l'*Elida*, le seul bateau qui, grâce à sa petite taille, avait été capable de passer au travers du pack de glace de Storfjorden. À l'idée de naviguer vers Halfmoon Island, le capitaine se méfiait : c'était l'époque de l'année où la nouvelle glace allait se former. Mais il fut d'accord pour prendre les huit Norvégiens et leur butin, et les ramener à Tromsø pour la somme de trois cents couronnes, à condition qu'ils arrivent à charger rapidement leurs deux barques pour rejoindre son bateau.

Frénétiquement, les hommes chargèrent quatre-vingts peaux d'ours et fermèrent Bjørneborg. Ils transportèrent

Olsen, couché par le scorbut, sur les peaux d'ours. Chaque homme prit quelques vêtements, laissant derrière lui ses autres biens, mais ils emmenèrent les trois oursons avec eux. « Après une course à la rame terriblement exténuante, écrivit Oxaas, les huit atteignirent le site convenu pour le rendez-vous. Aucun bateau ne se trouvait en vue. Je dois admettre que notre sang s'est presque glacé, se souvenait le chroniqueur. Les hommes attendirent « deux journées épuisantes pour les nerfs », avant que l'*Elida* apparût.

Dans son récit plein de sous entendus, Oxaas cache le sentiment de délivrance des hommes. Le bateau n'avait qu'un équipage de cinq membres, ce qui fait qu'ils étaient aussi sérrés dans les quartiers de l'Elida qu'à Bjørneborg. « Imbert occupa une couchette, écrivit Oxaas. Les autres trouvèrent de la place ici et là... [Le capitaine] Lambert nous vendit de la margarine, du pain dur, et une petite pipe de tabac. »

Les hommes atteignirent Tromsø le 10 septembre 1907. Ils s'en étaient tirés de peu. Olsen n'aurait pas survécu à un autre hiver et, étant donné les pauvres conditions dans lesquelles ses hommes étaient réduits, il est très vraisemblable qu'ils auraient tous péri durant ce second hiver. En dehors des Pomores, entre 1743 et 1749, le nombre des chasseurs qui réussirent à survivre à un second hivernage non prévu au Spitsberg reste minuscule.

En fait, un seul hivernage non préparé donne toutes les probabilités de mourir. Dans une monographie de 1991, Odd Lønø étudie le destin des chasseurs norvégiens piégés par la glace et forcés de rester un hiver. Avant 1892, huit équipes comprenant 56 hommes subirent un tel sort. Selon Lønø, sur les 56, 21 moururent du scorbut et 15 d'autres causes.

La dernière ligne d'Oxaas laisse deviner une tristesse qui dut être celle de bien des chasseurs d'Amsterdam, de Tromsø ou d'Arkhangelsk. Est-ce que cela en valait vraiment la peine ? Les huit hommes de l'équipe de Trondsen tirèrent chacun trois cents couronnes des quatre-vingts peaux d'ours. « Ce n'est pas beaucoup, réfléchit le mémorialiste, si on considère tout le mal que nous avons eu et les efforts que nous avons fait dans la glace ».

Pour soulager mon propre mal de la promiscuité durant ces jours de mauvais temps, je fis plusieurs petits tours en solo, le pistolet en poche et le Mauser bien calé sur l'épaule. Quand j'étais seul, j'étais encore plus frappé de la désolation de ce paysage, menaçant même quand Bjørneborg restait en vue. Il était facile de comprendre pourquoi la règle, chez les Pomores, était de ne jamais s'aventurer seul hors de leur hutte.

Alors que je me tenais sur un promontoire basaltique et que je scrutais l'horizon avec une grande vigilance pour détecter à distance un spectre à la fourrure blanche, trois sons seulement me parvenaient aux oreilles : la stridence du vent, l'éclatement des vagues sur la côte d'Halfmoon qui est face au large — de ce côté, la houle était beaucoup plus violente que sur le rivage protégé qui regarde Edgeøya — et l'incessante cacophonie des oiseaux. La falaise à côté de notre hutte, juste au-dessus des ruines de l'abri fatal à Møller et Flatseth, grouillait de mouettes et les rochers étaient couverts de guano. Ces oiseaux émettaient des hurlements de harpies horrifiées. Au-dessus, passaient toutes sortes d'oies. Des eiders se laissaient bercer comme des leurres, sur la plage circulaient des oiseaux à la démarche chaplinesque. Mats, qui connaissait la faune, nous montra aussi des sternes, des guillemots, des macareux, des mergules. Pourquoi les Pomores ne purent-ils se nourrir d'oiseaux ou d'œufs qui, en été au moins, devaient se trouver en une abondance comparable autour de leur hutte, s'ils étaient sur Halfmoon ? Ou était-ce dû à une conséquence de la superficialité de Le Roy? Le cri le plus irréel que j'ai entendu, fut celui d'un fou à gorge rouge. Toujours à distance, il sonnait comme les pleurs d'une femme remplie par la peine et appelant à l'aide.

Lors de notre première marche sur Halfmoon, en allant vers l'extrémité sud-ouest de l'île, le 23 août, nous nous étions arrêtés pour examiner un drôle d'édifice. Sur un point culminant, se tenait un bâtiment de bois au toit défoncé, équipé d'un poêle rouillé de marque norvégienne (Olefos). Une hache, rouillée elle aussi, traînait au sol. Les restes d'un traîneau étaient dispersés autour de la cabane. Les dimensions de celle-ci, pas tout à fait trois mètres sur quatre, étaient trop petites pour une hutte à proprement parler. Mats se souvînt que Per Johnson lui avait dit que ces abris servaient de poste d'observation pour les ours. Les chasseurs s'y tenaient presque toute la journée et retournaient dormir dans une hutte principale. Ce poste était idéalement placé sur la ligne de migration des ours (la trace faite que Oxaas avait vue qui menait de Negerpynten à ce coin de Halfmoon), qui partait tout droit vers la terre principale. Nous supposions que cette station datait des années mille neuf cent trente ou mille neuf cent quarante, (Rossnes avait documenté des hivernages sur Halfmoon, à la fois en 46-47, et en 47-48. Le premier, par une équipe qui comprenait Odd Lønø.)

Non loin de cette cabane, un piège à ours se trouvait encore là, devant lequel nous avons compté les plus nombreux débris d'os d'ours que nous avions jamais vus sur Halfmoon ou Edgeøya. Parmi des blocs voisins, je trouvais un crâne d'ours intact dont les mâchoires portaient encore la puissante dentition.

Cet endroit de Halfmoon était aussi encombré de côtes de baleines échouées. Lors d'une précédente visite, Mats avait découvert sur ces longs os courbés enfouis dans la mousse, des inscriptions gravées. Sur ce qu'il nous a montré, on pouvait lire quelque chose comme :

H CRISSS 1880
A M I E

L'autre portait ces initiales, « EMN » et une date : « 1897 ».

C'était sûrement des graffitis de chasseurs norvégiens. L'étonnant était que ces inscriptions étaient antérieures de dix-huit ans à la première tentative norvégienne d'hiverner sur Halfmoon. Comme pour « GTS », dont nous avions trouvé la tombe isolée à l'autre bout de l'île, nous ne fûmes jamais capables d'identifier ces visiteurs.

Pour nous, de toute façon, la pièce la plus importante sur cette extrémité d'Halfmoon, était les ruines d'une très vieille hutte que nous avions découverte près du rivage, en dessous du poste d'observation des ours et du piège à fusil. Des murs en galets à moitié effondrés cachaient pratiquement les restes de parois de planche qui semblaient avoir brûlé. Les notes de la mission archéologique de l'été précédent, que j'avais recopiées dans l'ordinateur de Kolben Dahle, dans le bureau du Sysselmanenn, disaient : « SITE DE FONDATIONS - russes. Murs de grosses pierres légèrement recouverts d'herbes au sommet. Dedans il y a les restes effondrés de planches verticales. Semblent avoir été brûlées. » Suivaient des mesures précises, des dimensions, mais rien n'expliquait que ces ruines fussent attribuées aux Russes. En fait, et en contradiction avec cette affirmation, les dernières lignes de ces notes de terrain étaient : « peut-être la cabane de Karl Møller en 1898 ». Nous savions que cela était faux, car nous avions trouvé la hutte et les tombes de Møller et Fladseth, juste à côté de Bjørneborg.

Pendant cette première visite du 23 août, j'avais mesuré,

aux pas, les dimensions extérieures de cette très vieille hutte, apparemment « russe ». J'estimais grossièrement qu'elle devait faire un peu moins de neuf mètres sur cinq. C'était à peu près les dimensions données par Le Roy : environ deux mètres sur cinq. Devant ce rectangle de pierres effondrées, nous vîmes une dépression carrée dans la toundra qui ne nous parut pas naturelle. Se pouvait-il qu'elle marque les lignes d'un vestibule comme celui que décrivait Le Roy ? Ainsi, la dimension apparente de la hutte russe arrivait à coller avec les mesures de l'académicien. Par-dessus tout, il y avait ce fait tout simple : cette hutte se trouvait à peine à un jet de pierre de la mer et non pas à un kilomètre à l'intérieur des terres. En fait, il était évident que la petite crique abritée, juste devant la hutte, en faisait le meilleur et le mieux protégé des havres qu'on pouvait trouver sur Halfmoon.

Les jours suivants, nous devînmes obsédés par cette hutte dont le guide de Rossnes, décidément peu fiable, ne faisait aucune mention. Entre le gouvernail de la *lodja* ou du *kotch* que nous avions trouvés, les restes de chasse aux morses que Mats avait remarqués, les nombreux débris de très vieux assemblages de poutres faits à l'aide de chevilles de bois plutôt que de clous et les douze tombes de Dianahamna, nous avions découvert en abondance les traces du passage de chasseurs russes sur Halfmoon. Sur Edgeøya elle-même, nous n'avions pas trouvé un seul objet russe identifiable.

Une lumière nous parvint grâce à une brillante réflexion de Mats. Un jour à Bjørneborg, alors que nous discutions sur l'insistance de Le Roy à situer la hutte des habitants de Mézen à l'intérieur des terres (« *un quart de lieue* » dans l'édition française), il suggéra ceci : « Et si le bateau était pris par les glaces de l'autre côté de Halfmoon Island ? Mats poursuivit, alors les marins après avoir abordé, traversèrent l'île à pied pour trouver la hutte dont ils savaient qu'elle se tenait par là. »

« Mon Dieu, soufflai-je, c'est exact, ça dépend de l'endroit où ils ont rejoint la côte ! Mais ils ont très bien pu marcher un kilomètre avant de trouver la cabane. »

Vaughn sauta dans le train en marche. « Ouais. Le Roy n'a pas saisi la configuration. Les Inkov lui dirent qu'ils avaient marché un kilomètre, mais il n'a pas réalisé qu'ils trouvèrent la hutte, non pas à l'intérieur, mais sur le rivage opposé ! »

« Il faut y retourner et l'examiner encore », souhaitai-je.

Le 28 août, c'était alors notre septième jour sur Halfmoon, nous repartîmes une fois encore vers l'extrémité ouest de l'île. Le vent avait faibli et la pluie s'était transformée en une fine bruine, mais nous étions toujours enveloppés d'un épais brouillard. Comme le jour avançait, le brouillard se dispersa un peu et nous pensions que nous allions voir le soleil pour la première fois depuis six jours. Mais après nous avoir fait espérer, les vapeurs nous retombèrent dessus.

Mats chargea le Zodiac avec le matériel photo, les outils, un réchaud et de la nourriture pour un repas chaud. Il monta seul à bord du bateau qu'il dirigea vers le bout de l'île. Il était dans ses intentions de construire un échafaudage pour prendre, de haut, la meilleure photo possible des ruines. Nous, les trois autres, avions choisi de nous rendre sur ce cap en suivant la plage, que nous n'avions pas explorée à notre première sortie, au nord-ouest.

Nous prîmes notre temps, nous échappant de temps en temps de la plage pour grimper sur la petite falaise qui surplombait la mer, afin d'être sûrs de ne rien manquer. Une fois de plus, Vaughn s'était résigné à souffrir pour nous accompagner. Il ne disait rien, mais son visage disait tout. Les jumelles autour du cou, il s'arrêtait tous les trente ou quarante mètres, à la recherche d'ours.

Après avoir parcouru presque deux kilomètres de plage, nous parvînmes à une tombe solitaire. Posée en travers du tas de pierre, se trouvait une planche blanchie par les intempéries avec une inscription à la peinture noire presque effacée, que je finis par déchiffrer comme étant: « N R 1L S B ». Nous trouvâmes plus tard deux ou trois autres planches aux marques similaires. Aucune de celles-ci n'était associée à une tombe. Contrairement au GTS (voir carte page 268) gravé sur la planche d'une autre tombe, ces lettres ne semblaient pas honorer un chasseur mort. Peut-être ces planches étaient-elles les marques d'une quelconque mission norvégienne… Nous ne pourrions jamais en apprendre plus.

Quelques centaines de mètres plus loin, en direction du sud-ouest, nous arrivâmes sur une structure construite en pierre, enfermant deux corridors qui avaient la forme d'un L majuscule. Cela ressemblait à « un abri de chasse aux canards », hasarda Vaughn. Mats insistera cependant pour dire que les chasseurs n'ont jamais utilisé de tels abris sur l'archipel. Deux jours plus tard, sur Edgeøya, Mats allait découvrir le même type de structure en L, sur une falaise dominant la mer. Une chose de plus à ranger dans notre collection d'ambiguïtés.

Après deux heures de balade, nous atteignîmes la hutte russe. Mats s'attela à clouer des troncs de bois flotté pour élever une plateforme tremblante et photographier le site. Vaughn avait apporté un long ruban gradué dont il se servait lors de fouilles archéologiques en Utah. Il fit un relevé précis des ruines (voir croquis page 361).

Les dimensions intérieures de la hutte étaient de 2 mètres 43 sur 2 mètres 80. Un endroit très étroit pour y vivre, quatre fois moins spacieux que le premier Bjørneborg de 1906. Si là-bas, huit personnes avaient réussi difficilement à hiverner, il ne semblait guère possible, ici, de loger plus de deux personnes.

Remodeler les huttes au cours des années semblait une pratique commune dans l'archipel. Dispersés sur la toundra autour de la hutte, se trouvait une large variété d'objets. Mats identifia plusieurs vieux clous, l'anse d'une cafetière, un bout d'une cuvette en acier, avec son pied. Nous supposions que cela avait appartenu à des Norvégiens et datait d'avant la seconde guerre mondiale. D'autres débris cependant nous parurent plus anciens, en particulier, un cadre de bois couvert de lichen vert avec une cheville de bois enfoncée dans un trou rond, et aussi une poutre de trois mètres cinquante de long, couchée au-dessus de la ruine, marquée de très anciens coups de hache.

Mats sauta au bas de sa plateforme pendant que Vaughn et moi continuions nos mesures. Nous avons alors remarqué quelque chose qui nous avait échappé lors de notre première visite. Juste à côté de la rangée de pierres empilées, se devinaient les vestiges effacés de ce que les archéologues appellent « les murs fantômes » d'un édifice effacé par le temps. Nous l'avons mesuré, il faisait quatre mètres par quatre mètres quatre-vingt-dix. Ça n'allait toujours pas avec les dimensions de Le Roy, mais en ajoutant la dépression devant la ruine, considérée comme le vestibule, cela donnait presque dix mètres de longueur totale au bâtiment. Si ces spéculations étaient valables, la hutte originale pouvait avoir été remodelée ensuite en un abri bien plus petit. Nous approchions les dimensions données par Le Roy.

Je me méfiais beaucoup de ce genre de raisonnement. Dès ma première lecture, j'avais été troublé par les dimensions que Le Roy avait donné à la hutte. Mais je m'étais d'abord focalisé sur sa hauteur de six mètres et j'avais mis un moment pour m'interroger sur sa surface au sol de dix mètres sur cinq, presque trois fois plus grande que le premier Bjørneborg. D'un autre côté, nous n'avions aucune idée du nombre d'hommes de Mézen qui avaient passé l'hiver dans la hutte qu'Aleksei Inkov savait être dans les parages. S'il s'agissait d'une équipe importante, alors ils avaient dû construire un abri spacieux. Au siècle précédent, les Hollandais avaient apporté à Smeerenbourg assez de bois pour construire de véritables usines et des entrepôts.

La poutre couchée en travers de la ruine était ce qui restait de plus intriguant. Pouvait-elle être, la croix de promesse qu'Aleksei Inkov avait dressée devant sa hutte ?

À une vingtaine de mètres devant la ruine, nous trouvâmes, au-dessus de la ligne des marées, un tas de pierres, sans aucun doute rassemblées par la main de l'homme. Cela ressemblait à une autre tombe. Ne pouvait-elle être le dernier repos de Fedor Verigin ? Oui, si l'imagination devait tout emporter.

Le brouillard ne se dispersait pas et maintenant, un cruel vent d'est nous assaillait. La pluie nous tannait le visage. Nous nous blottîmes dans un renfoncement pendant que Mats cuisinait un misérable repas. Il était possible que nous nous trouvions à l'endroit exact où s'était déroulée cette saga devenue à moitié légendaire. Ces ombres datant de deux siècles et demi, hantaient le paysage désolé. Mais les désirs ne sont pas des réalités ; on ne pouvait prouver cette hypothèse.

Plus tard, de retour aux États-Unis, deux amis archéologues me demandèrent pourquoi je n'avais pas pris quelques vestiges de bois pour les faire dater au carbone 14 dans un laboratoire américain. C'est que, sur Halfmoon, je me devais de respecter pleinement les restrictions imposées par le Sysselmanenn. Mon permis définissait comme suit tous les sites historiques datant d'avant 1945 : « Les vestiges historiques sont protégés, disait le contrat. Il est interdit de les déplacer de l'endroit où vous les avez trouvés. » Cela incluait aussi le moindre débris d'os d'ours autour d'un piège.

Respectueux des lois à la lettre, ni Vaughn, ni moi, n'avons songé à ramener quoi que ce soit de la ruine. En Utah, nous n'aurions pas toléré la moindre dérogation au règlement, pourtant plus souple, qui permet d'examiner les objets Anasazi, à condition de les replacer à l'endroit exact où ils ont été trouvés. Nous ne prîmes pas le moindre morceau de bois de ce qui pouvait être la croix de promesses d'Aleksei. Nous n'étions pas des archéologues. Nous nous contentions d'avoir la chance de parcourir Halfmoon et d'admirer les témoignages dispersés des espoirs et des craintes d'hommes dont on trouvait des traces partout.

Le jour du 29 août se leva sur un brouillard encore plus épais. Edgeøya était à nouveau invisible. Nous avions l'intention de faire un autre tour en bateau sur l'île principale, mais y renonçâmes pour le remplacer par une nouvelle exploration d'Edgeøya, cette fois vers l'extrémité nord-est de l'île que nous n'avions pas atteinte le 26. Cette fois encore, Mats se rendrait là-bas directement en bateau, pendant que Vaughn, Michel et moi traverserions l'île en suivant la côte, face au large. Nous trouvâmes de nombreux vestiges venant probablement de bateaux naufragés. Ceux-ci étaient hérissés de boulons d'acier et de chevilles de bois qui paraissaient anciens. Nous trouvâmes de nouveaux pièges à ours, entourés des os de leurs victimes.

Alors que Mats était en train de tirer son bateau à terre, il avait aperçu un autre ours, le sixième de notre voyage. Lui et l'ours s'étaient observés pendant plusieurs minutes, immobiles, avant que l'animal s'éloigne en marchant à l'amble. « Un ours très sale, pas trop gros, nous dit-il en nous rejoignant. Je ne pense pas que ce soit le même que celui de l'autre jour. » Il nous avait avertis par radio au sujet de l'ours, aussi, nous n'avions cessé de nous inquiéter dans le brouillard.

Mais même avant cet appel, Vaughn me semblait, ce jour-là, plus inquiet que jamais. Ayant pesé involontairement de tout son poids sur sa jambe, il souffrait considérablement.

Maintenant, il ne quittait pratiquement plus ses jumelles et regardait dans tous les sens, surtout derrière lui, comme un homme qui se pense suivi. Je me doutai qu'en l'absence de Mats, il se sentait extrêmement responsable de sa paire de zouaves. Je le rassurai :

— Je suis sûr que tu peux arrêter un ours s'il charge.

— Pas moi, dit-il.

Ce soir-là dans la hutte, Vaughn avait caressé l'intérieur de la lampe qu'il avait façonnée dans l'argile que j'avais ramassée à côté de Dianaboukta. En restant quatre jours sur le poêle, elle avait parfaitement durci. Il la remplit alors avec de l'huile d'olive, tressa un bout de ficelle trempé dans l'huile pour en faire une mèche et alluma la lampe. Aussitôt, une flamme jaune clair éclaira alentour. Nous regardions Vaughn tandis qu'il faisait son expérience, nous attendant à moitié, à ce que l'argile se fende. Dix minutes plus tard, la lumière éclairait toujours. En fait, elle fut constante pendant deux heures, jusqu'à ce que soit consumée la dernière goutte d'huile.

La lampe de Vaughn marchait si bien qu'elle souleva d'autres questions sur l'expérience des Pomores. Si une argile de cette qualité était facilement disponible sur la côte d'Edgeøya — une argile si bonne qu'on avait nul besoin de la passer au feu —, pourquoi les marins russes avaient-ils eu tant de mal à se procurer la leur, trouvée « aux environs du milieu » de leur île, et pourquoi ne réussirent-ils à faire marcher leur lampe qu'après avoir enduit l'intérieur du récipient de farine bouillie ? C'était un autre argument pour établir Halfmoon comme domicile des marins, puisque la première argile que Vaughn avait travaillée, ramassée sur notre île, n'avait produit qu'une pâte hétérogène.

Je fis un calcul simple. Si les Pomores avaient gardé leur lampe constamment allumée pendant six années et trois mois (comme Le Roy insiste pour le dire), combien de graisse de renne avait-il fallu ? En supposant que la graisse de renne brûle deux fois moins efficacement que l'huile d'olive, ils avaient besoin de plus de soixante grammes par heure, soit un kilo et demi par jour environ. Au bout de 2280 jours, cela devait représenter environ 3 tonnes et demie de graisse !

Les marins, nous dit Le Roy, ont tué un total de 250 rennes, ils ont donc retiré 14 kg de chacune de leur prise. Si le poids moyen d'un renne est de 80 kg avec les bois, les os et les entrailles, ça signifie que 20 % de chaque animal fut transformé en combustible. Je n'ai pas idée du pourcentage de graisse qui se trouve dans un renne, mais à nouveau, l'exploit des chasseurs me parut à peine réalisable. S'ils devaient retirer 14 kg de chaque renne, combien leur resterait-il à manger ?

Je laissai tomber mes calculs. Comme nos supputations sur la localisation de la hutte à la pointe de Halfmoon, ils comportaient des affirmations si invérifiables qu'ils étaient suspects. Mais comme d'autres données, ils m'amenaient à ceci : leur habileté à survivre forçait de plus en plus mon admiration.

L'expérience de la lampe mettait en relief un autre aspect de la sagesse des Pomores. Pendant les deux heures où avait brûlé l'huile d'olive, la lampe avait failli s'éteindre à chaque fois que quelqu'un avait ouvert la porte de la pièce commune. Combien les marins avaient dû se discipliner pour prévenir ce genre de catastrophe !

Il était difficile de comprendre le sens profond de ce que représentaient ces six années passées. C'est ainsi que j'ai demandé à chacun de mes compagnons ce qu'ils faisaient six ans auparavant. Remontant dans leur mémoire jusqu'en 1995, chacun éclata d'un rire surpris. Tant de choses nous étaient arrivées durant ces six dernières années… Quant aux Pomores, il leur arrivait peu de choses et c'étaient toujours les mêmes, dans la même monotonie du lieu et pourtant, chacun de leurs gestes était une question de vie ou de mort.

Ainsi passaient nos jours sur Halfmoon. L'absence de soleil, le brouillard et la pluie en permanence, nos misérables repas en plein air, l'inquiétude à propos des ours qui nous tenaillait. Tout commençait à nous user. Mais nous nous rappelions toujours que ces petits désagréments n'avaient rien à voir avec les extrémités qu'avaient connues les Pomores exilés.

Nos trouvailles sur Halfmoon Island avaient été très riches mais la permanence du brouillard et du vent nous avait fait chaque fois reporter à plus tard un autre examen de la côte d'Edgeøya. Cependant, nous commencions à être à court de temps. Il fallait y retourner maintenant. Le 30 août, en dépit du fait que la terre principale fût presque invisible, — nous en avions seulement quelques aperçus quand le rideau de brouillard se déchirait —, nous préparâmes le Zodiac. Les jours précédents, nous avions admiré les compétences de Mats quand il nous rejoignait avec le bateau à un bout ou l'autre de l'île, mais aujourd'hui, il ruina complètement notre confiance dans sa science nautique par une confession embarrassée.

Chaque fois qu'il avait pris le Zodiac, Mats avait glissé la balise de détresse dans une poche de son anorak, puis fermé la fermeture éclair de sa combinaison de survie. Maintenant, il avouait que s'il lui était arrivé soudain de basculer par-dessus bord, il n'aurait eu aucun moyen de se signaler, sauf à ouvrir sa combinaison et par conséquent, couler.

Après cet aveu, Vaughn et moi nous regardâmes avec horreur, nous imaginant tous les quatre flottant dans la mer glacée en attendant l'hypothermie, simplement à cause de cette bévue élémentaire de Mats. Quelle expérience pouvait donc avoir cet homme pour que cette précaution de base lui ait échappé ? C'est une chose de trimbaler les touristes sur les côtes pour de courtes promenades sous l'œil attentif d'un bateau de croisière. Et c'est une tout autre de circuler dans ces eaux traîtresses sans personne pour veiller à ses arrières !

Plus tard, je me suis demandé pourquoi Mats s'était ainsi confessé et pourquoi il n'avait pas sauvé la face en enfonçant, sans rien dire, le dispositif dans la poche extérieure de sa combinaison. En aparté, imaginant le pire scénario, le Zodiac retourné, Vaughn grogna dans son style de rancher suédois : « J'suppose qu'il a eu la trouille qu'on le fouille et qu'on le coule. »

Aujourd'hui, nous avions décidé d'explorer la pointe la plus proche d'Edgeøya, un cap étroit appelé Lønøodden, d'après Odd Lønø. Mats releva le point sur la carte, et plongea les coordonnées dans son GPS. Toujours aussi peu confiant, je parcourus les trois kilomètres qui nous en séparaient, la boussole à la main.

C'était sûr, à mi-chemin, un épais brouillard tomba et Edgeøya disparut. J'avais navigué à la boussole dans de nombreuses forêts denses et sur de nombreux plateaux désertiques et là, je n'étais pas d'accord avec le cap que Mats avait pris. « Plus à droite Mats ! », criais-je, par-dessus le bruit du moteur. Il sourit avec condescendance et garda la même direction.

Quand les falaises grises sortirent du brouillard, il apparut que j'avais raison. Sans un mot, Mats infléchit sa course et contourna Lønøodden par l'est. J'ai résisté pour ne pas dire tout haut : « Je te l'avais bien dit ». Ce n'était pas le GPS qui n'avait pas marché. Plus vraisemblablement, Mats avait légèrement mal lu la carte, rentrant des coordonnées fausses d'un ou deux kilomètres.

Les appréhensions de Vaughn et les miennes, à chaque tour

en bateau, étaient le fruit d'une peur de l'eau congénitale. Par ailleurs, ces eaux sont réellement traîtresses… Mats nous avait dit que Gustav Rossnes, malgré toute son expérience marine autour de l'archipel s'était retourné avec son Zodiac au large de Negerpynten, dans les années mille neuf cent quatre-vingts. Il serait mort si sa balise de détresse n'avait pas déclenché un rapide secours par hélicoptère. Je gardais en mémoire un passage émouvant tiré de *Yachting in the Arctic seas*, du navigateur James Lamont.

« La force du courant en fait l'endroit le plus dangereux du Spitsberg. Sur Halfmoon Island, la marée arrive du nord, et elle descend au sud à une vitesse de dix à quinze kilomètres heure. Ce courant est chargé des icebergs venant du grand glacier précédemment décrit [Edgeøyjøkulen], et il est aussi chargé du pack de glace qui s'enroule autour de la pointe sud-est de l'île d'Edge, avançant et reculant entre les Mille îles, et entre chacune d'elles et la terre principale. À l'endroit où ce chenal est le plus étroit, ce courant est si rapide, que parfois, même avec un bon équipage, nous fûmes incapables de le remonter à la rame. Ce matin, j'avais vu une grande densité de glace et ce soir, un bateau aurait pu naviguer sans encombre là où quelques heures plus tôt il aurait été emporté sur des kilomètres par la glace. »

La dernière phrase dépeint involontairement les conditions – mer pleine de glace un jour et vide le lendemain – qui avaient causé la perte du bateau pomore, en 1743, laissant les quatre naufragés à terre. Est-ce que ce témoignage pouvait étayer d'un argument supplémentaire que tout cet épisode s'était passé quelque part au voisinage de Halfmoon Island et de Negerpynten ?

Maintenant que nous nous approchions du cap, nous avions un avant-goût des dangers de cette côte. Des vagues s'écrasaient contre de basses falaises et se brisaient sur les récifs menaçants. Le brouillard limitait notre vision à une vingtaine de mètres. Nous longions la côte Est, à une distance respectueuse, cherchant une anse protectrice. Et finalement nous la trouvâmes.

Nous n'avions pas plus tôt tiré notre bateau sur la plage caillouteuse que Vaughn dit tranquillement :

— Il y en a un, là, sur la falaise. Il nous regarde.

Dans les brumes, l'ours était presque invisible, mais à travers les jumelles, le spectacle était inquiétant. Le plus gros que nous ayons vu, d'un blanc fantomatique. Il se tenait immobile sur une frange de rochers bruns, à cent mètres de nous. À cause du bruit du moteur, il nous avait repérés bien avant que Vaughn ne l'ait vu. C'était un mâle, Mats nous l'assurait. La bête restait immobile, son museau tourné vers nous comme s'il cherchait à nous renifler. Quand le brouillard se referma, il s'évanouit pour réapparaître quelques secondes plus tard, comme le gardien monstrueux de notre troupeau.

Mats, pendant un moment, eut du mal à nous cacher sa désillusion que quelqu'un d'autre que lui eût découvert notre septième ours. D'un autre côté, si je n'avais pas connu aussi bien Vaughn, je n'aurais pas réussi à deviner, derrière une nonchalance affectée, l'intense plaisir qu'il ressentait.

Ici, sur la côte d'Edgeøya, avec un ours sans peur dans le voisinage, il était simplement trop risqué de laisser le bateau sans garde, même si on l'entourait de fil de fer et de fusées. Que l'ours attaque et mette en pièce notre Zodiac et nous n'aurions aucun moyen de revenir à Bjørneborg. Et aucun matériel pour tenir plusieurs jours. Mats se porta volontaire pour garder le bateau, ses armes à feu prêtes, pendant que tout trois arpenterions la côte, vers l'ouest bien sûr, dans la direction opposée à la créature qui nous observait depuis notre atterrissage.

C'était une balade de fantômes. À seulement dix ou vingt

mètres de distance, Vaughn et Michel étaient réduits à des silhouettes dans le brouillard. Nous marchions lentement sur le plateau spongieux, une cinquantaine de mètres au-dessus de la mer, des vagues s'écrasant bruyamment toutes les quelques secondes. Il y avait des traces d'ours partout. Sur le sol où nos bottes ne laissaient pas d'empreintes dans la boue et la mousse, nous suivions des creux ovoïdes, profonds de presque dix centimètres

Sur une falaise au-dessus de la mer, nous trouvâmes des pièges à renard, huit en tout. Nous étions étonnés de n'avoir jamais vu un seul renard depuis notre arrivée sur Halfmoon. À part une structure en forme de L que Mats repéra en gardant le bateau, aucun autre signe d'une présence humaine n'était visible. Les falaises au-dessus de nous, presque entièrement noyées dans le brouillard, étaient le siège d'une colonie d'oiseaux, ce qui expliquait les pièges à renard. Mais cette côte semblait presque inhabitable, pauvre en bois flotté, démunie de havre, exposée au vent du sud et de l'est. Peut-être que des chasseurs comme Odd Lønø ou Arthur Oxaas avaient laissé ces pièges, venant régulièrement les relever depuis leur cabane sur Halfmoon ou à Dianaboukta.

Presque nauséeux à cause du brouillard, je fus envahi par la conviction que si nous escaladions les pentes au-dessus de nous, nous pourrions crever son plafond et voir le soleil pour la première fois depuis des jours. Je convainquis mes compagnons de faire l'effort. L'ascension sur un éperon raide et sans fin de schiste brisé fut éprouvante. Nous glissions d'un demi pas, à chaque fois que nous en avions laborieusement gagné un. Vaughn, avec ses ligaments abîmés, n'en pouvait plus. Après cent cinquante mètres de dénivellation, nous abandonnâmes et nous assîmes pour reprendre notre souffle sur une petite vire où nous mâchonnâmes des sucreries en silence. C'est certainement, pensai-je à nouveau, *l'endroit le plus éloigné du paradis que j'aie jamais vu. C'est si laid que c'en est presque beau.*

De retour au bateau, nous trouvâmes l'ours toujours perché sur ses rochers.

— Qu'est-ce qui l'empêche de venir nous examiner ? demandai-je à Mats.

— Les ours peuvent être attaqués par d'autres ours. Il n'est pas sûr de ce que nous sommes ou il n'aime simplement pas l'odeur de ces mecs.

Il me tardait de retrouver le confort de Bjørneborg, là-bas, de l'autre coté de l'eau. Cette impression de mal du pays me donnait une idée de ce que les marins ressentaient à propos de leur hutte. Qu'il ne le veuille ou ne le puisse, je compris mieux l'incapacité de Verigin à sortir.

Nous remîmes le bateau à l'eau pour aller à l'embouchure de Negerdalen, où Mats savait que se trouvait une cabane norvégienne du vingtième siècle. En longeant la côte, nous la scrutions à l'aide de nos jumelles, mais ne vîmes rien d'intéressant, jusqu'au moment où nous aperçûmes une cabane en forme de boîte. Seul un creux d'eau sablonneuse nous séparait de la hutte. Accoster me semblait facile, mais Mats déclara qu'il y avait des risques. « Ce n'est pas d'y aborder qui est dur, dit-il, mais ça peut être très dur de repartir ». C'était par là, continua Mats, que Rossnes avait été pris par les courants et s'était fait retourner en Zodiac, quand la marée arriva. Nous nous contentâmes de regarder aux jumelles cet abri solitaire.

Le brouillard s'était épaissi. On ne voyait plus Halfmoon Island. Nous revînmes à la maison, confiants dans le GPS de Mats, qui nous amena pile dans le port situé devant Bjørneborg.

Le lendemain matin, je me réveillai à nouveau d'un profond sommeil et regardai à travers la fenêtre.

— Brouillasseux pour changer, murmurai-je, dégoûté.

— Mais tu peux voir la terre de l'autre côté de la baie, contra Mats.

— D'accord, mais elle disparaît rapidement.

En dépit des conditions, nous lançâmes le moteur du Zodiac en fin de matinée. Filant au nord, nous passâmes dans les eaux au large de Dianaboukta et nous approchâmes du rivage à l'Est de la baie, là où nous avions atterri pour une brève reconnaissance, le 25 août. Notre plan était de partir de là, pour suivre la côte et la remonter là où la calotte glaciaire de Edgeøyjøkulen descendait sur elle ; le point le plus au nord de toute la côte sud d'Edgeøya où l'on pouvait encore établir une habitation. Une fois de plus, un vent violent soufflait de l'Est. Il avait fait remonter l'épais plafond plombé presque trois cents mètres au-dessus de nous. L'univers était un mélange gris de sable de plage et d'éboulis tombés des collines.

Nous avions à peine parcouru quelques centaines de mètres que nous vîmes, cette fois tous ensemble, notre huitième ours descendant vers la plage, droit sur nous. Cette fois, il semblait que le plantigrade s'intéressait à nous. Nous discutâmes. Si nous ne chassions pas l'ours, il faudrait revenir sur nos pas et s'en serait fini de notre exploration. Nous continuâmes jusqu'à nous trouver à cinquante mètres de l'ours, un autre géant selon notre appréciation. Il s'arrêta, toujours insouciant. Se coucha sur le ventre, comme s'il commençait une sieste.

Mats émit un sifflement aigu pour attirer son attention. L'ours tourna la tête. Mats se rapprocha en courant et fit feu tout à coup avec son pistolet à fusée. L'animal sauta sur ses pattes, courut quelques mètres puis s'arrêta pour regarder derrière lui. Mats se remit à courir et nous à trotter derrière lui. Quel est ce machisme me demandais-je, est-ce qu'il jouait à Hemingway en Arctique ? Mats fit feu de nouveau. Cette fois, la fusée atterrit aux pieds de l'ours, il courut un peu plus loin, fixa les lunatiques qui le tourmentaient puis, à notre grand soulagement, commença à grimper la colline au nord. Nous le suivîmes des yeux pendant une demi-heure, le photographiant au téléobjectif alors qu'il faisait un long détour en direction d'une vallée suspendue. Deux rennes apparurent sur la crête à l'horizon. Quand l'ours se dirigea vers eux, ils s'éloignèrent tranquillement en trottinant. Enfin, l'ours disparut.

Mats était content de lui. « Parfois, vous tirez une fusée, dit-il, et l'ours reste simplement assis. Dans ce cas, il vaut mieux regagner le bateau. »

Nous parcourûmes le rivage pendant des heures, ne trouvant rien d'origine humaine, sauf les habituelles ordures apportées par la marée. Cette fois encore, il y avait pénurie de bois flotté. Nous n'avions jamais marché sur une aussi triste plage. On voyait le bord de la calotte glaciaire à une quinzaine de kilomètres, mais de nous à elle, l'étendue nous sembla totalement vide. Nous finîmes par faire demi-tour et revînmes droit au bateau.

Quelques heures auparavant, en approchant Edgeøya, nous avions fait la plus étrange découverte de notre voyage. L'entrée de Dianaboukta est parsemée de onze petites îles connues sous le nom collectif de Abbotøyane. J'avais persuadé Mats d'accoster pour en explorer une.

Une pile de rochers, perchés sur le point culminant d'une petite île ronde, était clairement due à la main de l'homme. Elle était si grossière qu'il était difficile de juger quand elle avait été érigée. Au milieu des blocs, Mats trouva un nid de sternes arctiques. Il prit un oisillon dans ses mains, qui tremblait pendant que sa mère criait du haut du ciel en nous rasant la tête. « Il est trop tard dans la saison, murmura Mats. Ils ne survivront pas. »

M'écartant de quelques pas, je fus arrêté par un autre assemblage de pierres. « Regardez ça les gars ! Je pense que c'est un rond de tente. »

J'avais repéré un cercle de six mètres de diamètre, fait d'une douzaine de pierres profondément enfoncées dans le sol, centrées autour d'un creux qui suggérait l'emplacement d'un feu de camp. En déambulant sur la petite île, nous trouvâmes deux autres structures identiques.

Qu'est-ce que ça pouvait bien être ? Vaughn et moi avions vu des cercles de tente laissés par des Indiens dans l'Ouest américain. C'était tout ce qui restait de l'emplacement temporaire d'un abri de nomades (Ute, Appaches, Navajo) qui s'étaient servis de pierres pour ancrer leur tipi ou leur hutte de branchages. Les cercles de tente rendent fous les archéologues, car ils sont presque impossibles à dater ou attribuer à un peuple identifiable. Mats s'est demandé si ces anneaux et l'étrange structure au sommet de l'île, pouvaient être la trace de camps improvisés par des baleiniers hollandais ou russes, qui auraient pu installer là leurs ateliers pour faire fondre et récupérer la graisse. Mais pourquoi s'établir sur un endroit si petit (l'île faisait à peine deux cents mètres de diamètre) et dépourvue de bois flotté ? Et ainsi que Vaughn l'avait fait remarquer après avoir fait l'inventaire des lieux, avec son œil d'aigle, on ne trouvait pas une seule pièce de métal, ni aucune cartouche, ni aucun fil de fer tordu, ni aucun clou, comme nous en trouvions sur Halfmoon.

La mission archéologique du Sysselmannen de l'été précédent n'avait pas repéré ce site. Mats pensait qu'aucun visiteur moderne ne s'était jamais tenu là. Il ne semblait y avoir aucune bonne raison pour que des chasseurs russes ou norvégiens se soient arrêtés ici. Et ces hommes n'auraient pas dressé des tentes ! À supposer, bien sûr, que les pierres disposées en cercle étaient l'indication d'anneaux de tentes… En puisant dans mon imagination, si profond que j'osais à peine en parler à mes camarades, je me demandais s'il ne s'agissait pas de traces des mêmes peuples préhistoriques que des savants, comme Hans Christiansson et Povl Simonsen, disaient s'être établis à l'âge de pierre... Si les dépressions au centre des cercles sont effectivement les lieux d'anciens feux de camps, un jour viendra où des archéologues seront capables de dater ce site, et peut-être de démontrer pour de bon l'existence de chasseurs du néolithique qui auraient pourchassé les rennes jusqu'au Spitsberg et qui se seraient complètement éteints des millénaires avant que n'arrivent les premiers Islandais, Russes, ou Hollandais. En ce cas, les hommes et les femmes de cette civilisation perdue auraient choisi l'île nue comme refuge contre les ours polaires qui, même à l'âge de pierre, hantaient Edgeøya.

Le premier septembre, le temps était le même : brouillard et vent d'est. La température était descendue. Mats dit : « Dans quelques jours il se mettra à neiger. »

Jusque-là, nous avions regardé essentiellement la côte sud-est d'Edgeøya ; le rivage où Starkov m'avait dit de chercher les vestiges des Pomores mais nous n'avions trouvé qu'une série de pièges à renards et une cabane norvégienne relativement récente. Nous avions beaucoup espéré passer le cap de Negerpynten et pousser au nord, vers Andréetangen où la mission du Sysselmannen avait indiqué une hutte russe. Mais le voyage aurait été bien trop dangereux. En tout cas, comparée à la nudité des bords d'Edgeøya, Halfmoon Island était infiniment plus riche en traces de passages humains.

Michel et moi fîmes une marche de quatre heures pour examiner l'extrême sud de Halfmoon, que nous n'avions pas encore visité. C'était la première fois que nous partions sans la protection de nos chasseurs. Nous portions nos Mauser un peu plus soigneusement que d'habitude, et je balayais l'horizon scrupuleusement de mes jumelles. Nous trouvâmes de nouveaux pièges à ours et des planches délavées où s'inscrivait en noir, « N R 3. S.B. », mais rien de tout ça ne paraissait ancien. Debout à l'extrême sud de l'île, nous regardions les vagues se briser sauvagement sur de basses falaises en bord de mer. Ici, la terre affrontait toute la puissance de la mer de Barents. Exactement à cette époque, quelque part, par là-bas, des plongeurs russes étaient en train d'essayer d'atteindre la coque mortelle du *Koursk*.

Le lendemain matin, je fus réveillé par Mats qui cognait contre les murs de la hutte en gueulant. Je me levai et mis mes lunettes pour me retrouver, à travers la vitre, à un mètre ou deux de la gueule d'un ours polaire.

Quelques minutes avant six heures trente, Mats s'était agenouillé sur le sol pour souffler et faire démarrer le feu, quand tout à coup, le tuyau de poêle s'était mis à bouger. Nous nous sommes représenté par la suite, l'ours, attiré sans doute par les odeurs de fumée. Il avait grimpé sur les pierres autour des murs de Bjørneborg, (le château des ours !), avait planté ses griffes dans le toit pour s'équilibrer et avait ensuite saisi le tuyau de poêle qui sortait du toit. Mats prit son pistolet à fusée et son revolver et sortit. Avant qu'il puisse faire le tour de la hutte, Vaughn avait chargé son propre pistolet et, rentrant dans la petite pièce accolée à la hutte, ouvrit une trappe pour tirer l'ours à bout portant. Rien ne se produisit. Pour la deuxième fois, dans toute sa carrière de chasseur, l'arme de Vaughn venait de s'enrayer. En d'autres circonstances, sa malchance aurait été fatale.

Du coin arrière de la hutte, Mats tira à six mètres. L'ours encore perché sur ses cailloux le regarda surpris. Il fallut une autre fusée pour lui enjoindre de redescendre et deux autres encore, avant que l'animal ne reprît nonchalamment sa marche à l'amble en direction du nord.

Mats revint à l'intérieur, tout haletant. « On risque d'autres problèmes avec cet ours ; il n'avait pas peur. »

Maintenant, je me reprochais de ne pas avoir attrapé mon appareil photo qui traînait sur la table et de ne pas avoir pris le portrait de cet ours, encadré par la fenêtre. Au lieu de ça, j'avais jailli de mon sac de couchage pour charger mon propre pistolet à fusées.

— Tu as bien fait, David, me réconforta Mats. L'ours ne sait pas ce que c'est qu'une fenêtre, il aurait pu passer au travers.

À notre soulagement, Ours Numéro 9 ne fit plus d'apparition. Si nous avions eu besoin que nous soit démontrée la nécessité de protéger notre hutte par des planches clouées, à chaque fois que nous sortions nous promener, nous venions de recevoir une bonne leçon.

Une heure à peine après cette visite, Vaughn regarda par la fenêtre de devant et vit un couple de morses flottant, à quelques mètres, dans la mer. Nous courûmes jusqu'à la plage et passâmes une heure et demie à photographier ces animaux qui s'avancèrent même de quelques mètres à terre, pour satisfaire leur curiosité au sujet de ces étranges animaux à deux pattes qui envahissaient leur domaine.

À terre, les morses ne menacent guère les humains, mais dans l'eau ou sur la glace, ils peuvent être dangereux. Valerian Albanov et ses hommes traversant, tantôt sur la glace, tantôt par des chenaux, d'eau libre pour rejoindre par une marche désespérée la terre François-Joseph, avaient été attaqués de nombreuses fois par ces monstres. Ils en avaient conclu qu'ils étaient plus dangereux et plus agressifs que les ours.

Sergei Terent'v, l'historien que j'avais rencontré par accident à Arkhangelsk, m'avait assuré, à juste titre, que le but essentiel de l'expédition pomore de 1743 devait être la chasse aux morses. La méthode de l'époque était de les tirer au harpon dans les eaux profondes et au fusil quand ils se reposaient en bord de mer ou sur la glace. Il est frappant que Le Roy ne mentionne aucun morse tué par les quatre marins durant leur long séjour sur Edgeøya. Une fois que les hommes eurent terminé leurs douze balles, leurs fusils étaient inutilisables. Les lances avec lesquelles ils tuèrent dix ours polaires, ne servirent strictement qu'à leur auto défense, excepté pour le premier qui fut tué délibérément. Un arc et une flèche ne sont pas utilisables pour un morse. Les marins auraient pu attaquer ces animaux amphibies avec une lance, mais la faible prise en viande qu'ils représentaient ne justifiait guère ce risque, particulièrement avec une telle abondance de rennes sur leur île.

Nous avons joué avec l'idée de passer notre dernier jour, avant la date prévue de notre retour sur le bateau de recherche norvégien le *Lance*, dans une dernière excursion sur Edgeøya. Mais le sempiternel brouillard était descendu une fois de plus. La terre principale était invisible et pire encore, la houle dans la baie était plus la forte que nous ayons connue, depuis le 27 août. Mats imputait cela à une grosse tempête sur la mer de Barents. « Ce n'est pas bon pour se faire récupérer », grogna-t-il sombrement.

Nous passâmes le 2 septembre dans la hutte. Travaillé par le manque de nicotine, Michel avait eu beaucoup de mal à dormir. Cela faisait maintenant des heures qu'il sciait du bois flotté. La pile de bûches, à l'intérieur de la hutte, était considérablement plus haute qu'à notre arrivée. Mats avait commencé à taper sans vergogne dans le tabac norvégien de Vaughn. Heureusement, la réserve de bon Skoal était épuisée. Ce soir-là, au dîner, nous boirions nos deux dernières bouteilles de vin.

Pendant une bonne partie de la journée, nous discutions sans fin de ce que nos randonnées nous avaient appris sur l'épreuve des Pomores. Cette vieille histoire était comme la découverte d'une pierre rare, une météorite peut-être, que nous faisions passer de main en main, la tournant et la retournant, pour arriver à en deviner la vraie nature. Et tout à coup, au milieu de ce qui semblait être le énième ressassement de vieilles spéculations, nous fîmes un pas décisif dans nos réflexions.

J'avais lu la *Relation* de Le Roy au moins une douzaine de fois, en français et en anglais, mais ce n'était que maintenant que je pouvais relier d'une manière logique plusieurs faits entre eux, alors qu'ils m'avaient tourmenté à la première lecture. Nous savions que les deux Inkov et Sharapov avaient été secourus le 15 août 1749, selon l'ancien calendrier Julien, (le 26 août de notre moderne calendrier Grégorien). Nous savions qu'ils avaient passé six ans et trois mois sur leur île, que donc leur bateau avait été perdu à la fin mai, ou au tout début du mois de juillet au plus tard. La question maintenant semblait évidente : « comment se comporte la glace à la fin mai ? » demandais-je à Mats.

Une lueur passa dans son regard, alors qu'il se saisissait d'un bout de papier et d'un stylo, pour tracer à main levée une carte d'Edgeøya. « J'étais là, en croisière sur L'*Explorer*, au mois de juillet, dit-il. Et il y avait de la glace. » Il dessina un trait courbe pour marquer l'extrémité de la banquise, et ensuite hachura l'espace entre cette ligne et la côte pour indiquer la surface de glace.

Michel et Vaughn regardaient par-dessus l'épaule de Mats. La conclusion était inéluctable. En juillet 2001 au moins, la glace avait formé une protubérance convexe, qui saillait depuis la côte sud d'Edgeøya. Tout Tjuvfjorden était encombré par la glace. Il restait deux endroits où le bateau avait pu approcher Edgeøya en venant du sud – à Hvalpynten, le cap sud-ouest, où Keilhau avait trouvé le grand établissement russe en 1827, et justement Halfmoon Island. En juillet, Andréetangen, où se tenait une autre hutte russe que j'avais espéré étudier, était à plus de trente kilomètres à l'intérieur de la limite des glaces.

Un frisson me parcourut. « Si la même configuration se reproduit chaque année, prononçai-je tout haut, si donc la glace s'était formée de la même manière au dix-huitième siècle, il n'y avait que deux endroits où le bateau aurait pu se retrouver bloqué, près d'Edgeøya en mai. » Je désignai Hvalpynten et Halfmoon sur le dessin de Mats. « Mais Keilhau dit qu'il n'y avait absolument aucune colonie russe près de Hvalpynten, et en plus ils ont fait des fouilles là-bas. Il reste Halfmoon, et Keilhau pensait effectivement qu'Halfmoon était l'endroit. »

Nous examinâmes les objections possibles. « Nous ne savons pas si la glace se forme de la même manière depuis le dix-huitième siècle, dit quelqu'un. Nous ne savons pas si Le Roy a bien situé la période, avança quelqu'un d'autre.

Je voulais cependant y croire. Dans mon journal de bord, comme si je les récitais tout fort, je jetai sur le papier toutes les raisons pour Halfmoon d'être la place de leur exil :

La forme du pack de glace à la fin mai.

Selon Le Roy, « on n'y voit aucune rivière, mais cependant l'eau n'y manque point et, grand nombre de ruisseaux découlant de tout temps des rochers. »

Selon Le Roy, « vers le milieu, il y a de la terre grasse ou de l'argile. »

Aleksei Inkov baptise l'île de son nom, nous pensions qu'Edgeøya était trop étendue et, de toute façon, elle portait déjà un nom russe.

Les marins connaissent tous les coins et recoins de leur île.

Il y a abondance de bois flotté sur Halfmoon et il est relativement rare sur le littoral d'Edgeøya que nous avons parcouru.

Halfmoon se situe pile sur la principale voie de migration des ours et les marins furent forcés d'en tuer neuf pour se défendre.

Il y avait une hutte d'apparence russe, près du Havre sud-ouest de Halfmoon.

Si le bateau avait été coincé quelque part sur la côte de Halfmoon, Aleksei et ses trois compagnons avaient très bien pu marcher un kilomètre sur la terre avant de l'atteindre.

Une seule ligne dans Le Roy semblait militer contre Halfmoon : celle où il décrivait « de nombreuses montagnes et des rochers d'une hauteur stupéfiante ». Mais si les marins faisaient allusion à Edgeøya vue de Halfmoon, la description collait parfaitement.

Et en plus, Le Roy fait cet aveu qu'il n'est pas en possession de la carte au moment où il interroge les marins : « Comme j'avois oublié d'interroger nos insulaires sur sa grandeur, j'ai été obligé, pour en pouvoir dire quelque chose de certain, d'avoir mon recours à la propre Carte qui leur fut montrée à leur retour dans leur patrie, sur la quelle ils reconnurent le lieu de leur exil, ayant indiqué l'endroit où leur Cabane étoit bâtie, ce qu'ils marquèrent d'un trait de plume sur la Carte qui me fut envoyée d'Archangel. »

Je regardais mes camarades. Tous les visages étaient éclairés d'un sourire. À cet instant, nous pouvions croire que notre recherche avait abouti.

Plus tard bien sûr, les doutes reviendraient. Tout notre raisonnement était au conditionnel. Ce n'est pas comme si nous avions trouvé une vieille cuillère gravée au nom de « Inkov ». Et la démonstration était certainement biaisée par le fait que je tentais désespérément de faire correspondre des « faits » avec nos observations. Cependant, la vérité était celle-ci : à cause de notre court séjour, à cause de réelles difficultés pour explorer les côtes d'Edgeøya, nous n'avions couvert qu'une toute petite partie du terrain qu'aurait nécessité une recherche soigneuse.

Dès le réveil du 3 septembre, l'attente commença. Le temps était toujours au brouillard – nous n'avions pas vu le soleil depuis 12 jours – et la mer était grosse ; si c'était possible, pire que la veille. « Pas bon pour être récupérés », répéta Mats.

L'accord qu'avait pris Mats avec le *Lance* stipulait simplement que le bateau nous ramasserait dans la journée du 3. Du fait de ce planning peu précis, nous devions être prêts à partir au premier signal. Nous avions commencé à emballer nos affaires la nuit précédente et nous portâmes nos bagages sur la plage, pendant que Mats récupérait la poubelle des toilettes.

Hier, il avait soulevé l'hypothèse qu'étant donné le mauvais temps, le *Lance* serait peut-être obligé de jeter l'ancre à bonne distance d'Halfmoon et de nous envoyer l'hélicoptère qu'il avait à bord. Cette probabilité eut pour effet de nous faire tendre l'oreille à chaque instant. Vaughn et Mats avaient eu du mal à dormir à cause de ça, croyant déceler dans chaque bourrasque, l'écho sonore d'un lointain rotor.

Maintenant, ce 3 septembre, il paraissait peu vraisemblable que le bateau de recherche puisse venir en vue de l'anse devant Bjørneborg. Cependant, personne ne pouvait s'empêcher de regarder par la fenêtre en quête d'une telle apparition. Il était plus probable que nous recevrions un appel sur notre petite radio, dont Mats avait ouvert le son, et qui pendait à un clou au-dessus de la table.

— C'est comme attendre le passage des canards, dit Vaughn au milieu de la matinée.

— Les canards finissent toujours par passer, lui répondis-je.

— Parfois, tu attends une journée entière sans en voir un.

J'avais attendu ainsi une dizaine de fois, à la fin de mes expéditions en Alaska. J'avais toujours éprouvé que c'était une expérience psychologique difficile de dépendre d'un petit avion et de son pilote avec lequel on avait pris accord des semaines auparavant. Certains feignent l'indifférence, prenant prétexte du privilège de passer quelques heures de plus dans un endroit sauvage, et partent se promener, en espérant de manière superstitieuse que cela fera venir l'avion plus vite.

Souvent en Alaska, l'avion se pointe avec deux ou trois jours de retard. Une fois, dans la chaîne de la Révélation, notre équipe de grimpeurs avait attendu une semaine, nous avions fini par apprendre que notre pilote avait été tué dans un crash, obligeant son associé qui n'était pas familier des atterrissages avec les patins, à nous récupérer. Il avait pu nous repérer grâce à une croix sur une carte de l'Alaska, le seul indice, qu'avait laissé le pilote mort à propos de l'endroit où il nous avait posés un mois et demi plus tôt.

Ici, sur Halfmoon, il nous restait assez de nourriture, une cabane et un plan de secours. Si le *Lance* ne réussissait pas à nous récupérer le 6 septembre, un de mes amis, aux États-Unis, appellerait le bureau du Sysselmannen pour demander notre évacuation. Et pourtant, je ne sais pour quelle raison, cette attente me sembla plus intolérable que ce que j'avais supporté en Alaska. Seul Michel, plus *branleur* que jamais, se foutait sincèrement de quand et où le bateau nous récupérerait. Mats étaient impatient de retrouver sa femme et ses enfants et, d'après ce que je sentais, il en avait plus qu'assez de notre compagnie. Vaughn ne savait pas si son père était encore en vie.

Il y avait une différence très nette entre cet embarquement et mes expéditions en Alaska. J'avais toujours étudié la possibilité d'un retour à pied des camps de base. Pour revenir de ces glaciers inexplorés, cela pouvait faire cent ou cent vingt kilomètres avec de dangereuses rivières à traverser, mais pour moi, c'était une condition sine qua non de pouvoir revenir à pied à Farewell, ou à Allakaket ou à Talkeetna.

Il n'y avait aucun moyen de partir à pied de Halfmoon. Mats avait plaisanté en évoquant un retour à Longyearbyen en Zodiac, mais je doutais que cela puisse fonctionner, même si nous avions eu assez de carburant pour le retour.

Il y avait aussi une autre différence. Pendant nos treize jours sur Halfmoon Island, bien que j'y aie très bien dormi, j'avais été oppressé par la conscience de ma mortalité. C'était peut-être à cause de la routine quotidienne qui me replongeait dans ces périodes où j'avais vingt ou trente ans, passées sur les glaciers de Tokositna, ou de Gillam, ou de Peters. L'avenir alors – qui avait la forme d'une montagne vierge -, semblait devoir se dérouler devant moi, toujours joyeux et sans limite. Ici, à l'âge de 58 ans, je ne pouvais plus me réfugier dans cette illusion romantique. La plus grande partie de ma vie était derrière moi. C'était le passé, hanté par les regrets qui semblait s'étendre devant la porte de Bjørneborg. Pas le futur.

À cet instant de mes réflexions, j'ai partagé mes sentiments avec Michel. Il me répéta alors *une pensée** frappante qu'il avait entendue de la bouche d'une femme de quatre-vingts ans qu'il connaissait; la veuve d'un célèbre alpiniste français, mort des décennies auparavant: « Quand tu es jeune, tu as le monde entier comme horizon de ta vie. En vieillissant, le cercle se rétrécit à ton village. Plus vieux encore, c'est ton jardin et ta maison, et à la fin, c'est ton lit. »

Les chaînes de montagnes d'Alaska, même dans les pires conditions, m'avaient toujours semblé d'une beauté majestueuse. Je choisissais mes buts pour des raisons esthétiques, des flèches de granit s'élevant au-dessus de glaciers inconnus. Mais je n'avais pas choisi Edgeøya; j'avais suivi les quatre marins qui avaient eu le malheur de faire naufrage par là.

Il était trop tôt pour savoir quel impact aurait sur moi ces deux semaines passées là où les Pomores avaient survécu pendant plus de six ans. Dans ma jeunesse, j'avais des raisons de croire que, sur ces murs inexplorés, je me débrouillais aussi bien que n'importe qui. Là, sur Halfmoon, en comparant notre petit voyage estival, somme toute assez confortable, avec l'épreuve d'Aleksei et Khrisanf Inkov, et de Stepan Sharapov, il me fallait concéder que j'étais plutôt un débutant dans l'art de survivre. Dans ce maudit coin perdu de l'archipel, en dépit d'une année d'obsessions au sujet de leur exil de six ans, j'avais senti que je n'étais pas prêt à pénétrer la profondeur transcendantale de cette histoire et sa grandeur.

À 15 h 09, un craquement tout à coup anima la radio. Mats attrapa le talkie-walkie, sortit et parla norvégien avec le capitaine du *Lance*. À cause du mauvais temps, le vaisseau s'était arrêté presque quinze kilomètres à l'ouest, bien au-delà du cap sud-ouest d'Halfmoon. C'était à nous de le rejoindre en Zodiac, aussi vite que possible.

Nous clouâmes les ouvertures de Bjørneborg et divisâmes tout notre matériel en deux énormes chargements. Mats prit le Zodiac en embarquant Michel. Vaughn et moi, assis sur le reste du matériel, attendîmes vingt, trente, quarante minutes, jusqu'à ce que nous commencions à nous demander si quelque chose n'était pas allé de travers. Pendant tout ce temps, Vaughn serra son Mauser, qui n'avait pas tiré depuis le premier jour, quand nous nous étions entraînés en shootant dans la mer.

Nous apprendrons plus tard que bord à bord avec le bateau, le Zodiac bondissait dans des creux si énormes que les membres de l'équipage avaient dû descendre une échelle de corde par-dessus le bastingage. Michel était si impatient de rejoindre le bord qu'il avait commencé à escalader l'échelle avant que l'équipage ne l'ait attachée. Des cris en anglais et en norvégien avaient fini par alerter notre brouillon Français.

Ensuite, en revenant nous chercher, Mats frôla la catastrophe. Sans plus aucune charge à bord, le Zodiac commença à rebondir sauvagement sur la crête fumante des vagues et un de ces ricochets l'avait presque retourné. Mats avait dû abandonner la barre, et s'allonger au fond du bateau pour l'empêcher de chavirer. C'est ce qu'il me racontera plus tard.

Enfin, avec un soulagement indicible, nous vîmes Mats s'approcher. Nous chargeâmes les derniers sacs et mîmes le cap à l'Ouest, dans les eaux turbulentes. Je lançai un dernier regard à Bjørneborg, me demandant combien de temps s'écoulerait avant que quelqu'un d'autre ne vienne y passer la nuit. Dans la pluie et le brouillard, j'eus l'intuition de ce que devait être l'hiver quand il saisissait ce pays.

Une demi-heure plus tard, nous étions à bord du *Lance*. L'équipage hissa le Zodiac. Mats s'y tenait fièrement debout au centre, comme un capitaine coulant avec son navire. Sur le pont, trébuchant à cause de la houle, nous nous extirpâmes pour la dernière fois de nos combinaisons de survie, laissant une flaque à nos pieds. Presque aussitôt, Vaughn eut le mal de mer.

Mats se tourna vers le capitaine et demanda :

— Vous avez une cigarette ?

*Photo des vestiges trouvés. Voir le plan ci-contre.*

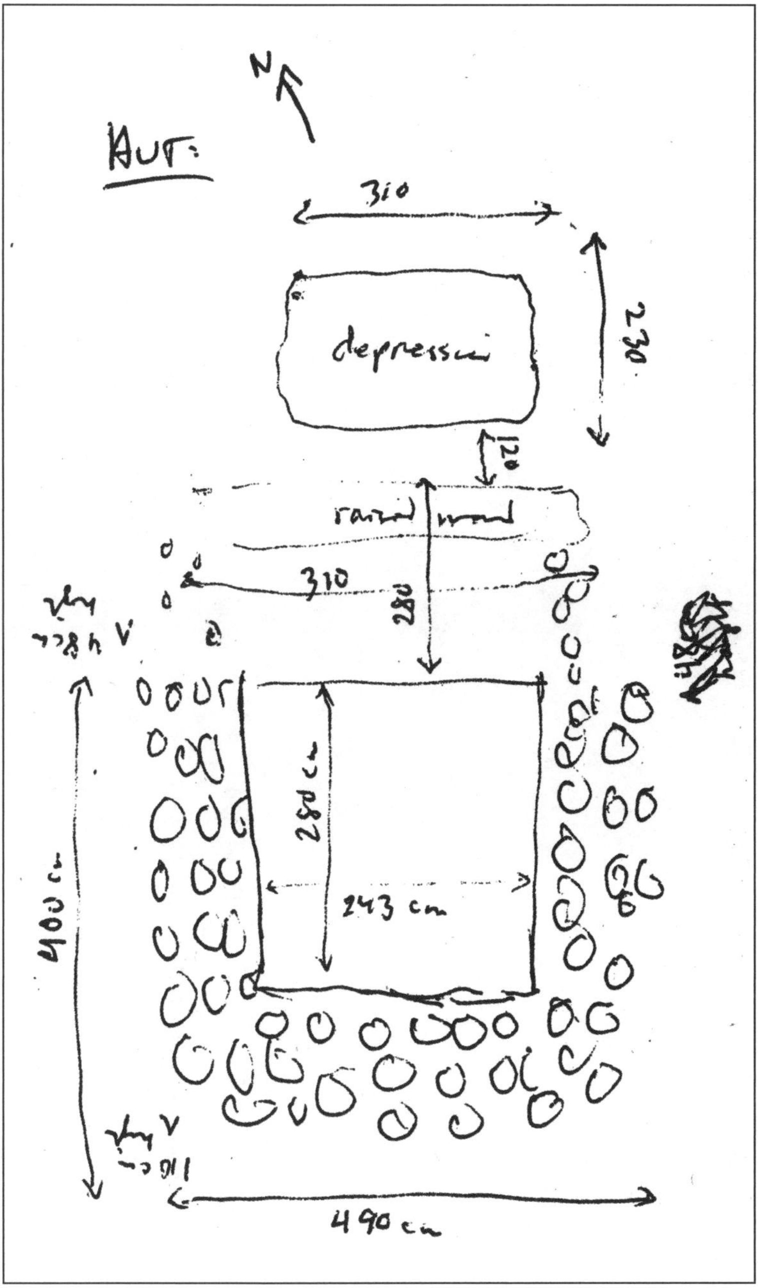


*Plan des ruines d'une hutte russe du XVIII^e siècle qui aurait pu être celle des Pomores.*

*L'équipe devant Bjørneborg (de gauche à droite) :*
*Mats Forsberg, l'auteur, Vaughn Hadenfeldt, Michel Guérin.*

# Épilogue

Deux jours plus tard, nous arrivions à Tromsø. Au pied de la passerelle, la femme et les enfants de Mats nous attendaient. Ils étaient habitués à ses longues absences, mais ils l'embrassèrent si fort que j'ai eu le sentiment que le voyage de Mats avait été une entreprise plus sérieuse que les sauts de puce en Zodiac qu'il faisait habituellement à partir de bateaux de croisière. À l'aéroport, le lendemain matin, nos adieux avec Mats furent pleins de chaleur et de cordialité. Ses difficultés à s'organiser, le côté péremptoire de ses attaques d'autodidacte contre toute autorité intellectuelle, et même le piratage des cigarettes, ne l'avaient pas empêché de bien s'occuper de nous. Nous avions passé deux semaines dans un endroit sauvage et dangereux sans autre incident plus sérieux que l'entorse au genou de Vaughn. Au sujet des ours et du Zodiac, les deux risques majeurs de notre voyage, Mats avait paru savoir ce qu'il faisait.

Vaughn, Michel et moi, avons passé une dernière nuit à Paris avant qu'ils ne rentrent chez eux, respectivement, en avion et en train. Nous prîmes un dernier dîner dans mon restaurant favori, la brasserie *Balzar*, où nous nous enivrâmes glorieusement, levant nos verres et nous congratulant, comme si nous revenions de l'Odyssée.

Je restai à Paris pendant plusieurs jours. Sur le plan émotionnel, j'étais exténué et je n'ai même pas recherché la compagnie de mes nombreux amis parisiens. Je passai des journées entières à marcher dans les rues, à m'asseoir aux terrasses des cafés en sirotant du Sancerre, à regarder les belles femmes défiler. Le simple fait que le feuillage des arbres soit vert, me remplissait d'allégresse. Je goûtais le privilège d'être libre de traîner, sans aucune autre obligation, dans la ville la plus civilisée du monde.

Vaughn et moi étions tombés d'accord qu'aucune promesse ne serait assez alléchante pour nous forcer à revenir sur Edgeøya. Cependant, quand ultérieurement je projetterais mes diapositives devant quelques amis, la plupart d'entre eux réagiraient positivement aux images de Halfmoon et Edgeøya. En entendant l'un d'eux me dire, « Oui, ça semble plutôt lugubre, mais c'est beau aussi, n'est-ce pas ? », j'eus envie de lui dire : « Non, tu ne comprends pas. » Quelques-uns me taquinaient : « Pour aller jusqu'au bout, tu aurais dû y passer l'hiver. » La proposition me faisait frissonner.

La réaction de Michel fut différente de celle de Vaughn et de la mienne. Une semaine après son retour à Chamonix, il me remercia au téléphone pour « les meilleures vacances qu'il eût passées ces dix dernières années. » Mais, durant les mois qui suivront, il glissera dans une dépression qui ne pouvait être que partiellement attribuée à la cigarette et au cafouillage de ses affaires.

Le père de Vaughn avait attendu le retour de son fils. À Fort Collins, ils avaient pu passer ensemble d'irremplaçables moments remplis d'émotion. Quand son père mourut, au début d'octobre, Vaughn emmenait des clients dans Grand Gulch. D'une manière assez surprenante, après un peu plus d'une semaine de repos complet, il marcha sur sa jambe presque aussi bien qu'avant. Les lésions que lui avait fait subir le Zodiac avaient fini par guérir toutes seules.

Moi aussi, je traversai une dépression en revenant chez moi. Je ne pouvais m'arrêter de penser à Edgeøya et aux Pomores, mais je me sentais impuissant à dégager le sens de cette longue traque. Qu'avais-je appris dans les bibliothèques, en Russie, au Spitsberg, sur cette histoire presque perdue, et que fallait-il en retenir ? Revenir bredouille de la chasse, n'est certes pas forcément une perte de temps. Des douzaines de livres ont été écrits sur Coronado, le conquistador espagnol dont la grande *Entrada* de 1540 à 1542, a ouvert aux Européens le sud de l'actuelle Amérique du nord, de Mexico jusqu'au Kansas. Plusieurs de ces ouvrages prétendaient refaire la route de Coronado, à cheval, à pied, ou en automobile ; j'en avais lu deux avec plaisir. Peu m'importait que personne n'ait réussi à reconstituer l'itinéraire exact de l'expédition et qu'on ne soit pas en mesure de situer l'emplacement de tous ses camps ; fait en soi ahurissant, étant donné que Coronado chevauchait avec trois cents soldats, accompagné de milliers d'esclaves et d'Indiens, poussant des troupeaux de vaches, de moutons et de cochons.

C'est ainsi que des auteurs, comme Tim Severin et Thor Heyerdahl, ont lancé leur carrière d'auteurs à succès en racontant des voyages sur des répliques « supposées authentiques » de bateaux, prétendant refaire des voyages dont il n'existe aucune preuve : celui des moines irlandais vers les côtes nord américaines au sixième siècle comme celui des Amérindiens partant en radeau vers la Polynésie, bien avant l'époque des Conquistadors.

Même si on en revient bredouille, ce type de chasse est un exercice de compréhension par la sympathie. On voyage d'une rumeur à l'autre. Parfois, on a une juste impression sur le sujet et il arrive aussi que l'on saisisse sa nature.

À mon retour, mes amis me demandaient si j'avais trouvé la hutte des marins. Je ne pouvais que dire : « Je pense qu'il y a une chance sur trois pour que nous l'ayons trouvée ». Mais même avec cette estimation, dès que j'émettais cette réponse, elle sonnait comme une vantardise.

J'avais consulté deux archéologues avant mon voyage, pour savoir s'il pouvait rester quelque chose d'une hutte construite avant 1743 au Spitsberg. Bien que les conditions de conservation soient excellentes en Arctique, elles ne peuvent se comparer avec celles des sites anasazis. Les grottes des falaises de grès du Sud-Ouest ont si bien préservé les habitations aux murs de pisée, vieilles de plus de sept cents ans, qu'on les croirait construites hier. Par contre, le site où Barents a hiverné en Nouvelle-Zemble, en 1596-97, n'a été retrouvé qu'à l'aide de fouilles.

Il est très possible que la hutte russe que nous avons étudiée à l'extrémité sud-ouest de Halfmoon Island, ne soit pas celle où les Pomores ont vécu, mais que Halfmoon soit quand même leur lieu d'exil. Nous avons arpenté chaque mètre carré de l'île et n'avons trouvé aucune trace d'une autre construction pré-norvégienne ; ce qui ne veut pas dire non plus que n'ait pas existé une autre hutte des habitants de Mézen sur cette île. Les chasseurs, norvégiens ou russes, semblent avoir eu le démon de récupérer les matériaux d'une ruine pour construire une nouvelle cabane.

Par ailleurs, nous avions approché, sur Halfmoon, l'expérience des marins. Nous avions fabriqué une lampe qui fonctionnait, semblable sans doute aux leurs. Nous avions goûté l'herbe à scorbut qui avait gardé en vie les Inkov et Sharapov. J'avais pourchassé, certes sans arc ni flèches, une harde de rennes. Nous avions trouvé des tombes anonymes, preuves que l'hiver au Spitsberg est impitoyable. En seulement treize jours, nous avions vu huit ours polaires, dont quatre durent être effrayés avec des coups de feu. Nous avions écouté le chant tourmenté des oiseaux. Nous avions compté les vagues qui s'écrasaient sur les falaises. Nous avions percé le brouillard à la recherche de la terre et nous avions marché, le visage ruisselant de pluie, sur le basalte glissant.

Mes recherches et mon voyage au Spitsberg m'obligèrent à une révision radicale de certaines de mes idées. Comme tous les montagnards ont tendance à le faire, j'avais inconsciemment souscrit à cette vieille lune que l'histoire se confond avec le progrès, comme on peut le constater en explorant le globe. Quand j'avais grimpé la voie Whitney-Gilman sur Cannon Mountain, je m'étais dit: « c'est drôlement bien pour 1929 » (année de la première ascension) et pourtant, j'avais été parfaitement à mon aise. En alpinisme, il est indéniablement vrai que les progrès de la technique, du matériel et de l'entraînement, couplés avec la disparition de l'inconnu, ont pour résultat l'élévation incessante du niveau de difficulté. Le passage d'escalade le plus difficile du monde, par exemple, dans les années soixante, celui que seule la *crème de la crème** des grimpeurs de l'époque pouvait franchir, l'est aujourd'hui par des milliers de grimpeurs. Comme Alfred Mummery, le grand alpiniste victorien, l'observait avec nostalgie, « la plus difficile ascension des Alpes » finit par devenir « une journée tranquille pour les dames. »

En ce qui concerne le genre de talents que devaient posséder les Pomores pour survivre en 1743, l'Histoire n'a connu que peu ou pas de progrès. On peut même dire que l'inverse est vrai, que nous en savons moins aujourd'hui pour survivre dans l'Arctique qu'il y a deux cent cinquante ans. Un de mes amis, lui-même montagnard aguerri, me dit à sa première lecture de Le Roy: « Un siècle plus tard, ils n'auraient pas réussi. » Mon ami soulignait que la révolution industrielle, avait enlevé aux femmes et aux hommes l'habileté et le savoir-faire qui leur étaient une seconde nature depuis des millénaires. Au dix-neuvième, Le Roy aurait eu du mal à prétendre que: « Chacun sait que presque tous les paysans russes sont charpentiers, construisant eux-mêmes leur demeure, & maniant la hache avec beaucoup de dextérité. »

Cette vérité m'entraîna vers cette pensée: quoique possédant une certaine expérience des espaces vierges, je reconnus que plongé dans les conditions que les quatre marins avaient rencontrées en mai 1743, je n'aurais pas, survécu sur Edgeøya, même quelques mois. Vaughn, Michel et même Mats pensaient la même chose. Il n'est pas certain non plus que des chasseurs et des hivernants de la trempe de Odd Lønø et de Per Johnson aient pu résister six années à attendre comme les Pomores. J'en doute même, sans fusil, sans bateau, sans allumettes, sans vêtements chauds.

Pendant que nous étions encore sur Halfmoon Island, Michel et Vaughn m'avaient fait part de leur intuition sur la réussite des Pomores. Pour Michel, les marins, au cours de cette longue épreuve de survie dans l'un des coins les plus inhospitaliers du monde, avaient produit, comme il le disait, « un résumé de l'humanité. Isolés, ils avaient redécouvert les étapes de l'évolution humaine. »

C'était intéressant, typiquement français, mais en définitive un peu trop joli pour être vrai. Oui, des chasseurs du Paléolithique avaient conçu des lances pas si différentes de celles que les marins avaient fabriquées. Avec ces armes, ils avaient exterminé le mammouth et rayé le tigre à dents de sabre de la surface de la terre. Oui, plus tard, au Néolithique, partout dans le monde, des hommes avaient inventé, chacun de leur côté, l'arc et les flèches. De la même manière, les femmes avaient appris à faire des pots et des lampes pour garder le feu. Cependant les gens de Mézen n'avaient pas vraiment inventé cet équipement en partant de rien. Ils savaient que leurs lances, leurs arcs, leurs récipients d'argile étaient vitaux et leur talent fut de concevoir ces modèles à partir de très pauvres matériaux (y compris les tendons d'ours polaires !) À ce moment, Vaughn avait soulevé la question intrigante, mais qui restera sans doute sans réponse, à savoir : « Qu'est-ce que les Pomores avaient pu apprendre de leurs voisins samoyèdes ? ». Vaughn en savait assez sur la chasse pour comprendre combien il était difficile de trouver une pièce de bois flotté possédant la bonne courbure et la bonne rigidité pour faire un arc décent.

L'autre problème que pose l'habile *aperçu** de Michel, d'un savoir-faire revenu de l'âge de pierre, c'est que les marins avaient en tête tout un bagage venu de la Russie du dix-huitième siècle. Notamment, ils étaient d'excellents chrétiens, élevés dans la religion orthodoxe. Il semble indéniable que leur foi les ait aidés à vivre. Par l'obligation que se faisaient ces hommes de tenir leur calendrier, par la promesse qu'Aleksei avait faite à Dieu en dressant sa croix, ils rallumaient les braises de l'espoir qui a soutenu ces marins pendant des mois et des mois, qui, sans ce secours, auraient été une attente désespérée.

La synthèse que Vaughn faisait de l'exploit des Pomores, avait peut-être une forme moins proverbiale que celle de Michel, mais plus vraie aussi. « En six années, hasarda-t-il durant notre dernier jour à Bjørneborg, ces types sont passés de la survie à la vie. À la fin, ils avaient pris la mesure de ce pays. » Je ne pouvais qu'être d'accord. En 1749, les marins (sauf Verigin) avaient trouvé un régime alimentaire qui leur convenait parfaitement. Avec des peaux d'animaux, ils avaient confectionné des vêtements et des bottes qui les protégeaient des gelures et de l'hypothermie, et ils avaient résolu les problèmes de chauffage et d'éclairage de leur hutte. Vaughn en déduisait qu'ils auraient pu vivre indéfiniment sur leur île désolée.

Il y a quelques décennies, des anthropologues travaillant en Australie ont mis à mal la vielle idée reçue du « pauvre aborigène », démontrant au contraire que ces chasseurs-cueilleurs s'étaient si bien adaptés à leur environnement qu'ils n'avaient pas besoin de travailler plus d'une quinzaine d'heures par semaine pour assurer leur subsistance. Ce qui leur laissait un temps infini pour se raconter des histoires, chanter et peindre sur les parois. Selon ces chercheurs révolutionnaires, ils vécurent dans « l'abondance aborigène ».

La formule peut s'appliquer aussi aux marins d'Edgeøya. « L'abondance aborigène » était la raison pour laquelle ils avaient mille kilos de graisse de renne en réserve et plus de peaux de rennes qu'ils n'en avaient l'usage au moment où on les secourut. Le Roy donne un reflet oblique de cette réussite, dans une phrase que je n'ai cessé de lire et de relire : « N'étoit donc le désagrément qui accompagne d'ordinaire la vie solitaire quand elle est forcée, & les réflexions que chacun d'eux ne pouvoit s'empêcher de faire quelquefois, qu'il pourroit survivre à ses Compagnons, & par conséquent mourir de nécessité, ces pauvres exilés auroient eu lieu d'être contents, si j'excepte le Pilote, qui ayant une femme & trois enfants, ne pouvoit s'empêcher d'y penser tous les jours, suivant ce qu'il m'a dit, & de s'affliger de s'en voir ainsi séparé. »

Si le même naufrage était arrivé à des marins anglais plutôt que russes, je crois que leur histoire aurait été aussi célèbre que celle de *Robinson Crusoë*. Pourquoi l'histoire des Pomores est-elle devenue si obscure ? L'isolement historique de la Russie vis-à-vis de la culture de l'Europe occidentale y est pour beaucoup, comme la stoïque nonchalance avec laquelle les Russes affrontent les épreuves, ce que Masha Gavrilo m'avait résumé d'une manière tranchante lors de mon premier voyage à Saint-Pétersbourg. « Nous sommes Russes. Nous avons beaucoup d'histoires comme ça. »

Gavrilo se trompe en un sens. Il n'y a aucune histoire de survie dans les annales arctiques ou antarctiques qui puisse se comparer, même de loin, à celle des Pomores. Si l'on tient compte du dénuement des rescapés confrontés à des dangers mortels et de la durée de cette confrontation, ils n'avaient pratiquement aucune chance de s'en sortir. Le sauvetage par Sir Ernest Schackleton de son équipage naufragé dans l'Antarctique, en 1916, est aujourd'hui comme à l'époque, généralement célébré comme une des plus éclatantes opérations de sauvetage. À une très dure navigation en barque s'ajouta l'alpinisme improvisé pour traverser la Géorgie du Sud. Mais les hommes restés sur Elephant Island étaient assez bien approvisionnés et n'eurent à endurer « que » quatre mois et demi d'hiver.

Les deux plus fameux récits de naufrage et de survie sur une île déserte — deux romans — sont *Robinson Crusoë* et les *Robinson Suisses*. Ils font partie des plus populaires lectures de jeunesse. Il semble en fait qu'il y ait une attirance naturelle du jeune public pour de telles histoires. On a déjà fait référence à cet auteur pour enfants, J. H. Campe, qui a publié en Allemagne, dans ses *Polar Scenes*, une version romancée et édifiante de l'histoire des Pomores. J'ai aussi trouvé un roman russe de 1953, appelé *Le voyage à Grumant : une vraie histoire pomore*, d'un certain K. Badigin, qui a apparemment rencontré le succès auprès des enfants. Dans ce texte, les quatre marins s'appellent Aleksei, Stepan, Vanya et Fyodor à la place du « gras et paresseux » Verigin. Ce dernier a été transformé en un personnage d'adolescent courageux. Les naufragés sont obligés de tuer des ours pour se défendre, mais ils recueillent un petit et l'apprivoisent.

Pourquoi les histoires de naufrage et de survie sont-elles si appréciées des enfants ? *Les Robinson Suisses* se lit assurément comme un livre d'enfant. À l'origine de ce texte, un Pasteur suisse, Johann Wyss, racontait ces histoires pour amuser ses quatre garçons. Mais Daniel Defoe n'a manifestement jamais eu aucune intention de faire de son *Robinson Crusoë* un livre d'enfant. Le ton et le langage sont ceux des adultes et le récit est une fable sur les précautions qu'il faut prendre pour éviter le malheur. Le destin du héros est présenté comme la conséquence de son incapacité à suivre le conseil de son père et de se contenter des « bienfaits réservés à la classe moyenne ».

Les *Robinson Suisses* et *Robinson Crusoë* sont, d'abord et avant tout, des romans d'aventure, un genre qui a toujours été populaire chez la jeunesse, comme *Ivanhoé*, *le Comte de Monte Cristo, L'île au trésor*, ou *Le tour du monde en quatre-vingts jours.* Mais si les paraboles de Defoe et Wyss gardent une popularité si extraordinaire trois et deux siècles après leurs parutions respectives, cela tient en partie au rêve que chacun garde dans son cœur : on peut trouver le paradis sur terre. Tout Européen dégourdi, et abandonné sur une île déserte, peut imposer par la seule force de son esprit et de ses mains nues, un ordre civilisé et occidental au chaos de la nature sauvage.

L'histoire vraie des Pomores au Spitsberg peut difficilement être plus éloignée des fictions produites par Wyss et Defoe. Les Inkov et Sharapov survivent dans un paysage qui ressemble davantage à l'enfer qu'au paradis et ce sont eux qui s'adaptent. Ils n'ont jamais projeté, comme Crusoë ou les Robinson, de conquérir ou de domestiquer la nature. Sur Edgeøya, la nature montre toute son implacable sévérité et les marins ne survivent qu'en s'y soumettant. Vue ainsi, l'histoire des Pomores semble donc mal se prêter aux fantaisies moralisantes auxquelles les auteurs tels que Campe ou Badigin voudraient les réduire.

Il faut se souvenir que les Inkov, Sharapov et Verigin, partent pour le Spitsberg en 1743, non pour chercher l'aventure, mais pour gagner leur vie en tuant des morses. C'était une dangereuse et excitante profession, mais dans le contexte des Pomores, un travail comme un autre. Ils auraient été sans doute très surpris si Le Roy leur avait demandé, « Et bien, qu'avez-vous appris de vos étonnantes aventures ? », quoique l'académicien n'ait jamais semblé avoir prononcé une telle question. La seule morale qu'il tire de l'histoire – que la nécessité est mère de l'invention — vient de Le Roy et non de la bouche des marins. C'est lui qui, au cours de la narration, impose cette idée, teintée de l'optimisme rationnel de l'époque des Lumières.

Comme contrepoint aux fantaisies de Defoe et Wyss, on peut opposer un compte rendu vrai de « naufrage » et de survie. Cette lecture, peut-être plus qu'aucune autre de ces cinquante dernières années, a enflammé l'imagination du public. Pierce Paul Read raconte, dans *Les survivants*, l'histoire d'un avion qui s'écrase dans les Andes, en 1972. Les passagers, pour la plupart des joueurs de rugby d'Uruguay, venaient de la plaine et ne connaissaient rien des montagnes au milieu desquelles ils se trouvèrent soudain projetés. Pendant cette épreuve, ils se montrèrent aussi peu efficaces et adaptés que les Pomores furent résistants et pleins de ressource. Paralysés par la crainte superstitieuse des avalanches et des conditions de neige, ils se contentèrent de se blottir dans la carlingue broyée, en priant pour qu'arrivent les secours. Ce n'est que plus tard, lorsque les deux plus aptes se sont finalement décidés à marcher jusqu'à un refuge de montagne — qu'ils auraient pu atteindre aisément le lendemain du crash — que l'on put enfin trouver et sauver leurs compagnons.

*Les survivants* n'est pas un livre pour enfants. La révélation sensationnelle qui plaça le récit de Read au sommet de la liste des meilleures ventes, fut qu'en dernière extrémité, de nombreux survivants avaient eu recours au cannibalisme. Ceux qui ne purent se résoudre à manger la chair de leurs compagnons morts moururent à leur tour. Curieusement, ces hommes et ces femmes désespérés vainquirent leur répugnance et trouvèrent des raisons de se résigner à l'acte qui les maintiendra en vie, en se référant par analogie au sacrement catholique qui consiste à manger le corps et le sang du Christ. L'épreuve des Uruguayens ne semblait distiller aucune leçon de morale. D'abord, au lieu d'être considérés comme des héros, les survivants furent vilipendés comme barbares. Ce n'est que grâce à l'œil lucide de Read et à son récit qui se dispensait de tout jugement, que leur histoire prit la forme d'une tragédie dont les victimes finirent par gagner la sympathie qui leur avait fait défaut.

En général, les histoires de survie nous promettent de nous raconter quelque chose sur ce qui constitue la condition humaine. Nous attendons d'elles qu'elles nous dévoilent « le sens de la vie ». C'est exactement ce à quoi les mauvais films et les romans de gare nous invitent avec trop d'insistance : que le destin a un sens, que leurs protagonistes vont passer le reste de leur existence à vivre selon des préceptes béats d'optimisme et que Dieu répondra toujours présent quand on est dans de mauvais draps.

Le besoin de croire que la souffrance a un sens transcendantal fait considérer le complexe *Journal d'Anne Frank*, avec ses méditations précoces sur le mal, son examen de l'éveil de son corps à la sexualité, comme un prêche mélodramatique dans ses adaptations pour la scène ou l'écran. Ces fictions réduisent à une hypocrisie sa plus célèbre ligne, « Néanmoins, je garde mes espoirs, car je crois à la bonté innée des hommes. » C'est la même pulsion qui explique la popularité du courageux effort de Victor Frankl dans *Raisons de vivre*, pour tirer de son horrible expérience de déporté à Auschwitz, une intelligence de la valeur existentielle de la souffrance.

Dans ce contexte, la volonté de survivre est considérée en soi comme une vertu. Cependant, sur le long terme, est-ce quelque chose de plus qu'un instinct animal, comme le loup, qui se coupe la patte avec les dents pour échapper au piège ?

Dans le *Mythe de Sisyphe*, Albert Camus écrit : « Il n'y a qu'un problème philosophique vraiment sérieux : c'est le suicide. Juger que la vie vaut ou ne vaut pas la peine d'être vécue, c'est répondre à la question fondamentale de la philosophie. »

Je me suis demandé ce qui était vraiment arrivé à Fedor Verigin sur Edgeøya. Si ce n'était pas qu'il avait renoncé à vivre. Je crois que sa terrible maladie était réelle. Mais la conjonction de celle-ci avec l'absence de perspective que lui réservait son destin, avait rempli son cœur de désespoir. Peut-être Michel, avec sa chansonnette piquante sur le *Pauvre vrai Guérin,* mit-il le doigt dessus dans sa dernière ligne : « Et qui voudra mourir. »

Les prêcheurs de la littérature de survie voudraient nous faire croire que la réaction d'Aleksei Inkov à ses malheurs sur Edgeøya — ne jamais perdre espoir, observer le calendrier des saints, ériger sa croix de promesse — est une réaction noble et admirable. Mais dans cette situation, est-ce que le désespoir n'est pas, au même titre, une réponse humaine ? Comme Le Roy l'écrit lui-même, au moment où les marins sont revenus sur la côte pour s'apercevoir que leur bateau était perdu à jamais : « Ils ne leur restoient plus d'espoir de sortir de cette isle, ils retournèrent, accablés de tristesse à la cabane qu'ils venaient de quitter. »

Pour la théologie catholique et orthodoxe, le suicide et le désespoir sont des pêchés mortels. Il était de tradition, en Russie, de ne pas autoriser les suicidés à être enterrés dans le même cimetière que les autres morts. Le péché de désespoir est considéré comme très grave parce que cela implique, selon les termes d'un théologien, « le renoncement volontaire et complet de tout espoir de sauver l'âme de quelqu'un » et par conséquent, le déni de la divine providence.

À l'examen d'un sceptique et d'un agnostique, l'interdiction par l'Église du suicide et du désespoir trahit la terreur de l'autre alternative : que la souffrance n'a pas de sens et que la vie n'a pas de but théologique. Camus a raison — est-ce que la vie vaut la peine d'être vécue ? — est la question fondamentale.

Pour moi, pendant quinze ans environ, de ma dix-septième à ma trente-deuxième année, l'alpinisme avait donné à ma vie, un sens et une cohérence. Ce n'était pas simplement que l'ascension de parois vierges en Alaska était la chose la plus importante de la vie, c'est que tout le reste était subordonné à cela. Chaque expédition d'été définissait mon but. Entre deux étés, je traversais un tunnel qui consistait à fréquenter l'université, et ensuite à enseigner la littérature dans une faculté privée.

Par la suite, inévitablement, j'ai décliné comme alpiniste, et l'escalade a cessé de représenter ce qu'elle était dans mes jeunes années. Rien de ce que j'ai appris dans ces expéditions, ne m'a donné plus de sagesse quand j'abordais la vie ordinaire. Quel que soit le sens que l'escalade a semblé apporter à ma vie, il a disparu. C'est la raison pour laquelle j'ai toujours été sceptique envers des mouvements comme Outward Bond, basés sur le dogme que défier la nature peut changer votre vie. Je suis tout aussi sceptique quant à l'idée, profondément enracinée, de la nature comme école du caractère.

Souvent, marchant vers la vallée après avoir passé plus d'un mois sur un glacier d'Alaska, j'avais été ému aux larmes par l'odeur de la Toundra où j'avais cueilli des feuilles de peuplier pour me les fourrer dans la bouche afin de reconnecter mes sens avec le monde du vivant. C'est la même redécouverte de la beauté du monde ordinaire que j'avais senti en septembre, assis aux terrasses des cafés parisiens, après deux semaines seulement sur Halfmoon Island, me réjouissant à la vue de feuilles ordinaires sur des arbres ordinaires. On aborde ici la question de l'une des

« utilités » de la souffrance et des épreuves. On dit qu'après des mois ou des années de privations et de dangers, on apprécie davantage les plaisirs et la beauté de la vie quotidienne. Mais la révélation, bien sûr, ne dure pas. Le banal revient à sa banalité.

On donnerait n'importe quoi pour savoir quelles conséquences, sur la vie des Inkov et de Sharapov, a induit cette épreuve, sans équivalent. Le Roy ne nous donne que deux détails triviaux : que les marins ne pouvaient plus manger de pain, « qu'avec peine, se plaignant qu'il les gonfloit et les remplissoit de vents » et que, pour la boisson, ils ne faisaient « usage que d'eau pure ». Le chroniqueur ne recueille, certes, que la réaction des Inkov, quatre mois après leur retour en Russie. Je doute fort que Le Roy ait daigné rester en contact après que les marins furent revenus chez eux à Mézen.

Notre seul autre renseignement sur les années qui suivent leur exil est le triste fait qu'en 1778, Krisanf Inkov est mort en Nouvelle-Zemble avec ses deux garçons, essayant encore une fois d'hiverner dans l'extrême nord. Quand j'ai appris ce dénouement, j'avais trouvé inconcevable qu'après Edgeøya l'un des trois marins survivants ait même songé à revenir dans l'Arctique pour hiverner. Puis je me suis souvenu des nombreuses fois, où pris au piège sur une haute montagne, j'avais dû m'employer à fond pour m'en tirer. Chaque fois, au plus fort de l'angoisse, je m'étais juré que si je m'en sortais vivant, je ne grimperais plus jamais. Bien sûr, je n'ai jamais tenu parole.

Je peux discerner maintenant que mon obsession d'une année et demie de l'histoire des Pomores, est née du désir de découvrir non seulement leur hutte, mais la signification profonde de leur expérience. Je voulais trouver un but qui puisse remplacer cette tension qui avait disparu, quand les montagnes d'Alaska ont cessé d'être la chose la plus importante de ma vie. Dans ce genre, trouver la hutte des marins était un but très concret. Et si on avait démontré que le bâtiment en ruine, au cap sud-ouest d'Halfmoon, était bien l'abri des Pomores ? Est-ce que cela aurait éclairé davantage le sens de l'épreuve que la nature sauvage leur a fait endurer ?

Tout compte fait, je suis revenu bredouille, mais j'ai rapporté de ma chasse un témoignage sur l'exploit qui fut le leur, survivre. L'incrédulité que je percevais dans la voix de chaque chauffeur de taxi ou de chaque connaissance occasionnelle, quand je lui racontais les grandes lignes de cette histoire, trahissait sa singularité. Ce que les Pomores avaient réussi sur l'archipel n'avait rien à voir avec une leçon édifiante sur les vertus de la foi, de la persévérance ou de l'ingéniosité. C'était une œuvre d'art.

Pour moi, parmi les œuvres d'art les plus sublimes jamais crées, il y a les dernières compositions de Franz Schubert. Bien que des tonnes de papier aient été gâchées au sujet de la « signification » d'un quatuor à cordes ou d'une suite pour violoncelle, on ne peut traduire la musique en mots. En écoutant la sonate pour piano de Schubert en si bémol majeur, opus posthume, je ne me demande pas ce que ce morceau signifie. Je demeure assis, cloué sur place, rempli de la joie qu'une chose si belle puisse exister, stupéfié par le mystère qu'un jeune homme ait pu l'avoir créée, avant de mourir de syphilis à Vienne.

Et je reste ainsi devant les six années et trois mois des Pomores sur Edgeøya. Je n'embrasserai jamais « le sens » de leur survie, s'il y en a un. Ces hommes eux-mêmes ne sortiront jamais de mon imagination, autrement que comme des figures fantomatiques. Mais qu'ils aient fait ce qu'ils ont fait, me touche profondément. Admirant l'œuvre d'art qu'ils ont réussie en s'accrochant à la vie, je me sens rempli par un sentiment qui ressemble à de la joie, intensifié par un étonnement profond. Celui que des êtres humains soient capables d'une telle création.

*Vaughn tient la lampe*
*qu'il a façonnée avec l'argile d'Edgeøya.*

*Edgeøya vue d'Halfmoon.*

# Remerciements

Ma première dette revient à Christian de Marliave, connaisseur de tout ce qui concerne les Pôles qui a ressorti en France le classique de la littérature de survie de Valerian Albanov, *Au pays de la mort blanche*. Son texte me fournit la première indication sur ce drame extraordinaire qui s'est joué sur les côtes de l'archipel du Svalbard entre 1743 et 1749. Durant mon voyage de reconnaissance à l'automne 2000 en Russie, Victor Boyarsky, directeur du musée polaire de Saint-Pétersbourg s'est montré non seulement un hôte enthousiaste, mais aussi un inestimable lien avec d'autres experts. L'équipe érudite de Boyarsky m'encouragea avec chaleur (même si parfois je ne comprenais pas tout). En particulier Masha Gavrilo qui m'assista avec constance alors que je poursuivais l'enquête la plus embrouillée de ma vie.

À Cambridge, j'ai eu la chance d'enrôler Julia Bekman Chadaga pendant les quatre premiers mois de ma traque pour capter l'obscure histoire des marins naufragés. Brillante diplômée de Harvard, bilingue et conversant en russe avec toutes sortes d'interlocuteurs intimidants, Julia ouvrit les douze premières portes de mon labyrinthe historique. Elle fut remplacée par Hugh et Masha Olmsted qui non seulement reprirent ses pistes en creusant davantage mais m'accompagnèrent à Saint-Pétersbourg, Arkhangelsk et Mézen. Sans leurs traductions et leur perspicacité, j'aurais été complètement perdu en Russie. À Saint-Pétersbourg, Elna Lioubarova, leur collègue, rendit à ma recherche des services de grande valeur.

Les équipes des bibliothèques Widner, Tozzer, Houghton et Lamont comme celles de la Map Collection sortirent des sentiers battus pour guider mes recherches à l'aide des incomparables outils de Harvard. J'ai reçu plus tard une aide tout aussi bienveillante de la part de la Bibliothèque Nationale de France, de la Société d'Histoire du Protestantisme Français et de la Bibliothèque de généalogie de Paris. Je remercie aussi la Bibliothèque Nationale à Londres et une demi-douzaine de bibliothèques et de centre d'archives à Saint-Pétersbourg. À Arkhangelsk, j'ai trouvé d'inestimables nouveaux matériaux au musée maritime et aux Archives de la région d'Arkhangelsk, dont les conservateurs prêtèrent la main à un visiteur américain tâtonnant. Dans cette ville du nord, j'eus le bonheur de tomber sur Sergeï Terent'v dont l'incomparable connaissance de l'exploration et de la navigation dans la Russie arctique du dix-neuvième siècle approfondit ma compréhension de l'histoire des naufragés. À Mézen Vasily Ivanovich Drannikov ouvrit à ma curiosité, son solide petit musée local ; un autre Vasily, notre chauffeur nous conduisit partout en ville et à Pogorolets où nous fûmes reçus par le fermier Ivan Mikhailovich. Je passais le moment le plus précieux de tous à Mézen avec Elisaveta Alexandrovna Inkova et Nina Fedorovna Inkova les dernières de la fière lignée Inkov dont l'intelligence de la vieille histoire, transmise de générations en générations, me fournit un fascinant contrepoint au peu fiable récit de Le Roy sur l'étonnante saga des quatre Pomores.

D'autres savants et experts de diverses disciplines vinrent à ma rescousse : Aleksei Kasparov, Nikolai Vaisilievich Shulgin, Peter Boyarsky, Viktor Derzhavin, et Polina Viira (qui me guida lors d'une délicieuse visite à Novgorod) en Russie ; Hallvar Holn, Kolbein Dahle, Elizabeth Cooper, Ann Balto, et Per Johnson (l'un des derniers grands chasseurs d'ours du Spitsberg) en Norvège. Dieter Füngerlings en Allemagne ; le

Docteur James Levine à Boston ; le biologiste canadien Andrew Derocher ; et l'astronome Tom Bogdan à Boulder, Colorado. Tove Hellrud me rendit d'habiles traductions de nombreux textes norvégiens, y compris le compte rendu plein de vie d'Arthur Oxaas sur son hivernage de 1906-1907. Un camarade, écrivain passionné d'Arctique, Larry Millman, m'indiqua de précieuses pistes, et mon ami Matt Hale fouilla de vieux textes en allemand dont les arcanes dépassaient mes capacités. Alors que j'étais parvenu aux dernières étapes de l'écriture de ce livre, une autre brillante étudiante en langues de Harvard, Inna Livitz, me fit profiter de nouveaux points de vue sur mon histoire perdue.

Au Spitsberg, les équipages du *Professor Moltanovsky* et du *Lance* ont rendu possible notre dépose et notre récupération sur Edgeøya. Mats Forsberg qui nous guida durant ce voyage fit face aux deux plus grandes menaces pour notre sécurité — l'appétit des ours polaires et la traîtrise des courants de la mer — avec l'assurance d'un professionnel. Il s'impliqua dans ma recherche d'une manière qui allait bien au-delà de ce que son service lui demandait et éclaira d'illuminations cruciales notre compréhension sur la situation critique des Pomores.

Mon éditeur et ami français Michel Guérin, *le branleur* auto désigné de notre expédition à quatre fut un compagnon idéal sur Halfmoon Island. Son insouciance contrebalançait mes nombreuses angoisses, et son examen critique de l'histoire à moitié mythique des marins me donnèrent de nouveaux espoirs de la comprendre. Mon autre copain sur Edgeøya, Vaughn Hadenfeldt, prouva une fois de plus à mes yeux qu'il était le plus intelligent des guides que j'aie jamais rencontrés et pourquoi, lorsque j'étais dans des situations difficiles ou dangereuses, il était l'un des deux ou trois hommes les plus précieux à mes côtés.

Enfin, mon agent, l'avisé Stuart Krichevsky, et son associée aux pieds nus Shana Cohen, crurent en ce livre du début à la fin et m'évitèrent de tomber dans les embrouillaminis contractuels ou éditoriaux. Chez Simon & Schuster, Gypsy da Silva et Gabriel Weiss éditèrent mon texte avec leur discernement habituel, et Johanna Li réussit par enchantement à faire passer sans effort ce rêve nébuleux à la réalité d'un livre. Bob Bender, mon vieil éditeur m'invita d'une main ferme à éviter les séduisants pièges à nigauds et les culs-de-sac qui jalonnaient les chemins de mon récit. De nos jours, c'est un phénomène très rare qu'un vieux combattant de l'édition aime encore assez les livres pour en tirer le meilleur, Bob, une fois de plus m'a donné les meilleures raisons de me réjouir qu'il soit mon éditeur.

# Table des matières

Cet ouvrage a été publié avec le concours
de la Région Rhône-Alpes.

© *Éditions Guérin 2006 — Chamonix.*

*Cet ouvrage a été tiré à 4000 exemplaires*
*dont 1000 numérotés de 1 à 1000.*
ISBN : 2 911 755 87 1
EAN : 9 782 911 755 873